DIE 100 BEDEUTENDSTEN ENTDECKER

Richard Francis Burton

Richard Francis Burton

DIE GOLDMINEN VON MIDIAN

Reisen und Forschungen im Biblischen Land

Herausgegeben und übersetzt
von Uwe Pfullmann

Inhalt

Vorwort des Herausgebers

Die ganze Welt war sein Zuhause
Richard Francis Burton (1821–1890)

Eine rastlose Kindheit

Richard Francis Burton war Entdecker, Orientalist, Gelehrter, Mitbegründer der Anthropologischen Gesellschaft in London, Linguist, Sexologe, Mystiker und Agent. Nach den Angaben in seiner Autobiographie wurde er in Barham House in Hertfordshire geboren – ein überraschender Fehler, der Burton unterlief, als er 1876 auf dem Weg nach Indien seiner Frau die Autobiographie diktierte. Denn tatsächlich erblickte er in Torquay (England) das Licht der Welt: am 19. März 1821, um 21.30 Uhr. Er war das erste Kind des Hauptmanns Josef Netterville Burton und seiner Frau Martha. Sechs Monate später zog die junge Familie nach Barham House. Bei Richards Taufe machte der amtierende Geistliche neben dem Taufeintrag eine Notiz über Geburtstag und Geburtsort.

Richard Burtons Mutter war eine wohlhabende Frau und behauptete, von einem illegitimen Sohn Ludwigs XIV., des Sonnenkönigs, abzustammen. Sein Vater, Hauptmann Josef Burton, war irischer Abstammung. Dennoch hielt sich später hartnäckig das Gerücht, dass Burton Zigeunerblut in den Adern habe. Sicher ist dies eine nachträgliche Mythenbildung, mit der Burtons Reiselust in späterer Zeit erklärt werden sollte. Denn wie viele andere Arabienreisende trug auch Burton dafür Sorge, schon zu Lebzeiten seine eigene Mystifikation und Legendenbildung um seine Person zu betreiben.

Kurz nach Richards Geburt gab sein Vater in einem Anflug von Leichtsinn seine Offizierskarriere auf. Einige Jahre lang reiste die Familie durch Europa; Burton wuchs in Frankreich,

England und Italien auf. So siedelte sich die Familie 1825 im Herzen Frankreichs, in Tours, an. Es folgen als weitere Wohnorte Siena, Perugia, Florenz, Rom und Neapel. Mit der Rückkehr der Familie nach England ging auch Richards unbeschwerte Kindheit zu Ende.

Richard Burton konnte nur eine geringe Schulbildung vorweisen, was er aber durch die Beherrschung mehrerer Sprachen und der Säbelfechtkunst ausglich. Für seinen Sohn hatte Josef Burton eine Laufbahn in der anglikanischen Kirche vorgesehen. 1840 sandte er ihn nach Oxford an das Trinity-College, wo Richard es vorzog, Themen zu studieren, die ihn besonders faszinierten – beispielsweise arabische Philosophie und Mystik. Der Stoff des üblichen Lehrplans reizte ihn dagegen weniger. Die Quittung ließ nicht lange auf sich warten: Wegen Disziplinlosigkeit wurde Richard Burton (der sich noch dazu mit einem Studienkameraden duellieren wollte, der spöttisch über seinen Schnurrbart gegrinst hatte) 1842 von der Universität verwiesen. So umging er gekonnt die Ordination zum Priester.

Als Truppenoffizier in Indien

Da sich Richard Burton tiefgründig für asiatische Lebensgewohnheiten und Sprachen interessierte, nutzte er 1842 die Gelegenheit und ging unter Mithilfe seines Vaters als Offizier zur Armee der englischen Ostindien-Kompanie. Von 1843 bis 1848 diente er als Leutnant bei der Bombay-Eingeborenen-Infantrie in einem Landstrich, der heute zu Pakistan gehört.

Schon bald bewies er auch hier seine außergewöhnliche Fähigkeit, Sprachen zu lernen. Er gab sich dabei niemals damit zufrieden, lediglich eine neue Sprache zu sprechen, sondern er hatte schon damals den Wunsch, sich als Einheimischer auszugeben. In Pakistan und Westindien wurde aus ihm ein Meister der Verkleidung. So soll er dort einen Laden gemietet und, die Beine untergeschlagen, unentdeckt feilschend unter den einheimischen Händlern gesessen haben. Diese außergewöhnliche Gabe, Sprachen zu lernen und fremde Lebensstile zu kopieren, war auch seinen Vorgesetzten nicht entgangen und führte dazu, dass er zu seinem General befohlen wurde: Er sollte über die lokalen Lasterhöhlen Bericht erstatten – eine Aufgabe, die er überaus interessant fand.

Doch trotz solcher Sonderaufgaben war der Truppendienst in Indien relativ eintönig und befriedigte Richard Burton auf die Dauer nicht. 1848, ein Jahr nach dem Sepoy-Aufstand muslimischer Soldaten, verließ er die indische Armee, um sich ganz der Erforschung unbekannter Länder zu widmen, wozu ihn seine körperlichen und geistigen Anlagen vorzüglich befähigten.

In Mekka und Medina

Im Anschluss an seine Zeit als Offizier in Indien blieb Burton fast vier Jahre in Europa, schrieb und studierte. Zu dieser Zeit, in den Fünfzigerjahren des 19. Jahrhunderts, waren die Menschen in ganz Europa so sehr an Geographie interessiert wie heute an der Weltraumforschung. Es war daher für Burton nicht schwierig, einen Geldgeber für einen gut durchdachten Reiseplan zu gewinnen. Sein Ziel: die islamischen heiligen Städte Mekka und Medina.

Im Herbst 1852 bot Richard Burton der Royal Geographical Society seine Dienste an, um »den gewaltigen weißen Flecken, welcher in britischen Kartenwerken noch immer die östlichen und zentralen Regionen Arabiens ziert, auszutilgen«. Sein Plan war, im omanischen Maskat zu landen und das leere Viertel in Richtung Mekka und Medina zu durchqueren.

Im April 1853 verließ Burton die englische Hafenstadt Southampton in Gestalt eines vermögenden Persers. Während der ganzen Reise war er akribisch bemüht, sich an die orientalischen Sitten anzupassen. Selbst solche Details wie die muslimische Art und Weise, ein Glas Wasser zu trinken, studierte Burton: »Er ergriff den Trinkbecher, als wäre es die Kehle eines Feindes, und beendete den Vorgang mit einem befriedigten Grunzen.«

Nach einem Monat in Ägypten entschied er, die Gestalt des persischen Adligen abzulegen und in die Verkleidung eines wandernden Derwisches zu schlüpfen. Dass er sich seiner persischen Verkleidung entledigte, hatte gute Gründe, waren doch die schiitischen Perser in ganz Arabien als Häretiker ungeliebt und verachtet. Einige Zeit später nahm er seine endgültige Maskierung an: Er gab sich fortan als britischer Untertan afghanischer Herkunft aus, der in Rangun als Arzt ausgebildet worden war. Er kaufte sich die passende Reisekleidung: einen gewaltigen, breiten gelben Regenschirm, einen hölzernen Kamm, eine Ziegenhaut als Wasserbehälter, einen groben persischen Gebetsteppich, welcher außerdem als Bettstatt diente, ein baumwollenes, plüschbesetztes Kissen und ein Betttuch. Ein Dolch, ein Tintenfass aus Messing und ein Federhalter staken in seinem Gürtel, ein Rosenkranz, mehrere Nadeln und »ein erbsengrüner Behälter mit roten und gelben Blumen, der zweimal am Tag vom Kamel fiel«, vervollständigten seine Ausrüstung. Seine Geldmittel für die Reise waren fünfundzwanzig Goldmünzen in einem Gürtel unter seinen Kleidungsstücken.

Burton empfand das Milieu von Alexandria als wohltuend: Er traf dort auf das, was die Araber »Kaif« nennen: »Den Reiz einer tierischen Existenz; das passive Vergnügen des reinen Sinnes; die wohltuende Schlaffheit, die traumhafte Ruhe, das verstiegene Schlösser-Bauen, welches in Asien anstelle des kraftvollen, intensiven, passionierten Lebens in Europa stand.«

Mit einem älteren, schon etwas asthmatischen Dampfer gelangte er nach Kairo und nahm dort Unterkunft in einer Pension für Ägypter, einem sogenannten Wakalah. Er praktizierte dort als Arzt. Seine Wertschätzung unter der Bevölkerung vergrößerte sich außerordentlich, nachdem er zwei abessinische Sklavenmädchen vom Schnarchen kuriert hatte. Burton nahm auch an Disputen der theologischen Fakultät der Al-Azhar teil, denn ein religiöser Irrtum oder ein Verstoß gegen die orthodoxen Regeln in Mekka und Medina würden bei Weitem aufschlussreicher sein als irgendwelche linguistischen Fehler. Es konnte viele Erklärungen für fehlende Perfektion in der Sprache geben, aber keine für eine religiöse Handlung, die kein Muslim durchführen würde.

Burton war fast reisefertig, als er einen interessanten Besucher des Wakalah traf – einen albanischen Offizier, der gerade aus dem Hedschas abgereist war und ihm faszinierende Geschichten von Gold in den Bergen Midians erzählte. Burton lud ihn in sein Zimmer ein. Nachdem sie ihre Dolche weggelegt hatten, gingen die beiden Männer daran, sich zu betrinken. Sie riefen nach Tanzmädchen und taumelten in einen Schlafraum, wo sie von zwei alten Frauen in die Flucht geschlagen wurden. Sie beschimpften in maßlosen Worten die Ägypter, und der albanische Trinkkumpan drohte gerade das Blut des Pförtners zu vergießen, als es Burtons Diener schaffte, den Säufer ins Bett zu bringen. »Kein walisischer Student in Oxford«, schrieb Burton stolz, »hat unter ähnlichen Umständen jemals mehr Unruhe verursacht.«

Es war nach diesem Gelage kaum überraschend, dass Burton es für angebracht hielt, Kairo so schnell wie möglich zu verlassen. Er fand einen Beduinen vom Sinai, der ebenfalls zu Burtons Zwischenstation Suez unterwegs war, und mietete zwei Kamele. Danach begab er sich mit seinem indischen Diener nach Suez. Auf dem Weg dorthin traf er mehrere angesehene Händler aus Medina, die nach Hause zurückkehrten, und einen Einwohner aus Mekka, den er in Kairo getroffen hatte, einen Mann namens Muhammad al-Basyuni. Sie schlossen sich für die weitere Reise zusammen.

Von Yanbu al-Bahr, dem Hafen Medinas, aus heuerte die Reisegruppe Kamele mit Treibern an, die sie nach Medina bringen sollten. Es war eine Reise von zweihundertfünfzig Kilometern, die acht Tage dauerte, da die Kamele nur dreieinhalb Kilometer pro Stunde zurücklegten. Auf dem Weg hatte die Karawane eine tiefe Schlucht zu passieren, die als Pass der Pilger oder Teufelsschlucht bekannt war. Dort wurde sie erwartungsgemäß von Räubern überfallen. Stammesleute schwärmten wie Hornissen aus und nahmen sie unter Gewehrfeuer. Die Eskorte befand sich in großen Schwierigkeiten, da der Gegner aus eigens zu diesem Zweck errichteten Steinmauern heraus schoss, und falls einer der Beduinen getötet worden wäre, hätte sich die ganze Bevölkerung der Umgegend der Schlacht angeschlossen und die Karawane schließlich überwältigt. In einer solchen Situation musste sich die Reisegruppe glücklich schätzen, mit einem Verlust von »nur« zwölf getöteten Männern entkommen zu können.

Am 25. Juli 1853 erreichte Burton Medina, wo er über einen Monat blieb. Er widmete einen ganzen Band der Beschreibung der Stadt und der religiösen Riten, an denen er teilnahm. Doch er war nicht sonderlich beeindruckt von der Grabesmoschee des Propheten, welche er als »unbedeutend und kitschig« empfand: »Sie vermittelt den Eindruck eines zweitrangigen Museums, eines Kuriositätenladens, voll von Schmuck und mit armseligem Glanz dekoriert.« Burtons Gemüt wurde mehr durch den großen Friedhof al-Baqi' bewegt, welcher am Tag des Jüngsten Gerichts Zeuge der Auferstehung von hunderttausend Heiligen mit Gesichtern gleich Vollmonden sein soll.

Für die Fortsetzung der Reise nach Mekka bedurfte es einiger Vorbereitungen – so mussten etwa die Wasserschläuche, die von Ratten angenagt worden waren, repariert und Vorräte für vierzehn Tage besorgt werden. Burton marschierte mit Muhammad und seiner Eskorte hauptsächlich in der Nacht. Ein solcher Reiseabschnitt dauerte von drei Uhr nachmittags bis elf Uhr am folgenden Morgen. Es gab natürlich wieder einen Hinterhalt auf dem Weg, und nur wenige Meter von Burton entfernt wurde ein Kamel durch einen Flintenschuss getötet.

Am 11. September 1853 erreichte Burton Mekka, wo er alle Riten des Hadschs unter der Anleitung seines Reisegefährten Muhammad durchführte. Dieser arrangierte auch, dass Burton das Innere der Kaaba betreten und den Schwarzen Stein küssen konnte. Burton steinigte den Teufel an den drei vorgeschriebenen Stellen, wie es die orthodoxen Rechtsschulen forderten, und erlebte die große Predigt, die Chutba, welche die Pilgerfahrt alljährlich beschließt. »Ich habe religiöse Zeremonien in vielen Ländern gesehen«, schrieb er, »aber nie war irgendetwas so feierlich, so beeindruckend wie dieses Schauspiel.«

Die Reisegruppe ritt weiter nach Dschidda, wo im letzten Moment auch Muhammad begriff, dass er »einen Sahib aus Indien« eskortiert hatte, »der über unsere Bärte gelacht hat«.

Burtons Bericht über diese Pilgerfahrt beinhaltet, wie alle seine Bücher, eine Unmenge detaillierter Beobachtungen, gelehrte Fußnoten, dazu aber auch haarsträubende Vorurteile, das alles durchsetzt mit einem eher grimmigen Humor. Sein Bericht bereicherte das Wissen der Orientalistik über die heiligen Stätten des Islam, doch vor allem übermittelte er die Atmosphäre der Wallfahrt spannender als irgendeiner seiner Vorgänger und berichtete auch eine Reihe seltsamer Details. So beobachtete er, dass die Augenkrankheit grauer Star mit gerösteten Maultierzähnen behandelt wurde und diese in zermahlener Form den Beduinen auch als Puder dienten. Er erzählte, wie die Affen mit ihren rosaroten Hinterteilen im Hedschas Vögel fangen: Die Affen legen sich mit dem Gesicht nach unten auf die Lauer – und die Vögel stürzen sich auf das vermeintliche Stück Fleisch. Ein anderer Affe, der sich in der Nähe in einem Gebüsch versteckt hält, stürzt sich seinerseits auf den hungrigen Vogel und dreht ihm den Hals um. Burton studierte intensiv die Märkte von Medina und stellte fest, dass man frische Straußeneier kaufen und dass ein äthiopisches Sklavenmädchen mehr als zwanzig Pfund kosten konnte. Schließlich zeigte er auch großes Interesse für die Beduinen und stellte Ähnlichkeiten zwischen den Tänzen der Beduinen und denen der Indianer Amerikas fest. Es verging indes fast ein Vierteljahrhundert, bevor Burton nach Arabien zurückkehrte und sich jenes Zechkumpans entsinnen sollte, der ihm von Gold in den Bergen Midians erzählt hatte.

Nach Harar und zu den Nilquellen

Im Jahr 1854 versuchte Richard Francis Burton Somalia (das sogenannte Horn von Afrika) zu erkunden. Er wollte dort geographische Daten sammeln und Kenntnisse über den Handel in diesem Gebiet erwerben. Begleitet wurde er von drei britischen Offizieren: Leutnant Stroyan, Leutnant Herne und John Hanning Speke, einem geschätzten englischen Jäger und Leutnant des 46. Regiments der Eingeborenen-Infantrie von Flare in Indien. Im gleichen Jahr trafen sich die vier Expeditionsteilnehmer in Aden, an der dem Horn von Afrika gegenüberliegenden Küste, mit der Absicht, gemeinsam nach Harar und von dort nach Sansibar zu reisen.

Nach vielen Wechselfällen gelangte Richard Francis Burton schließlich allein vor die Tore der verbotenen Stadt Harar, der Hauptstadt des alten Hadiyah-Reiches, und als Händler verkleidet war er in der Lage, sie im Januar 1855 zu betreten.

Burton versuchte anschließend, in das Innere Somalias zu reisen. Leutnant Speke verfolgte das Ziel, in das Wadi Walnut zu gelangen, aber aufgrund der Raubgier seines Führers konnte er nicht wie geplant mit Burton zusammentreffen und kehrte drei Monate nach seiner Abreise nach Aden zurück. Burton war somit der erste Europäer, der Harar in Äthiopien betrat – eine Leistung, die viel gefährlicher war als seine Reise nach Mekka und Medina.

Noch im gleichen Jahr organisierte Burton eine weitere Expedition in den Ogaden. Am 19. April 1855, nur vier Tage nach ihrer Abreise von der Küste, wurden die Reisenden von Somalis überfallen und Leutnant Stroyan getötet; Speke rannte, aus elf Wunden blutend, um sein Leben. Burton selbst erhielt eine gefährliche Speerwunde im Gesicht, ein Schnitt durch beide Wangen, der die berühmte Narbe auf seinen Porträts verursachte.

Im Jahr 1856 beauftragte die Königliche Geographische Gesellschaft Burton, eine Frage zu klären, die die Menschheit schon seit Jahrtausenden beschäftigte: Wo liegen die Quellen des Nils? Die alten Ägypter wussten bereits, dass sich der Nil mehrere Tagesreisen über Khartoum im Sudan nach Süden fortsetzt. Herodot, der griechische Historiker, beschäftigte sich 460 v. Chr. mit der Nilfrage. Ptolemäus glaubte, die Quellen des Nils lägen bei den Mondbergen. Und tatsächlich ist das Quellgebiet des Nils nicht weit von dem von Ptolemäus beschriebenen Punkt entfernt, den heutigen Ruwenzori-Bergen am Albert- und Edward-See. Später erreichten griechische Entdecker den Zusammenfluss des Weißen und Blauen Nils. Im Jahr 66 v. Chr. entsandte Kaiser Nero eine Militärexpedition auf der Suche nach den Quellen des Nils. Im 17. Jahrhundert entdeckte der jesuitische Missionar Pedro Páez den Ursprung des Blauen Nils, aber die Quelle des Weißen Nils sollte ein Geheimnis und eine faszinierende Herausforderung für Abenteurer und Forscher bleiben. Zu Beginn des 19. Jahrhunderts erzählten arabische Sklaven- und Elfenbeinhändler auf der Insel Sansibar Geschichten über große Seen und Berge im Inneren Afrikas und davon, dass dort ein großer Fluss entspränge. War dies vielleicht die Quelle des Nils?

Richard Burton wandte sich an seinen Freund Speke und bat ihn, sich seiner Expedition anzuschließen. Im Dezember 1856 kamen Burton und Speke in Sansibar an. Von dort setzten sie im Juni 1857 auf den afrikanischen Kontinent nach Bagamoyo über, von wo aus sie in Richtung Innerafrika aufbrachen – der Route der Sklavenhändler folgend, um einen großen See namens Udschidschi zu erreichen. Ihr Auftrag war, seine Grenzen festzulegen und darüber Aufschluss zu erhalten, ob dieser große See die Quelle des Nils war oder nicht.

Mit hundertdreißig Trägern und dreißig Lasttieren brachen sie Richtung Südwesten auf, immer darauf bedacht, die kriegerischen Hirtenstämme der Massai zu vermeiden. Doch die Expedition stand zunächst unter keinem guten Stern: Mehrere Träger desertierten, und Tropenkrankheiten nahmen Burton und Speke die Kraft.

Nachdem sie zu Beginn des Jahres 1858 einen Monat in Kazeh (dem späteren Tabora) verbracht hatten, erreichten sie nahe Udschidschi (der aus den Orten Ugoï und Kawele bestehende Hauptort dieser Region liegt am Ostufer des Tanganjika-Sees) schließlich doch den großen See. Beide Männer waren in einer bedauernswerten körperlichen Verfassung, Burton hatte kein Gefühl mehr in den Beinen und Fieberwahn. Sie kehrten bald nach Kazeh zurück.

Sklavenhändler, mit denen sie gesprochen hatten, erzählten auch von einem großen See im Norden, welchen sie Nyanza nannten. Burton hatte jedoch keine Kraft mehr und blieb in Kazeh, um über die Reise zu schreiben. Speke, der sich erholt hatte, reiste nach Norden weiter und erreichte den beschriebenen See, den er zu Ehren der britischen Königin Victoria-See nannte. Ohne ihn näher zu erkunden, kehrte er zurück und erzählte Burton, dass die Nilquellen somit entdeckt seien. Burton glaubte ihm nicht, aber er versuchte auch nicht, Spekes Entdeckung zu überprüfen. Zwischen den beiden entbrannte ein heftiger Streit um die Frage, wer Recht habe und wo der Nil nun tatsächlich seinen Ursprung hätte.

Im März 1859 trafen beide Reisende in Sansibar ein. Speke kehrte ohne den schwer kranken Burton nach England zurück, der in Aden blieb. Im Mai 1859 berichtete Speke, ohne auf Burtons Ankunft zu warten, über seine Entdeckung vor der Royal Geographical Society und wurde mit Ehren überhäuft, auf die beide Anspruch gehabt hätten.

Eine weitere Nil-Expedition führte Speke gemeinsam mit James Augustus Grant durch. Am 28. Juli 1862 erreichten die beiden den Punkt, wo der Nil den See auf seinem langen

Weg zum Mittelmeer verlässt. Speke schickte sein berühmtes Telegramm »Der Lauf des Nils ist festgelegt« ab.

Doch der von Zeitungen zwischen Burton und Speke angeheizte heftige Streit schlug weitere Wellen. Der berühmte Afrikareisende David Livingstone ergriff beispielsweise Partei für Burtons Ansichten. Um die Diskussion zu beenden, organisierte die Königliche Geographische Gesellschaft für den 16. September 1864 ein öffentliches Streitgespräch zwischen beiden Entdeckern im englischen Seebad Bath. Doch zu der längst fälligen Aussprache sollte es nicht mehr kommen: Am Tag vor Burtons und Spekes Auftritt in der Öffentlichkeit starb John Hanning Speke vermutlich durch einen Jagdunfall in der Nähe von Bath. Er selbst hatte den Schuss wohl ausgelöst. Es ist jedoch niemals eindeutig geklärt worden, ob es Mord, Selbstmord oder ein bloßer Unfall war. Die nachfolgenden Forschungen bestätigten schließlich die Entdeckung Spekes, dass der Hauptstrom des Nils tatsächlich seinen Ursprung im Victoria-See hat.

Auf der Suche nach Gold

Burtons spätere Reisen scheinen im Gegensatz zu seinen dramatischen früheren Unternehmungen fast zufällig zustande gekommen zu sein. So besuchte er 1860 die Vereinigten Staaten, ließ es sich bei dieser Gelegenheit auch nicht nehmen, die Technik des Skalpierens zu studieren, und schrieb über das Mormonen-Zentrum in Salt Lake City das Buch »Die Stadt der Heiligen« (1861).

Im Januar 1861 heiratete er die gottesfürchtige und aristokratische Isabel Arundell, die, nachdem sie Burton zehn Jahre zuvor erstmals flüchtig gesehen hatte, ihrer Schwester gesagt haben soll: »Dieser Mann wird mich heiraten.« Sie half ihm dabei, Konsularposten in Westafrika, Brasilien, Damaskus und schließlich Triest zu erhalten. Während der meisten Zeit sollte ihre Pflicht aber »Bezahlen, Packen und Mitkommen« sein, als er rund um die Welt reiste; dennoch schrieb sie eine bewundernde Biographie über ihren Mann. Sie war seine Mitarbeiterin, Herausgeberin seiner Schriften und seine vehementeste Befürworterin, förderte seine Schriftstellerei und kämpfte letztendlich erfolgreich dafür, dass er zum Ritter geschlagen wurde. Sie arrangierte sogar ein Abendessen Burtons mit Königin Victoria.

Ab dem Jahr 1861, als Folge seiner Ehe mit Isabel Arundell, nahm Burton Konsulardienste des britischen Außenministeriums an. Eine Reihe von Konsularposten folgte.

Während seiner Tätigkeit als Konsul auf Fernando Póo (1861–1865) erforschte er die Biafra-Bucht und unternahm eine Expedition nach Dahomey (Benin) auf der Suche nach Gold. Einen Konsularposten in Santos (Brasilien) nutzte er zu Reisen nach Paraguay, Argentinien und Peru und für die Arbeit an seinem Werk »In den Hochländern Brasiliens« (1869). Eine weitere Station war Damaskus in Syrien, wo er »Unerforschtes Syrien«, schrieb (1872). Ein weiterer Konsularposten führte ihn schließlich nach Triest (damals zu Österreich-Ungarn gehörend), wo er von 1872 bis zu seinem Tod im Jahr 1890 wirkte. Hier übersetzte er »Tausendundeine Nacht«, das »Kama Sutra« und »Der duftende Garten« ins Englische, was ihn heftigen Angriffen der Nationalen Wachsamkeitsgesellschaft, verbissener Tugendwächter und der »Gesellschaft zur Unterdrückung des Lasters« aussetzte.

Als sich Burton auf seinem diplomatischen Posten in Triest zu langweilen begann, hielt er Ausschau nach weiteren Abenteuern. Er erinnerte sich, dass einer seiner alten Freunde aus dem Kairo-Wakalah ihm erzählt hatte, er habe eine Stelle gefunden, die goldhaltige Sande enthielt. Diese sollte im nordwestlichsten Teil der Arabischen Halbinsel liegen, welcher vom Sinai durch den Golf von 'Akabah getrennt ist – dem alten Land Midian, dessen Nomaden durch den jüdischen Feldherrn Gideon dreitausend Jahre zuvor vertrieben worden waren und wo auch Moses Zuflucht gefunden hatte. Burton interessierte sich für Gold, seitdem er von seinen indianischen Reisen zurück war; und er wusste viel über Bergbau.

Der ägyptische Vizekönig Ismael I. hatte zu dieser Zeit die Ressourcen des Landes bei seinem gewaltigen Plan, Ägypten bildungsmäßig, kulturell und wirtschaftlich zu reformieren, über alle Maßen beansprucht. Er hatte seine finanziellen Mittel nicht nur überdehnt, der Khedive von Ägypten hatte praktisch sein Land durch seine Extravaganz und die den Ägyptern diktierten Zwänge der Schuldenverwaltung ruiniert. Unter seiner Herrschaft hatte Ägypten den Sudan annektiert, war nach Afrika vorgedrungen und hatte ein prestigeträchtiges staatliches Bauprogramm begonnen, zu dem das Kairoer Opernhaus gehörte – für das Verdi übrigens die »Aida« schrieb. Hinzu kamen Ausgaben für den persönlichen Luxus des Herrschers. So soll er fünf Millionen Pfund Sterling in seinen Harem investiert haben. Ismael war deshalb verzweifelt auf der Suche nach neuen Ressourcen.

Lord Arundell, Burtons Schwiegervater, war bereit, etwas Geld für Burtons geplante Expedition und Goldsuche zur Verfügung zu stellen, und Burton fing an, den ägyptischen Vizekönig Ismael für seine Unterstützung zu umwerben, nach Gold und anderen Mineralien in Midian forschen zu dürfen. Richard Burton war zuversichtlich, dass der Khedive annehmen würde.

Als Vizekönig Ismael Burtons Brief bekam, in welchem er durchblicken ließ, dass Midian Ägypten mit den Reichtümern der kalifornischen Goldfelder versorgen könnte, sah der Khedive eine Möglichkeit, wie er die ausufernde wirtschaftliche Krise in den Griff bekommen könnte. Eine solche Expedition zu finanzieren, wie Burton sie ihm vorgeschlagen hatte, war ein Hasardspiel, wie Ismael es liebte.

Tatsächlich reiste Burton bald darauf mit seinem alten Freund aus dem Wakalah nach Midian. Er überredete ihn, die Expedition zu begleiten, obwohl er die Geburt seines fünften Kindes erwartete. Zu Burtons Gefolge gehörten auch ein französischer Bergwerksingenieur und eine Militäreskorte. Sie segelten Ende März 1877 von Suez los. Burton betrachtete das Unternehmen als eine Fortsetzung seiner Reise zu den heiligen Stätten im Hedschas. Die Expedition verbrachte knapp drei Wochen in dem Gebiet, und Burton kehrte mit der Überzeugung zurück, dass weiter im Landesinneren Gold abgebaut werden könnte. Man entdeckte alte Inschriften, viele neue Pflanzen und Insekten, aber Gold in nennenswerten Mengen wurde vorerst nicht gefunden.

Dies hinderte Burton indes nicht daran, dem Khediven zu telegraphieren, dass die Expedition ein voller Erfolg gewesen sei, als sie nach Kairo mit ihren Gesteins-, Kies- und Sandproben zurückkehrten. Die Ergebnisse der Sechzehn-Tage-Erkundung überzeugten den Khediven Ismael, dass eine weitere, ausführlichere Expedition tatsächlich gerechtfertigt sei. Denn die Burton-Erkundung hatte viele alte Bergwerksstollen gefunden, aus denen man acht große Steinkisten, vierzehn mit Kies gefüllte Wasserkanister und zwölf Körbe mit Sand mitgebracht hatte. Bei der Analyse konnten die Mineralien als metallhaltiger Quarz, Porphyr, Grünstein und Basalt identifiziert werden, welche Spuren von Gold und Silber enthielten, aber in solch winzigen Mengen, dass ein wirtschaftlicher Bergbau nicht möglich erschien.

In einem vor der Königlichen Gesellschaft der Künste gehaltenen Vortrag behauptet Burton dennoch ausdrücklich, von seiner ersten Expedition »Proben freien Goldes, gefunden in offensichtlich eruptivem Basaltgestein« zurückgebracht zu haben: »Silber kommt in den roten Sanden und im Quarz und titanhaltigen Eisen des Dschebel el-Abyaz vor. Silikat, kohlensaures Salz und andere Kupferverbindungen wurden aus chloritischem Schiefer und Quarz extrahiert. Blei und Eisen liegen überall herum. Zink war überreichlich vorhanden; die Hälfte des Landes bestand aus Gips und Selenit, und der Schwefel konkurrierte mit dem von Neapel.« Die zweite, weit aufwendigere Expedition fügte diesen Metallen Antimon (auch Stibium) und Quecksilber hinzu.

Zwischen seinen midianitischen Reisen gab es kurzzeitig die Vorstellung, dass Burton in den Sudan gehen und unter Charles George Gordon, dem Generalgouverneur des Sudans, Darfurs, der Äquatorialprovinzen und der Küste des Roten Meeres, arbeiten solle; aber weitblickend erkannte Burton, dass sie ein zu ungleiches Paar wären, um in der täglichen Tretmühle auf Dauer zusammenarbeiten zu können.

Als Gordons Angebot am 16. September 1877 vom Khediven wiederholt wurde, erwiderte Richard Burton, dass die Entwicklung Afrikas immer seine Herzensangelegenheit bleiben würde, er aber an der Führung einer weiteren Bergbau-Expedition nach Midian interessiert sei, um die Goldfelder für Ägypten zu erschließen. Er schlug vor, nach Midian zurückzukehren, um eine dreimonatige Expedition auszuführen, »eine Erforschung, die die Macht und die Prosperität des Landes fördern wird«.

Burton rechnete anscheinend fest mit der Zustimmung des Khediven, denn noch bevor er seinen Brief an ihn nach Ägypten abschickte, hatte er an das britische Außenamt geschrieben und seinen Vorgesetzten mitgeteilt, dass der Khedive ihn eingeladen habe, drei Monate in Midian zu verbringen. Die Arbeit seines Konsulates würde davon nicht beeinflusst werden, sagte er, da ihn der fähige Vizekonsul Edward Brock in seiner Abwesenheit vertreten würde. Mit dem Einverständnis des Staatssekretärs für Indien und designierten Außenministers (ab April 1878) Lord Robert Arthur Salisbury stimmte das Foreign Office zu, legte aber fest, dass Burtons Gehalt gekürzt würde. Offensichtlich hatte Richard Burton auf seinem Posten in Triest Narrenfreiheit: Eine an Burtons Personalakte befestigte Notiz hielt, als er seine genehmigte dreimonatige Beurlaubung auf sechs Monate ausdehnte, resigniert fest: »Es hat keinen Sinn, ihn zu fragen, wann er nach Triest zurückkommen wird, Hauptmann Burton hat immer mehr das getan, was er wollte, und wo er sich gerade befindet, ist er viel besser beschäftigt als auf seinem Posten.«

Burton verfasste natürlich auch über diese zeitlich sehr begrenzte Expedition ein Buch. Voll gelehrter Fußnoten und Referenzen verbreitete er darin Optimismus. Und glücklicherweise blieb auch der Khedive hoffnungsvoll und stattete wenig später eine noch viel größere Abteilung aus. Vier Europäer, sechs ägyptische Offiziere, zweiunddreißig ägyptische Soldaten (hauptsächlich befreite schwarzafrikanische Sklaven), dreißig Steinbrecher, ein griechischer Koch und Kellner und ein Zimmermann gingen am 19. Dezember 1877 an der Küste Midians an Land. Die Gruppe war immens aktiv. Burton schätzte, dass sie in vier Monaten mehr als viertausend Kilometer zurücklegten. Sie begutachtete die Lage von achtzehn alten Siedlungen, aber auch diesmal brachten sie kein Gold mit.

Die Geographen sind sich heute darüber einig, dass Burtons Berichte über Midian sein größter Beitrag zur geographischen Kenntnis Arabiens sind, weit bedeutender als seine erste, viel spektakulärere Reise nach Medina und Mekka. Vordergründig war der Grund für Burtons Reisen nach Nordwestarabien, nach Gold und anderen ökonomisch ausbeutbaren Mineralien zu suchen. Tatsächlich standen für ihn aber immer das wissenschaftliche Studium und die Erforschung der Region im Vordergrund, wie Philip Ward in seiner Einführung zur 1979 erschienenen englischen Ausgabe »Die Goldminen von Midian und die zerstörten midianitischen Städte« wohl zu Recht betont.

Burtons Expedition erforschte, untersuchte und kartierte den tausend Kilometer langen Küstenstreifen des nördlichen Midian. Viele wichtige archäologische Orte, die Überreste von achtzehn Städten und zwanzig Siedlungen wurden identifiziert, und all die vierzig den mittelalterlichen Geographen bekannten Plätze. Sie brachten alte Artefakte und Knochen, prähistorische Muscheln, zahlreiche Exemplare der Flora und

Fauna sowie Insekten mit zurück; sie bewiesen die Existenz von wertvollen Mineralien: Schwefel, Salz und Salpeter sowie »gewaltige Ansammlungen von Gips«; sie fanden Achate und Türkise – aber sie fanden kein Gold, wenigstens nicht in den Mengen, von denen Richard Burton überzeugt war, dass sie in den angespülten Sanden existierten. Die Expedition brachte fünfundzwanzig Tonnen Gesteinsproben für metallurgische Analysen mit, die von George Marie ausgewählt wurden, dem für das Projekt durch die ägyptische Regierung ernannten französischen Geologen und Bergbau-Ingenieur. Auch Marie war selbstsicher und davon überzeugt, sie würden die Existenz von Silber beweisen. Der Nachweis von wirtschaftlich ausbeutbaren Silbererzen hätte auch Burton in hohem Maße gefallen. Er hatte eine magische Leidenschaft für das Metall und nutzte es als Gichtmittel. Doch statt des erhofften Reichtums blieben Richard Burton infolge seiner midianitischen Reisen nur Schulden. Der Khedive ließ ihn auf seinen Ausgaben sitzen. Am 26. Juni 1879 musste Ismael I. auf Druck der europäischen Großmächte zugunsten seines Sohnes Taufiq abdanken. Der neue Vizekönig weigerte sich, die finanziellen Verpflichtungen seines Vaters gegenüber Burton anzuerkennen.

Nach dem Erfolg seines Werkes »Die Goldminen von Midian und die zerstörten midianitischen Städte« schuf Richard Burton ein noch substanzielleres Werk: »Das Land Midian«, welches im darauffolgenden Jahr in zwei Bänden erschien. Es beschäftigt sich ausführlich mit drei Reisen – nach Nord-, Zentral- und Südmidian. Es ist voll von sowohl praktischen als auch tiefgründigen Informationen, und es ist mit Zeichnungen, Inschriften und einer detaillierten Karte illustriert. Da Burton nun in der Lage war, die Fahnenauszüge von »Das Land Midian« selbst durchzusehen, wurden die zahllosen Irrtümer und Druckfehler vermieden, welche die ursprüngliche Ausgabe der »Goldminen von Midian« beeinträchtigt hatten.

Wo liegt Midian?[1]

Der geographische Ausdruck Midian ist selbst heute noch nicht eindeutig zur Zufriedenheit aller definiert worden. In der Genesis (XXXVII, 28) wurde von den Midianitern gesagt, dass sie Josef von seinen Brüdern gekauft und ihn in Ägypten verkauft hätten. In Exodus (II, 15) wird davon gesprochen, dass Moses in Midian oder dem östlichen Land (östlich, das heißt von Ägypten aus) gelebt habe und dort Zipporah heiratete, eine Tochter des Priesters Jethro. Laut Numeri (XXXI, 22, 50–54) steckten die Hebräer im Jahr 1452 v.Chr. die Städte und die Burgen Midians in Brand und trugen eine herrliche Beute an Gold, Silber, Bronze, Eisen, Zinn und Blei, mit Gefäßen aus Gold, Halsketten und Armbändern, Ringen, Ohrringen und Broschen fort. Zweihundert Jahre später, dem Buch Richter VIII, 24–27 zufolge, als die Midianiter ihre Stärke wiedergefunden hatten, erschlugen mit Gottes Hilfe jüdische Krieger unter Gideon die ismaelitischen Könige Zebah und Zalmunna mit etwa einhundertfünfunddreißigtausend Kriegern und erlangten so viel Gold, dass Gideon, der sich nur einen Goldring von jedem seiner siegreichen Soldaten erbat, siebzehnhundert Schekel Gold erhielt. Gideon schmolz das Edelmetall ein und ließ davon ein Ephod herstellen, ein religiöses Emblem, das später der Gegenstand götzendienerischer Verehrung wurde. Doch dieses Massaker erwies sich für das Königreich Midian als tödlich, und es verabschiedete sich danach alsbald aus der Geschichte.

Die klassischen griechischen und römischen Autoren kannten das Wort Midian nicht, da sie die Region als Bestandteil des Nabatäer-Reiches betrachteten. Flavius Josephus teilte das Gebiet in zwei Midians.

1 Die Ausführungen über die geographischen Grenzen Midians stützen sich weitgehend auf Philip Wards Abhandlung in »The Gold-Mines of Midian and the Ruined Midianite Cities« (1878).

Burton leitete seine Definition Midians von einigen mittelalterlichen arabischen Geographen und einigen Beduinen der Region ab, und er bestätigte, dass Midian im Norden von 'Akabah am Ende des Golfes von 'Akabah begrenzt wird und im Süden von al-Muwailah und dem Wadi Surr. Die Westgrenze ist der Golf selbst, und die östliche Grenze ist die Bergkette, die allgemein als Dschebel Schar'a bekannt ist, welche die Tihama von der Hisma trennt. Nach Burtons Auffassung hat die ganze Meeresküste südlich des Forts von al-Muwailah bis zum Hedschas »absolut keinen Namen«, keinen Oberbegriff.

Er schlug deshalb eine Teilung der Nordwestregion des heutigen Saudi-Arabiens in zwei Teile vor. Das »eigentliche Midian« oder »nördliche Midian« umfasst nach dieser Definition das Gebiet nördlich al-Muwailahs mit einer Küstenlinie von einhundertacht Meilen, während der Begriff »südliches Midian« sich auf den Küstenabschnitt vom Fort von al-Muwailah südlich bis zum Wadi Hamdh (25° 55' nördlicher Breite), eine Küstenlinie von einhundertfünf Meilen, bezieht. Burton begründet seine Definition damit, dass sein größeres Midian im Altertum von den Nabatäern beherrscht wurde und zum Zeitpunkt seiner Expedition den gleichen Herrscher hatte: den ägyptischen Vizekönig Ismael.

Der berühmte Arabist und Geograph Aloys Sprenger, mit dem Burton einen herzlichen Briefwechsel führte, lehnte übrigens die neue Definition von Midian als neumodisch und zu breit angelegt ab. Doch blieb Burton die Anerkennung seiner Definition nicht versagt, da seine Interpretation der Gebiete Midians von Einrichtungen wie dem Marine-Nachrichtendienst der britischen Admiralität benutzt wurde.

Das Alte Testament erwähnt Goldschürfungen in Saba, Ophir und Havilah (Genesis X, 28–29). Alle diese Orte liegen im südlichen Arabien, und es ist wahrscheinlicher, dass die von Moses und Gideon an sich gerissene Beute an kostbaren Metallen eher durch Handel oder Piraterie erlangt worden war als durch Bergbau. Des Weiteren sind verschiedentlich Goldsande und die Existenz von Goldklumpen überliefert. Der midianitische Bergbau in Saudi-Arabien hatte vermutlich drei Blütezeiten: das Zeitalter von Salomon (961–922 v. Chr.), die Periode des Abbasiden-Kalifats (750–1258 n. Chr.) und die Zeit des saudi-arabischen Bergbau-Syndikats (1939–1954).

Elf Schreibtische für den Übersetzer in Triest

Nach seinen midianitischen Reisen stattete Burton den Kong-Bergen Westafrikas einen kurzen Besuch ab, um dort die Möglichkeit des Goldabbaus zu überprüfen, aber sein Lebensrhythmus war etwas langsamer geworden.

Zunehmend widmete er sich seinen literarischen Aktivitäten – unter anderem der bereits erwähnten Übersetzung von »Tausendundeiner Nacht«, natürlich wieder mit Fußnoten, welche die Destillation all seines Wissens und seiner Erfahrung enthalten. Er übersetzte in Triest verschiedene hinduistische erotische Erzählungen. In seinem Herrenhaus bei Triest hatte er für jedes Projekt, an dem er arbeitete, einen eigenen Schreibtisch. Es waren insgesamt elf.

Im Jahr 1886 wurde er sehr zu seiner Überraschung durch Queen Victoria geadelt. Er starb am 20. Oktober 1890 in Triest.

Heute, mehr als ein Jahrhundert nach seinem Tod, ist Richard Francis Burton eine Legende. Den Grundstein hierfür legte er, wie geschildert, nach dem Ende seiner Armeelaufbahn: Er wurde ein überaus fruchtbarer Schriftsteller, ein ausgezeichneter Linguist, ein detailbesessener Übersetzer und ein unersättlicher Forscher, der keine Auseinandersetzung, kein noch so großes Wagnis oder Abenteuer scheute.

Von allen Forschungsreisenden war kaum einer in seinem Leben aktiver oder produktiver als Richard Francis Burton. Kein Reisender auf der arabischen Halbinsel – von Thomas Edward Lawrence abgesehen – hat mehr Biographen veranlasst, sein Leben nachzuzeichnen. Die erste Biographie über ihn erschien bereits zehn Jahre vor seinem Tod.

Die Bibliographie von Burtons eigenen Arbeiten umfasst mehr als dreihundert Seiten, darunter sechzig komplette Bücher. Er schrieb über Bajonett-Drill, Falknerei, Bergbau, Archäologie, Schlangen, Medizin, Ingenieurwissenschaft, Bergsteigen, Religion und Liebespraktiken auf allen Erdteilen, Letzteres sehr zum Unwillen seiner Gattin. Von Burton sind Reiseberichte aus allen Kontinenten (mit Ausnahme der Antarktis und Australiens) erhalten. Allein über Afrika schrieb er dreizehn Bücher mit einem Gesamtumfang von viertausendsechshundert Seiten. Die arabische Halbinsel blieb aber, wie er selbst sagte, »das Land meiner Vorliebe«. Es überrascht daher auch nicht, dass Burton zu den Gründervätern des Königlichen Ethnographischen Instituts gehört.

Burton schrieb viel und schnell, und es gibt daher einen Berg an Informationen in seinen Werken. Sein enzyklopädisches Wissen über den Orient zeigt sich am besten in seiner großen sechzehnbändigen Übersetzung der »Tausendundeinen Nacht« (1885–1888) und den dazugehörigen umfangreichen Fußnoten. »Tausendundeine Nacht« war ein perfekter Gegenstand für ihn: Burton war immer mehr am Laster als an der Tugend interessiert. Er übersetzte außerdem die Qasidah Hadschi Abd El-Yezdis, das erotische »Kama Sutra« von Vatsyayana, das »Ananda Ranga« und »Den duftenden Garten« von Scheich Nefzawi.

Sein Reisebericht »A Personal Narrative of a Pilgrimage to Mecca and Al-Medina«, in welchem er über seiner Teilnahme am Hadsch des Jahres 1853 berichtete, begründete seinen Ruhm als Schriftsteller. Sein Erfolg bei dieser nicht ungefährlichen Reise war seiner intimen Vertrautheit mit den

Sprachen und Gewohnheiten der Region geschuldet. Zudem war er, seinen mystischen Neigungen folgend, in den Reihen des Derwischordens der Qadiri initiiert worden.

Die Saga berichtet, dass Burton tatsächlich alle paar Monate eine neue Sprache gelernt haben soll. Am Ende seines Lebens beherrschte er fast dreißig Sprachen und zwölf Dialekte.

Burton widmete sich auch intensiv dem Studium des Okkulten, unbekannten Einflüssen, Talismanen, Tränken und magischer Macht. Während seines ganzen Lebens suchte er leidenschaftlich nach »Gnosis«, nach Welterkenntnis, welcher er rund um die Welt in ihren unzähligen Formen nachjagte. Er studierte die Kabbala, eine mittelalterliche jüdische Geheimlehre, und die geheimnisvolle Weisheit und Kunstfertigkeit des Griechen Hermes Trismegistos (Hermetik). Er war eingeführter Nagar Brahmin (die Naga sind ein Volksstamm im indischen Assam), und er war Mitglied der ismaelitischen Sekte (Siebener-Schia), welche beanspruchte, von den im Mittelalter als Meuchelmörder gefürchteten Assassinen abzustammen. Er war zu verschiedenen Zeiten Konvertit zum Hinduismus, Tantrismus (die Tantra-Lehre verehrt Schiwa und seine Gattin Parwati als Hauptgottheiten), zum römischen Katholizismus, zu dem Glaubensbekenntnis der Sikhs und zum Islam.

Nach Burtons Tod ergriff seine Frau vor allem zwei Schritte, um sein Andenken zu bewahren: Sie baute ein außergewöhnliches Grab in der Form eines Beduinenzeltes auf dem Heiligen-Maria-Magdalenen-Friedhof in Mortlake, einem Vorort von London. Und sie verbrannte leider alle ihr obszön erscheinenden Manuskripte, denen ihr Ehemann in seinen letzten Jahren all seinen Fleiß gewidmet hatte. Der Scheiterhaufen mit dem »Kama Sutra« und anderen Manuskripten soll tagelang gebrannt haben.

Uwe Pfullmann

Richard Francis Burton

Die Goldminen von Midian

Kapitel I

In Alexandria

Endlich! Wieder einmal ist es mein Geschick, dem Gefängnisleben eines zivilisierten Europas zu entfliehen und Körper und Geist durch das Studium der Natur in ihrer nobelsten und bewundernswertesten Form zu erquicken. Abermals sollte ich den Anblick der »herrlichen Wüste« genießen dürfen und durch einen kurzen Besuch bei den Wilden in ihrer urtümlichen Heimat Kraft schöpfen.

Dies fügte sich wie folgt: Seine Hoheit, der Vizekönig von Ägypten, hatte von einem gemeinsamen Freund erfahren, dass ich viele Jahre zuvor Kenntnis von der Stätte eines Goldfeldes erlangt hatte, und ehrte mich nun mit der Einladung, über diese Angelegenheit persönlich zu berichten. Ich beantragte einen Monat Urlaub, der mir vom Außenamt Ihrer Britannischen Majestät in Anbetracht des grimmigen Winters und meiner Erschöpfung in der »tagtäglichen Tretmühle« zu Triest zuvorkommend gewährt wurde.

So ging ich denn am 3. März 1877 ungeachtet aller weisen Ratschläge, welche die Gattin dem Ehemann ans Herz legt, an Bord der *Aurora*, des österreichisch-ungarischen Lloyd-Schiffes von Kapitän Markovich.

Die Reise über zwölfhundert Meilen entlang jener malerischen Küsten von Istrien und der Hochländer und Inseln von Dalmatien verlief über die Maßen angenehm. Jenseits des romantischen Bocche di Cattaro, dem Bosporus des Westens, hatten wir außer schlechtem Wetter nichts zu befürchten und konnten unbesorgt auf die eisgekrönten Gipfel und schneegepuderten Hänge der großartigen Cimariot-Bergkette blicken: Das weithin gerühmte Akrokeraunion wurde in den letzten Jahren vor allem für seinen Feuerstein-Abbau berühmt. Es war wie gewöhnlich schwarze Nacht, als wir vor der Zitadelle und den Forts von Korfu ankerten; früher einmal eine höchst bezaubernde Militärstation, liegt sie seit dem traurigen Jahr 1864 infolge des Unabhängigkeitskampfes in Ruinen.

Vorbei an jener Brandung, die bei Leukas an dem Felsen aufläuft, von dem sich Sappho stürzte, und die noch immer von ihrem Blut gefärbt ist; durch den weithin berühmten Kanal mit dem rauen Theaki (Ithaca) an Backbord und dem erhabenen Kephalonia an Steuerbord; hart an Zante vorbei, dessen liebliche Hänge und befestigte weiße Stadt sie zur Blume der Levante gemacht haben; über den Golf von Patras und zur Stadt Katakolo, mit dem alten Pondiko Kastro, dem venezianischen Fort, das hoch über johannisbeerbewachsenen Tieflanden thront; vorbei an dem von Deutschen heimgesuchten Aipheus des Jupiter Olympius; an dem felsig zerklüfteten und vom Wind gepeitschten Arkadien, das so seltsamerweise zum Geburtsort der lieblichen arkadischen Erzählung und des Gesanges wurde; vorbei auch unter den wilden Mauern des steinigen Peloponnes und über die historische Navarino-Bucht mit ihrem von Ruinen gekrönten Wellenbrecher zur Insel Sphagia ... An all diesen erinnerungswürdigen Plätzen dampften wir vorüber und erwachten am Morgen des vierten Tages, als wir in Küstennähe an den südlichen Ufern von Kreta entlangfuhren.

Das lange schmale Felsmassiv, dessen Konturen und Blöcke aus silbern getupften Berggipfeln und Felsspitzen sich mitunter bis auf 8000 Fuß erheben, war das letzte für uns sichtbare Stück Land auf unserem Weg. Es bot uns all seine Schönheit dar, die auf ihre Weise sogar dem unübertroffenen alpinen Charme einer intensiv strahlenden Sonne und des funkelnden Schnees gleichkommt: Goldstaub regnete auf den reinsten Hermelinpelz, und die ganze Szenerie hob sich ab vor dem mittelländischen Blau, während das Meer zur Musik der Winde tanzte. Mit dem tief empfundenen Wunsch, dass Kreta – welches im Jahre des Herrn 1680 von Mohammed IV., dem letzten Sultan, der persönlich im Felde stand, annektiert wurde –

sich am Abend seiner Tage über die Wiedervereinigung mit dem Christentum und der Fahne des heiligen Georg glücklich schätzen möge, entboten wir der Insel ein zärtliches Lebewohl und wunderten uns, den Seeweg so von Schiffen verlassen zu sehen. Am 8. März warfen wir Anker im alten Eunostos, dem neuen Hafen von Alexandria, welcher ein vortreffliches Werk und Ägyptens größter Tage würdig ist. Wir Reisende hielten jetzt Ausschau nach einer Gepäck-Anlandungsgesellschaft, die uns vor den Kasteiungen des kreischenden Bootsverleihers und des habgierigen Dragomans bewahren sollte.

Der »libysche Vorort« – die Stadt sowohl des Propheten Daniel, Alexanders des Großen und des Apostels Markus – ist nicht mehr wie im Jahre 1853 eine Stadt falscher Bezeichnungen, wo die Trockendocks immer nass und die marmornen Springbrunnen ewig trocken sind; deren »Nadel der Kleopatra« weder mit Kleopatra verbunden noch eine Nadel ist; deren »Säule des Pompeius« nie den geringsten irdischen Bezug zu Pompeius aufwies und deren »Bäder« der Kleopatra, wahrheitsliebenden Reisenden zufolge, von jeher alles andere als Bäder waren.

Doch es ist ihr unerfreuliches Schicksal, von jedem Reisenden beschimpft zu werden. Nie verbrachte ein Tourist mehr als wenige Stunden im Abbat's oder im Hôtel de l'Europe, aber jeder wirft einen kleinen Stein auf sie. Selbst die »Gewöhnlichkeit des Westens« wirft man ihr vor! Vom Meer aus betrachtet, verlangt das große Emporium (Handelszentrum), das wir in Karatschi entrüstet ablehnen, einigen Respekt. Die in anderen Mittelmeerhäfen, insbesondere in Triest, »Verbesserungen« genannten Misserfolge sprechen für Alexandria: Die vormals schwierige und gefährliche Einfahrt ist sicher mit Bojen markiert; der das Ufer beschützende vortreffliche Wellenbrecher benötigt nur einen besseren Leuchtturm an diesem Punkt; das Innere des alten Hafens wurde mit Molen und Docks ausgestattet; der Landungsplatz wird vertieft, indem man – vielleicht ein wenig zu sehr – die küstennahen Untiefen auffüllt, und schließlich werden breite, mit Steinplatten gepflasterte Kais entlang des Hafens in absehbarer Zeit Transit und Verkehr erleichtern.

»Semper Libya novi aliquid parit«, sagt der Historiker – und niemals hat Libyen etwas glücklicher hervorgebracht als jenen neuen Hafen.

Besagte Verbesserungen, die in Alexandria wirklich diesen häufig missbrauchten Begriff verdienen, finden sich vor allem um die Place de Consuls, jetzt Méhémet-Ali-Platz genannt. Im Jahr 1853 war dieser große rechteckige Platz eine kahle, von Winden gepeitschte, unfruchtbare Wildnis, die abwechselnd von Staub und dunklem Schlamm bedeckt wurde. Seitdem nun Europa die Sache in die Hand genommen hat, entwickelte er sich zu einem hochgeschätzten Ort, gesäumt von Bürgersteigen und Gehwegen aus Stein. Die den Spaziergängern vorbehaltene innere Fläche, wo der Turban tragende Napoleon inmitten von grünenden Bäumen und fließendem Wasser auf seinem arabischen Ross sitzt, ist von Pfählen und Ketten eingefasst, und allenfalls der verschwenderische Umgang mit Metall dürfte hier als sündhaft bezeichnet werden: Sie sind massiv genug für den Notanker eines Panzerschiffes, und die mächtigen Spitzen erinnern gruselig an die Mamelukenbeys und ihre bevorzugte Bestrafungsart, welche – ohne Musurus Pascha zu nahe treten zu wollen – nicht gänzlich aus der Mode gekommen ist. Den runden weißen Bassins mangelt es nicht länger an Wasser. Es gibt kioskartige Musikpavillons, wo Musik die schönen Sommernächte belebt; die englische Kirche erscheint weniger hausbacken-hässlich, als ihr gewöhnlich nachgesagt wird, und der hellblaue Palazzo Tositza am östlichen Ende beherbergt eine hinlänglich funktionierende Stadtverwaltung sowie den Gerichtshof. Obwohl es die britische Art ist, außerhalb der Stadt zu leben, sind die alten, nach Norden gerichteten Palazzi groß und komfortabel, da sie die Meeresbrise einfangen und zugleich die Sonne ausschließen.

Aber Alexandria wird, gleich Damaskus und ähnlichen Orten, mehr von dem Land-Reisenden geschätzt, der auf anderem Wege eintrifft, wie auch von dem Zurückkehrenden, der die Stadt von Süden her betritt. Die Kairo-Eisenbahnlinie zeigt sich allen anderen weit überlegen: Selbst die von Einheimischen benutzten Bummelzüge sind pünktlich, und die Postzüge legen ihre 131 Meilen in viereinhalb Stunden zurück. In der warmen Jahreszeit ist die erste leichte Meeresbrise so erfreulich wie das erste Glas Nilwasser, und der Anblick des Máryút-Sees erfrischt Orientalen und Abendländern gleichermaßen das Auge, das unter dem blendenden Licht von Kairo und der Wüste gelitten hat. Die Hauptstraßen sind ebenfalls nach der Mode italienischer Städte mit großen Steintafeln aus jenem eolithischen Sandstein gepflastert, mit dem Triest noch immer einen schwunghaften Handel treibt. Die Häuser sind nummeriert, obwohl die Hauptverkehrsstraßen keine Namen haben.

Die europäischen Geschäfte präsentieren sich wie Kaufläden – nicht wie die erbärmlichen französischen Marktbuden der Hauptstadt, wo einem für drittklassige Artikel erstklassige Pariser Preise berechnet werden. Das »Einkaufen« ist in der Tat in ganz Ägypten ein teurer und unbefriedigender Zeitvertreib: Bei Ebners Buchhandlung in Kairo wurde ich um zehn Franken für die letzte Druckschrift meines Freundes Brugsch-Bey erleichtert, welche Leipzig für fünfeinhalb Franken verkauft, während die Zentralapotheke mir vier Franken für Augentropfen – ein halbes Quäntchen Borax in einer Rosenwasser-Phiole – abverlangte.

Der »Kanal der zwei Meere« (Suezkanal) war das erste Unglück für Alexandria, welches einmal so stolz auf seine Vorrangstellung als Hafen-Hauptstadt der Levante war. Der Hafen hatte sich zum erfolgreichen Rivalen von Algier und Smyrna entwickelt. Dem folgte am 19. April ein weiterer Schock, als der Süßwasserkanal »El Ismaelíyyeh«, der den Nil bei Kairo mit dem Timsáh-See verbindet, das Gebiet mit seinen Importen und Exporten auf den absolut kleinsten Umkreis beschränkte. Die Stadt ist arm, und ihre Armut greift um sich.

Ihr bleibt nun nichts anderes übrig, als Fisch aus dem Fieber ausbrütenden Máryút-See gegen Getreide, Wein und Öl zu tauschen, wie es mehr als eine englische Handelsgesellschaft vorgeschlagen hat. Das schwindende Fahrgastaufkommen jedoch macht die Hotels weit angenehmer und bequemer als ehedem.

Doch leider muss ich sagen, dass die Aussicht auf Bankrott keineswegs dazu angetan war, die Lebensgeister von Alexandria zu wecken. Die »Araber«, wie die Ägypter genannt werden – wahrscheinlich weil so wenig arabisches Blut in ihren Adern fließt –, sind mürrisch, und der umtriebige Stamm der Levantiner ist noch verdrießlicher. Bei einem Dschihad, einem heiligen Krieg, und dem drohenden Entfalten des Chirqa Scheríf – des heiligen und apostolischen Banners – werden die Muslime Schutz gegen die Christen anfordern. Kairo ist in Glaubensfragen immer schon gleichgültig gewesen, während Suez nach wie vor fanatisch »gläubig« ist.

Die neue Polizei in Alexandria hat einiges zur Verminderung der Plage getan, welche jeder Fremde in der »düsteren und herzbedrückenden Stadt« des Jahres 1852 zu beklagen hatte. Als der Handel mit Baumwolle und Getreide den Hafen bereicherte, verkam sie zum Diebesnest – zur gewöhnlichen Gosse für all den Abschaum und Auswurf des Mittelmeeres. Ab und an wurden energische Maßnahmen gegen die griechischen und italienischen Proleten mit ihren schnellen Messern ergriffen: Man wies sie aus, aber irgendwie gelang es ihnen, immer wieder zurückzukommen. Während meiner letzten zwei Besuche bemerkte ich jedoch eine deutliche Verbesserung in dieser Hinsicht, und zweifellos wird die Zeit das Ihre dazu tun.

Der Zustrom von Ausländern birgt gewiss Nachteile – dennoch dürfen wir unsere Augen nicht vor der Kehrseite der

Nil-Landschaft

Medaille verschließen. Man vergleiche Ägyptens aufstrebende Hauptstadt, seinen ausgezeichneten Hafen, seinen Meeres- und Süßwasser-Kanal sowie seine fünfzehn Eisenbahnlinien mit dem unglücklichen Syrien, dessen Beirut lediglich ein Dorfhafen und dessen Hauptstadt Damaskus, das »Auge des Orients«, ein baufälliger Haufen geworden ist. Seit jenen Tagen, als Ibrahim Pascha Ägypten durch Eroberungsfeldzüge zu erweitern und mit Verwaltungsreformen und verschiedenen fortschrittlichen Maßnahmen zu modernisieren suchte, kann das Heilige Land kein einziges bedeutendes öffentliches Bauwerk mehr vorweisen außer denjenigen, die ihm von den Ägyptern selbst vermacht wurden. Ibrahim Paschas Bestrebungen wurden allerdings von Lord Palmerston vereitelt, der drohte, »Mohammed Ali in den Nil zu werfen«, und dabei unabsichtlich zum Helfershelfer Russlands wurde.

Hätte sich Letzterer in Stambul auf den Thron gesetzt, wäre die Türkei nicht zum hoffnungslose Bankrotteur geworden – ein erobertes Königreich und Schatten seines früheren Selbst.

Die Hauptaufregung in Alexandria verursachte selbst in jenen Tagen, als die Russen am 24. April den Pruth überquerten, die große Obeliskenfrage. Mohammed Ali Pascha hatte 1801 England den Zwillingsobelisken von »Kleopatras Nadel« angeboten, der einmal den Tempel des Sonnengottes Tom in On (Heliopolis), der Stadt der untergehenden Sonne, zierte; aber England, von liberalen Wirtschaftsideen geplagt und zu arm, um 10 000 Pfund zu zahlen, hatte das Geschenk abgelehnt, das infolgedessen null und nichtig geworden war. Das Angebot wurde durch Scheríf Pascha unter dem gegenwärtigen Vizekönig wiederholt und diesmal angenommen – obwohl die Oberfläche des Obelisken im Laufe von 3500 Jahren stark gelitten hatte. Auf der nach Norden weisenden Seite ist nur die Kartusche Pharao Thuthmoses' III. gut erhalten. Von der Unterseite, die im Erdboden gelegen hat, wurde die Erde abgekratzt, und einer örtlichen Legende zufolge kroch eine königliche Hoheit persönlich unter den »hässlichen alten Felsblock« – wie eine englische Zeitung ihn profan bezeichnet –, um festzustellen, dass der Stein in seinem feuchten Grab keinen ernsthaften Schaden gelitten hat. Ist außerdem Dr. Richard Lepsius nicht jederzeit bereit, Obeliskenschäden aller Art zu restaurieren? Anfang 1877 trat der Streit um die Große Nadel in eine absonderliche Phase, denn nun ging es um die Eigentumsfrage. M. Giovanni de Demetrio, der Antiquitätensammler, hatte Anspruch auf das Monument erhoben und war am Gericht vor Ort mit seiner Klage abgewiesen worden. Er benahm sich indessen sehr großmütig, und aus Ehrerbietung gegenüber der englischen Regierung verzichtete er auf weitere Hemmnisse. Dies wäre einige Jahre zuvor, als Ägypten noch das glückselige Jagdrevier der westlichen Barbaren war, undenkbar gewesen. Von Said Pascha – einem geistreichen Prinzen, der einen guten Scherz zu schätzen wusste – erzählt man sich, dass er, als ein wohlbekannter »Anspruchsteller« in seiner Gegenwart den Hut zog, ausgerufen haben soll: »Mein Herr, bedecken Sie sich!

Wenn Sie sich eine Erkältung holen, verlangen Sie gewiss Schadenersatz von mir.«

Kurz nach meiner Abreise aus Ägypten erhielt Herr Dixon, von löblicher Wissbegierde getrieben, am 20. Juni 1877 die Erlaubnis, den Sockel des stehenden Obelisken »Kleopatras Nadel« freizulegen. Ihm waren gewisse »eigentümliche Kerben« im Sockel des umgestürzten Pendants sowie mysteriöse Bronzestatuen am antiken Modell im Madrider Museum aufgefallen. Er stellte fest, dass die vier unteren Ecken des Monolithen abgeschlagen worden waren und eine in den Säulenschaft eingelassene Metallstange erkennen ließen, welche ihn mittels bemerkenswert gut gearbeiteter, Krabben darstellender Bronzefüße mit dem Granitsockel verbindet. Ursprünglich waren nur die Tiere sichtbar, und glücklicherweise blieb eines der südlichen erhalten und zeigt zwei bedeutende Inschriften. Diejenige an der Außenseite trägt in gut leserlichen Buchstaben fünf achtel Zoll hoch folgende Inschrift:

Η ΚΑΙΣΑΡΟΣ
ΒΑΡΒΑΡΟΣ ΑΝΕΘΗΚΕ
ΑΡΧΙΤΕΚΤΟΝΟΥΝΤΟΣ
ΠΟΝΤΙΟΥ.

Und auf der richtigen Seite oder der südsüdwestlichen Klaue lesen wir:

ANNO VIII
AVGVSTI CAESARIS
BARBARVS PRAEF
AEGYPTI POSVIT
ARCHI TECTAN TE
PON TIO

Für diese Informationen und die begleitenden Skizzen habe ich den Herren W. E. Hayns und Willoughby Faulkner zu danken. Sie fügten hinzu, dass alle Füße der erhalten gebliebenen Krabbe verstümmelt worden sind und durch grob behauene Steinbrocken ersetzt wurden, die man mit Lehm und schlechtem Kalk eingepasst hat. Da der Obelisk etwa acht Zoll vom Sockel angehoben worden ist, ruht das ganze Gewicht auf dem Mauerwerk und dem Metallträger; denn die Nadel hat eine »Schräglage« in Richtung Meer nach Nordwesten; die steinernen Stützen sind gesprungen und das ehrwürdige Relikt wird alsbald fallen, wenn nicht umgehend etwas getan wird. Wollen wir hoffen, dass es nicht das Schicksal des alten Orotava-Drachenbaumes auf Teneriffa teilen muss, dessen von ständigem und widerstreitendem Rat gequälter Eigentümer schließlich gar nichts unternahm, um ihn zu retten.

Herrn Hayns zufolge gab die Mauer in der Nachbarschaft des Obelisken, als sie zerstört wurde, den Abschnitt eines Pfeilers frei, der eine fragmentarische lateinische Inschrift in einer Einfassung enthielt. Sie scheint ebenfalls aus Kaiser Augustus' Tagen zu datieren und bestätigt so die Inschrift auf der Krabbe. Man liest auf der Spitze EIA, gefolgt von einigen unentzifferbaren Schriftzeichen, und an der Basis AVG LIB.

Was der Reisende in Alexandria und Kairo sofort bemerkt, ist das Fehlen humanitärer Schutzvereine. Das gemeine Volk ist in der Regel weder wild noch brutal, wie gewiss einige seiner nördlichen Nachbarn es sind, aber die Menschen sind gedankenlos grausam, ähnlich Kindern, die anderen Lebewesen Schmerz zufügen, ohne es zu wissen. Die Mietdroschken und Zugtiere übertreffen jene zu Kairo bei Weitem, und wo die Europäer zahlreich sind, hat sogar der Eseljunge gelernt, dass der Ungläubige stets einen Esel mit möglichst wenig wunden Stellen bevorzugt und ein vierbeiniges einem dreibeinigen Kutschpferd vorzieht. Aber sogar hier müssen wir oft überflüssige Hiebe und Schläge mit ansehen, die jeden empören, der auch nur einen Funken Mitgefühl hat; in der Regel wird hemmungslos von der Peitsche Gebrauch gemacht. Viele, die nicht mit dem Lande vertraut sind – insbesondere Damen –, haben vorgeschlagen, die grausame Behandlung durch gesetzliche Maßnahmen einzudämmen. Seine Hoheit hat Zustimmung

»Kleopatras Nadel«
Obelisk und Krabbe

zu dem Unterfangen bekundet, und seine Beamten befürworten im Allgemeinen die Schaffung zivilisierter Sitten. Getan worden ist indes nichts. Zweifellos wären folgende Schritte erforderlich: Umlauf einer Petitionsliste, Bemühung um einen

Abgeordneten aus London – einen sachkundigen Mann mit Erfahrung, der eine Zeit lang in Ägypten residieren würde – und schließlich Durchsetzung von Anordnungen, wonach die Polizei summarisch alle skandalösen Fälle von Tierquälerei verfolgen und mit Körperstrafen ahnden dürfte, die ihr von tadellos beleumundeten Einwohnern zur Kenntnis gebracht werden.

Schon bald würde eine solche Schulung eine spürbare Verbesserung im Benehmen eines Volkes bewirken, das so fügsam wie intelligent ist.

Die Europäer, und besonders die Engländer von Alexandria, sind glücklich, ihren eigenen Bezirk, den »Ramleh« (der Sandhaufen) zu haben. Dies war das alte Juliopolis und Nicopolis, das römische Zeltlager. Heute trennen es nur vier kurze Meilen unbewohnten Gebiets von der Stadt, welche sich früher etwa vier Wegstunden ostwärts bis zum Kap Zephyrion von Aboukir ausdehnte und gut und gern drei Millionen Seelen beherbergte. Eine Eisenbahnlinie, die von morgens früh bis Mitternacht in Betrieb ist, verläuft parallel zu der römischen Streitwagenstraße. Sie durchquert einen Haufen von Ruinen, die jetzt als Steinbrüche dienen, und schlängelt sich durch die Töpferei-Hügel, *montes testacei* genannt, das *Kerámia* der Griechen. Wahrscheinlich sind deshalb nur wenige Funde gemacht worden, weil es keine planmäßige Grabung gegeben hat; und das Wenige, was gefunden wird, wird nicht aufbewahrt. So zum Beispiel das kleine dorische Heröon, ein *aedicula-in-antis* an der Ramleh-Küste, von dessen elf aus dem Sandstein gehauenen und mit dem härtesten Muschelkalk einzementierten Säulen nur drei übrig geblieben sind; die christliche, in der südlichen Flanke des Karmús-Plateaus eingegrabene Begräbniskapelle aus dem 4. Jahrhundert auf der anderen Seite Alexandrias ist vollständig ausgeplündert worden.

Die Franzosen besetzten »an dem denkwürdigen 1. März 1801« die höchsten Punkte der heutigen Ramleh-Eisenbahnstrecke und begingen den fatalen Fehler, eine beherrschende, durch Geschützbatterien verstärkte Stellung zu räumen, während die Engländer zwischen Casa Grace und der Station auf »Cäsars Zeltlager« ungünstig postiert waren. Die Schlacht wurde auf jenem Streifen lockeren Sandes ausgefochten, der das Meer von dem schönen Seeausläufer Khazrá, einer östlichen Fortsetzung des Máryút-Sees, trennt. Reverend Davis, Kaplan in Alexandria, bestreitet, dass die Engländer hier Meerwasser eingeleitet und das Land ruiniert hätten. Er behauptet, sie hätten lediglich den Süßwasser-Kanal unterbrochen, der die zwei benachbarten Nilarme verbindet; außerdem sei an den tiefsten Stellen des Máryút-Sees, die sich etwa acht Fuß unter dem Niveau des Mittelmeeres befanden, schon immer Sickerwasser eingedrungen. Die militärischen Fehler auf beiden Seiten waren augenscheinlicher als in den meisten Schlachten: Wir hätten starke Verluste vermeiden können, wenn wir am Ausläufer des Sees entlangmarschiert und in die Flanke des Feindes eingeschwenkt wären. Nur wenige wissen, dass Abercrombie zu der kleinen Moschee von Ramleh gebracht wurde, nachdem er seine tödliche Wunde empfangen hatte. Wir können aber kaum erwarten, die bescheidenen Monumente unserer ritterlichen Landsleute dort noch vorzufinden, wo doch selbst das »Soma« Alexanders und das Heiligtum des heiligen Markus vergessen sind: Der Evangelist wurde – wie allgemein bekannt ist – ordentlich in einem Ballen oder einem Fass Schweinefleisch verpackt nach Venedig abtransportiert.

Der Zug, welcher die Schlachthäuser passiert, wo die Paria-Hunde besonders bei Nacht und am frühem Morgen ihres Lebens nicht sicher sind, hält an einem der Paläste, mit denen Unterägypten dieser Tage in sämtlichen Himmelsrichtungen übersäet ist. Der Hof aber besucht ihn niemals, da er Schauplatz schmerzlicher Ereignisse war. Er ging in Flammen auf, und Aufbau und Wiederaufbau sollen eine Million Pfund Sterling verschlungen haben. Noch im Jahr 1853 schlugen Besucher von Ramleh auf dem Sandkamm, der sich am kühlen, sanftblauen Meer erhebt, ihre Zelte auf; bald danach begannen sie, hier und da Bungalows auf den Klippen zu bauen, welchen jetzt die Zerstörung durch die Wellen droht. Das Land gehört niemandem, aber etwa vierzehn Stämme elender Zeltbewohner – ein Viertel Beduinen und drei Viertel Fellachen – wittern Piaster; und wie es die allgemeine Gewohnheit dieses Volkes ist, gelingt es ihnen, sich einen Besitztitel zu verschaffen. Ramleh hat seine eigene kleine aus Holz gebaute Station, offensichtlich in japanischem Stil, sein Geisterhaus, sein »Tollhaus« und sein Hotel, das »Beauséjour«, welches seit dem Tod des armen Bulkeley in voller Blüte steht, und es hält die traditionelle Gastfreundschaft aufrecht, für die Alexandria, anders als Kairo, immer berühmt gewesen ist.

Die Lektion, die wir in Alexandria lernen und bei Kairo wiederholen, besagt, dass seine Interessen umso besser befördert werden, je mehr (ehrliche) Ausländer in Ägypten beschäftigt werden. Im Jahr 1840 gab es 6150; 1871 waren es bereits 79 696 und für 1877 können wir von insgesamt mehr als 80 000 ausgehen. Pfarrer F. Barham Zincke bemerkt in seinem einfühlsamen Band – mit einem allerdings unlauteren Titel – treffend, dass die Nil-Niederung zwischen der Zeit der Pharaonen und der Khediven immer nur dann in Blüte stand, wenn sie selbstständig war; das sei die logische Auswirkung ihrer geographischen Eigenheiten, ihrer Entwicklung und ihrer Bevölkerung. Ich will sogar so weit gehen zu behaupten, dass Syrien an Ägypten wieder angegliedert werden sollte, um es zu vervollständigen. So will ich denn hoffen, dass es bald seine Unabhängigkeit wiedererlangen wird. Ich bin überzeugt, dass sein Fortschritt und seine Entwicklung, welche allein durch die Abhängigkeit von Stambul behindert wird, die Welt in Staunen versetzen wird, sobald es nur seine Freiheit zurückerhalten hat. Es bietet Raum für seine Bevölkerung, und dies nicht nur in den reichen Weideländern am Isthmus und in der oberen Nilregion, sondern auch überall westwärts, in Darfur, Waday und der Somali-Küste über Zaylá und Berbera; und es hält Harar besetzt, welches bald eine wichtige Station auf der Hauptfernverkehrsstraße zwischen dem Roten Meer und den Seegebieten von Zentralafrika werden wird. Ein Land, dessen Winterklima köstlich und dessen Luft der Vorbeugung gegen die Gicht zuträglich ist, sollte dem britischen Herzen stark zusagen.

Die Strecke zwischen Alexandria und Kairo führt durch eine wunderbare Landschaft, die sich mit der südenglischen Surrey-Ebene vergleichen lässt. Sowohl Städte als auch Dörfer zeigen Anzeichen von Prosperität, die ihnen 1820 vom großen Mohammed Ali aufgezwungen wurde, einem Fürsten, dessen Andenken mit jeder Generation strahlender erscheint. In Birket el-Sa'ab, der Station zwischen Tantah-Nord und Benhá-Süd, erkundigte ich mich nach der Kutn el-Bámiyeh, der Hibiskus-Baumwolle, die dort von einem Kopten etwa 1873 entdeckt und 1877 geerntet wurde – und wahrscheinlich schon 1878 den Markt beeinflussen wird. Der arabische Name scheint die Theorie der Araber zu belegen, wonach die Pflanze eine Kreuzung von Baumwollstrauch und Hibiskus sei. Dies ist offensichtlich unmöglich, und doch wird ernsthaft damit experimentiert, beide gemeinsam anzupflanzen. Die »Malven-Baumwolle« präsentiert sich als ein gerader einzelner Stängel von zwölf bis siebzehn Fuß Höhe, der dreißig bis sechzig, ja sogar bis zu neunzig Kapseln trägt. Sie wird im März gepflanzt und im September herausgerissen; pro Feddán[2] oder dem kleinen ägyptischen Morgen erbringt sie achtzehn bis achtundzwanzig Kantár (Zentner), statt vier bis fünf der El-Aschmuni'-Sorte, die bisher als die höchste Qualität galt. Das trockene Exemplar, das mir von Herrn Vetter aus Zagázig gezeigt wurde, hat vier Stängel, und in der Blüte und der Kapsel entdeckte ich sofort die gewöhnliche baumartige *gossypium religiosum*, mit den lockeren schwarzen Samen und der feinen

2 Der Feddán, ein Agrar- und Flächenmaß, entspricht 0,42 Hektar. Der Kantár oder Quintar (100 Ratl oder 36 Okes) entspricht 44,55 Kilogramm.

langfaserigen Linterolle (Fussel) der Sorte Unyamwezi. Die Abart hat zweifellos per Zufall ihren Weg von Zentralafrika herauf gefunden, und möglicherweise schon bevor der clevere Kopte auf den Gedanken verfiel, sie zu sammeln. In Triest wurde sie von meinem gelehrten Freund Cav. de Tommasini sorgfältig untersucht, der mit Dr. de Marchesetti in der oben gegebenen Beschreibung übereinstimmt.

Bis jetzt hat sich die Neuentdeckung allerdings als Misserfolg erwiesen. In den Exemplaren, welche mir Herr Clarke geschickt hatte, war die Baumwolle in den Samenkapseln am unteren Stängel gut, wurde aber schlechter und schlechter, je höher die Kapseln am Stängel standen; an der Spitze schließlich, wo sie schnell verdorrte, taugte sie überhaupt nichts mehr. Züchter haben versucht, Fehler in der Pflanzzeit, schlechte Pflege, ungünstiges Wetter und dergleichen mehr ins Feld zu führen, aber die Entschuldigungen sind nicht stichhaltig.

Der große Strauch gedeiht unter den feuchten Himmeln von Unyamwezi; aber im trockenen Ägypten bringt er eine armselige Faser hervor, die sich kaum mit den bunten einheimischen Sorten vergleichen lässt, obwohl das Gegenteil beteuert wurde. Überdies laugt das üppige Wachstum den Boden aus und erfordert mehr Düngung, als der Fellache sich leisten kann, denn er ist gezwungen »Kuhfladen« als Brennstoff zu nutzen. Wenn man das Experiment weiterführen will, muss man diesen Baumwollstrauch frühzeitig auf den nährstoffreichsten Böden anpflanzen, die vom »großen Vater«, dem Nil, fruchtbar gemacht wurden.

Der untere Nil bestätigt bemerkenswerterweise das von – wie ich glaube – den Russen zuerst entdeckte Gesetz der Flüsse. Der Strom wird westwärts durch die Erdrotation abgelenkt, welche sich auf jeden Abschnitt entlang eines Meridians in nordsüdlicher bzw. in südnördlicher Richtung auswirkt. Die von mir auf dem Indus angestellten Beobachtungen fanden durch die Ingenieure der alten französischen Expedition ihre Bestätigung. Sie sagten einen Rückgang der Wassermenge im östlichen Arm des Deltas voraus, und jetzt bemerken wir, dass sich das Wasser allmählich verringert und der Damietta-Zweig bereits zu verschlammen beginnt.

Statistische Notiz

Die alte Vorstellung, wonach Alexandria, die zweite Stadt im Niltal, mit ihrer feuchten Hitze und ihrem Fieber ausbrütenden Nachbarn, dem Máryút-See, ein in hohem Maß unbekömmliches Klima und eine jährliche Sterblichkeitsrate von 40 je 1000 Einwohnern hätte, war nicht unbegründet. Die vom Innenminister herausgegebenen reichlichen statistischen Tabellen bewiesen indes, dass bei einer registrierten Gesamtzahl von 212 034 Seelen in Alexandria ein Todesfall jährlich auf 24,4 Einwohner fällt, was in etwa mit St. Petersburg oder Madrid vergleichbar wäre; Kairo hingegen bringt es mit 449 883 Einwohnern auf einen Todesfall je 21,4 Einwohner. Dies ist eine sehr hohe Zahl und übersteigt bei Weitem die von Triest (sie schwankt zwischen 30 bis 42 pro 1000), das nach Rotterdam an zweiter Stelle in Europa steht. Die Gesamtheit des ägyptischen Niltales mit seinen 5 250 000 Seelen hat einen Todesfall auf 37,9 Einwohner zu beklagen; das ist etwas geringer als die Rate der Niederlande. Der früher so ungewöhnlich hohe Anteil an Todesfällen unter Männern tendiert indessen zu einer Abnahme, während die Rate der männlichen Geburten gleich bleibt. Dies lässt auf verbesserte Lebensbedingungen für die arbeitende Bevölkerung schließen. Der Rückgang der Anzahl von Totgeburten ist verglichen mit anderen Ländern zufriedenstellend. Besonders schwer ist die Sterblichkeitsrate von Kairo zu erklären – begünstigt, wie die Stadt nun einmal ist mit ihrem außergewöhnlichen Klima, ihrem reinen Himmel, der konstanten Belüftung und einer Atmosphäre, deren Klarheit und Zuträglichkeit Besucher aus allen Teilen Europas anlocken. Man muss hier wohl die örtlichen Gegebenheiten in Betracht ziehen: den groben Umgang mit Kleinkindern; die Krankheiten der Sudanneger, die unter dem vergleichsweise harten Winter zu leiden haben; den Umstand, dass viele auswärtige Ägypter wie einst die Römer in ihre Hauptstadt strömen, um dort ihren letzten Atemzug zu tun; und schließlich die zunehmende Bewässerung rund um die Stadt.

Mittlerweile ist man überzeugt, dass die zwischen 1872 und 1877 durchgeführten sanitären Verbesserungen, wie die Beseitigung der Elendsquartiere und das Anlegen breiter Boulevards in Alexandria und Kairo, die Situation zum Besseren gewendet haben. Die Sterblichkeitsrate von Europäern ist für einen Hafen dieser Größe vergleichsweise niedrig. Im Allgemeinen geht man davon aus, dass etwa ein Drittel der enormen Gesamtsumme, die in den Tabellen aufgeführt wird, Säuglinge und Kleinkinder betrifft. Andererseits erklärt die spartanische Behandlung von Kindern, warum diejenigen, welche die Pubertät erreichen, abgehärtet und kräftig sind.

Korrekturbedürftig ist der volkstümliche Irrtum, wonach Regenhäufigkeit und -menge in Ägypten im Lauf der letzten Jahre durch das Anpflanzen von Bäumen zugenommen haben sollen. Clot-Bey und Herr Jomard erklärten, dass trotz der energischen Maßnahmen von Mohammed Ali Pascha, der allein schon drei Millionen Maulbeerbäume anpflanzen ließ, keinerlei Unterschied zu den Niederschlägen vor vierzig Jahren festzustellen und wahrscheinlich ist die Menge seit vielen Hundert Jahren gleich geblieben sei. Zwischen 1798 und 1800 gab es im Durchschnitt fünfzehn bis sechzehn Regentage; während der fünf Jahre zwischen 1835 und 1839 indessen verminderten sie sich auf zwölf bis dreizehn. Die Abbasiyyeh-Sternwarte registrierte 1871 neun Regentage in Kairo mit einer Gesamtdauer von knapp über 9 Stunden; demzufolge fiel sogar noch weniger Regen, als zu Beginn des Jahrhunderts bezeugt wurde.

Der Fremde, der nur einen beiläufigen Blick auf das Land wirft und geneigt ist, es mit seiner Vorstellung von Perfektion zu vergleichen, wird das Ausmaß des materiellen Fortschritts im Niltal reichlich unterbewerten. Wohingegen wir, die gewissermaßen aus dem Jahr 1850 stammen, sehr genau einzuschätzen wissen, wie sich das gegenwärtige Ägypten zu dem früherer Jahre verhält. Unserer Überzeugung nach verläuft der Fortschritt zur vollsten Zufriedenheit. Der Gesamtumfang der kultivierten Fläche belief sich 1870 auf 3 218 715 Feddán, und 1877 können wir ihn ohne Weiteres auf 5 000 000 Feddán, also 21 000 Quadratkilometer schätzen. Dabei umfasst die überhaupt mögliche Nutzfläche 7 000 000 Feddán, also 29 400 Quadratkilometer, und entspricht der Fläche von Belgien, dem kleinsten Staat in Europa. Auf diesen 29 400 Quadratkilometern leben nach der gängigen Schätzung 5 250 000 Seelen, d. h. 178 Menschen pro Quadratkilometer; im Vergleich dazu haben wir 173 in Belgien, 101 in England, 58 in Österreich und 33 in Spanien.

Da sich das Land vollständig selbst ernährt und statt Auswanderung zu begünstigen Immigranten anzieht, hat sich die Bevölkerung der Niltals in vierundsiebzig Jahren verdoppelt, und sie kann sich beim gegenwärtigen Entwicklungstempo in sechzig weiteren Jahren abermals verdoppeln. Dies ist eine ausreichende Antwort für alle, die auf die Ägypter als ein altersschwaches Volk herabschauen.

Die Hauptprodukte – Baumwolle, Zucker und Getreide – werden immer einen Markt finden. Meiner Überzeugung nach wird die Bergbauindustrie – die bisher auf das Natron der Buhayrah-Provinz, auf das Salpeter und Kaliumnitrat aus Fayyum und Oberägypten sowie auf die Salinen des Mittelmeeres und des Roten Meeres beschränkt ist – künftig gigantische Ausmaße annehmen, oder diese Seiten werden vergebens geschrieben worden sein. Tatsächlich muss Ägypten, allen Unkenrufen zum Trotz, als eines der erfolgreichsten unter den modernen Königreichen betrachtet werden. Es hat seine Grenzen bis hinter die Einflusszonen der Pharaonen und Ptolemäer ausgedehnt, und als »Großägypten« ist es dazu bestimmt, Handel und Zivilisation im Herzen Afrikas zu entfalten. Es ist in der Tat kaum eine Schranke auszumachen, die seinen Aufstieg behindern könnte. Wenn es zehn Millionen zählt, wird es sich bis zum Äquator ausdehnen sowie das nördliche Becken des Kongos und die Gewässer des Victoria-Sees umfassen und den Handel dieses afrikanischen Amazonas' und Kaspischen Meeres kontrollieren.

Kapitel II

Die Veränderungen in Kairo

Mein kurzer Aufenthalt in der Hauptstadt begann äußerst traurig. Ich besuchte sie in der Absicht, einen Vortrag vor der Société Khédiviale de Géographie zu halten. Ich bestellte eine Kutsche und wies den Dragoman an, zur Wohnung des Marquis Alphonse-Victor de Compiègne zu fahren, dessen letzter Brief noch unbeantwortet in meiner Jackentasche steckte. »Ach, Sie wissen wohl nicht, dass er gestorben ist?«, war die Antwort, gefolgt von einem Bericht über den nutzlosen, vorzeitigen Tod in einem Duell am 28. Februar. Es erübrigt sich, bei der eigenartigen Kombination unheilvoller Zufälle länger zu verweilen, dem totalen Fehlverhalten von »Freunden«, die es nicht hätten dulden dürfen, dass die Affäre eine solche Wendung nahm, der geschwächten Gesundheit, die eine Schulterwunde tödlich werden ließ, und dem Unvermögen des aufrechten Mannes, sich die ihm gemäße Stellung zu verschaffen. Es ist nur angemessen zu bemerken, dass diejenigen im Irrtum waren, die dem Ereignis einen politischen Anstrich verleihen wollten – nur weil sich die Angelegenheit zwischen einem Franzosen und einem Deutschen abspielte. Die am besten Informierten können nichts Schuldhaftes am Verhalten von Herrn Meyer entdecken, der seinerseits zu drei Monaten Haft in Preußen verurteilt wurde und mit uns auf der *Flora* des Österreichischen Lloyds nach Hause zurückkehrte, um seine Strafe abzubüßen. Doch die Tatsache, dass sich beide Kontrahenten so untadelig dem Ehrenkodex unterwarfen, vermag nicht über das unglückliche Ende eines jungen und vielversprechenden Lebens hinwegzutrösten, das so herrlich mit Entdeckungsreisen begann und im Alter von dreißig Jahren, gewissermaßen durch einen dummen Zufall, so plötzlich endete. Es war ein Abgang, den er durchaus nicht verdient hatte.

Herr Frederick Smart teilte Seiner Hoheit freundlicherweise meine Ankunft mit, und schon am nächsten Tag wurde ich mit einer Einladung in den Abidín-Palast geehrt. Mein Empfang durch den Vizekönig fiel besonders wohlwollend aus; bereits die erste Audienz lehrte mich, dass dieser Fürst ein Meister des Details ist, da er gelernt hat, bei der Förderung des Aufschwungs in seinem Lande äußerste Wachsamkeit und Diskretion zu üben. Der Khedive hat kaum die angemessene Anerkennung von Europa erhalten, die sein hoher moralischer Mut verdient. Es erfordert nicht wenig Geisteskraft, so unvermittelt alle Traditionen absoluter Herrschaft aufzugeben, um sie gegen die Fesseln des Konstitutionalismus einzutauschen und obendrein die Hilfe von Fremden anderer Rasse und anderen Glaubensbekenntnisses zu erbitten, wenn sich die Verwaltung des Landes als unfähig und ineffizient erweist.

Das liebe alte Kairo! Und erst sein Nilwasser! Süß, leicht und schmackhaft unterscheidet es sich nicht nur teilweise, sondern ganz und gar von dem anderer Flüsse. Kein Wunder, dass die Hebräer murrten, als sie darauf verzichten mussten. Der erste Schluck ist eine ganz neue Erfahrung, jede Wiederholung der reine Genuss.

Wir haben Anfang März, der Khamsín oder Fünfzig-Tage-Abschnitt des Schirokko hat noch nicht eingesetzt, das Wasser ist morgens wie abends klar und kühl. Im April, dem Frühlingshöhepunkt, und im Mai, der ägyptischen Erntezeit, werden wir Kairo bei Weitem nicht so angenehm vorfinden. Noch ein Schluck, dann brechen wir auf, um erste Eindrücke aus der Stadt des Khediven zu sammeln und die Veränderungen zu erkunden, mit welchen das letzte Vierteljahrhundert die Hauptstadt von Mohammed Ali heimgesucht hat.

Als nach dem Ende der großen napoleonischen Kriege und der fürchterlichen Schlachten der Dragoman-Heerscharen – angeführt von Salt, dem Briten, und Rosetti, dem Franzosen – stillschweigend ein Modus Vivendi geschaffen wurde, hätten

Der Nil bei Kairo

die kühnsten Propheten nicht vorauszusagen gewagt, dass ein Stückchen Paris, eine brandneue blitzsaubere gallische Stadt mit ihren Plätzen, ihren Boulevards und ihren Verkehrsinseln, ihrer Oper, ihren französischen Theatern und zwei Pferde-Rennbahnen, ihren Rues Castiglionis und ihrem Grand Hôtel nördlich des kompakten und soliden Parallelogramms entstehen würde, welche hier die Stadt des Mars begrenzt. Und niemals hätten sich die nüchternen Muslime träumen lassen, dass sie ein französisches Viertel in ihrer Hauptstadt erdulden müssten, das sogar bald schon das Ganze zu verschlingen drohte. Ein Blick auf die Verschönerungen, die zwischen dem westlichen Ende des alten Muski oder der halbeuropäischen Basar-Straße und dem Beginn der Schubra-Straße getätigt wurden, lässt erahnen, was auf unsere Nachkommen im Lauf der nächsten fünfzig Jahre zukommen wird.

Der Kern und Brennpunkt der modernen Umgestaltungen ist der Ezbekiyyeh-Platz, das alte sumpfige Zeltlager der Uzbegs, den der gegenwärtige Suleyman Pascha auf Befehl von Mohammed Ali dem Großen in einen öffentlichen

Garten umwandeln ließ, welcher für die verschiedensten Zwecke genutzt wird. Fünfundzwanzig Jahre zuvor war er ein nicht eingefriedeter englischer Garten: wild, malerisch und besonders levantinisch in seinen Accessoires. Hier fanden Ausstellungen statt, und über die Rücken der Betenden wurde einfach hinweggeschritten. Unter Grand-Bey hat er seinen familiären Charakter verloren: Wir erkennen nichts außer dem alten Herrensitz des verstorbenen Kyámil Pascha und den stets auf den Bänken verkehrenden Flöhen wieder. Es ist hier ausgesprochen zivilisiert geworden; der reinste Pariser Gaffer würde sich hier leicht in seine Rolle finden.

Die herrlichen Lebek-Bäume – Akazien, deren weißgelbe Blütensträuße und große goldene Schoten ihnen den Namen Dakn el-Bascha, »Bart des Paschas«, einbrachten und deren parfümierter Auszug seinen ätherischen Wirkungen nach nicht grundlos »fitneh« oder »Plage« genannt wurde – haben den Weg für eine Hyksos-Invasion von auswärtigen, unkultivierten Pflanzen bereitet. Der Birket (Wasserbehälter) ist jetzt um die Hälfte zusammengeschrumpft, umgewandelt in ein birnenförmiges Schwimmbad und von einem umzäunten achteckigen Garten umgeben.

Dieses Vergnügungsgewässer ist mit Kanus und Tretbooten ausgestattet; der Rasen wird mithilfe von Metallleitungen bewässert und die Flächen erfreuen sich abwechslungsreicher Gestaltung durch einen Kanal und einen Katarakt, durch Kaffeehäuser und »Kahwehs« – Letztere sind für »Einheimische« vorgesehen –, durch Kioske und Musikpavillons, durch eine Pferde-Rennbahn und ein Karussell, hölzerne Pferde, Boote und anderes mehr. Darüber hinaus hat man einen etwa zwanzig Fuß hohen Berg mit einem zweistöckigen Sommer-Landhaus gekrönt, welches über eine rustikale Brücke zu erreichen ist und sich über einer Grotte erhebt, in der man Eis essen und Domino spielen kann. Zu guter Letzt gibt es noch ein französisches Restaurant, von welchem ich, seiner Weine und seiner Lammkoteletts wegen, durchaus respektvoll sprechen möchte.

Kurz vor Sonnenuntergang werden die Drehkreuze mit weiß gekleideten Polizisten bemannt – die eigentlich braunen groben Leinenstoff tragen sollten –, welche das Eintrittsgeld verlangen. Hierbei hat man keineswegs im Sinn, die städtische Finanzkraft zu stärken. Die Steuer zielt vielmehr darauf, die schwarz bekittelten Fellachen und schweinsgesichtigen Eunuchen von der Bemächtigung der Lebensnerven des jungen Kairo abzuhalten. Nun sehen wir beide Geschlechter gemeinsam promenieren; das eine trägt einen französischen Damenhut, das andere diesen kragenlosen »Konstantinopeler Mantel«, dessen einziger Verdienst darin besteht, dass er zugleich kleidet und entkleidet.

Das neue Kairo rings um den Ezbekiyyeh-Platz ist – wie alle solche modernen Erweiterungen oder Auswüchse – eine Stadt von enormer Ausdehnung, und darüber hinaus in hohem Maße unvollendet: eine feine neue, frisch aus der Hutschachtel stammende französisch-italienisch-griechisch-hebräisch-armenische-Yankee-Doodle-negerartige Sorte von Vorort. Die modernen Durchfahrten von gewaltiger Länge und riesiger Breite werden von eigens gepflanzten Bäumen gesäumt, die man doch besser entlang der zentralen Avenuen und Bürgersteige für Fußgänger angelegt hätte. Die einzige Strecke für schattige Spaziergänge findet sich an der südöstlichen Ecke des Neuen Hotels. Gas ist noch ein Luxus am Ort. Die neuen Durchfahrten werden nicht benannt, die frei stehenden und halb frei stehenden Villen nicht nummeriert; dies macht es – wie auf dem Malabar-Hügel in Bombay – schwierig, einen Freund ausfindig zu machen.

Die neuen Boulevards – Abidín, Abd-el-Aziz und Fawwálah (der Bohnenverkäufer) – mit ihren ordentlichen Gartenparzellen prägen die nordwestlichen und westlichen Teile des Parallelogramms. Einer indessen, der »Boulevard des Méhémet Ali«, verläuft durch die Lebensnerven der alten Stadt und ist durch ein Elendsquartier stark beeinträchtigt worden. Er mündet oberhalb der Moschee von Sultan Hasan ein, der bei Weitem größten der Kairoer Moscheen. Die edle ägyptische Architektur von Sultan Hasan mit dem gewaltigen Kranzgesims krönt die immensen ungebrochenen Mauern, welche durch die Konfrontation mit der neuen Rufâ'í-Moschee zusätzliche Würde erhalten – es ist dies der große Gebäudekomplex, der sich noch im Bau befindet und in jeder Linie Spuren von europäischer Hand zeigt. Das Beste an Letzterem ist, dass es verglichen mit dem alabasternen griechisch-türkischen Horror in der Zitadelle eine Renaissance der Kunst bedeuten wird. Der Boulevard endet am Kara-Maidan (schwarzer Platz), dem klassischen Rumayleh der Mameluken, wo der Dscherid gespielt wurde und wo Verbrecher, zum Tor der Bestrafung gebracht, über einem eigens für diese Zwecke genutzten Wasserbehälter enthauptet wurden. Was würde der Abessinier Bruce zu dem kahlen Parallelogramm dieser modernen Tage sagen, der ebenfalls nach einer Pariser Mode seinen Namen in »Mohammed-Ali-Platz« geändert hat?

In der Eingeborenenstadt hat man die Hauptverkehrsstraßen durch Abriss der Häuser, die durch »Notlösungen« ersetzt wurden, verbreitert. Die »grüne Schwelle« (Atabat el-Khazrá) aber, wo Ibrahim Pascha, der ritterliche Vater des gegenwärtigen Vizekönigs, sein bronzenes Dienstpferd reitet, gereicht noch immer zur Bestrafung der Fußgänger. Die Eseljungen, einst die einzigen Taxifahrer des Landes, sind wie die Sänftenträger von Bath über die Maßen aufdringlich, und die Wagenlenker von Ägypten lieben es, gerade an solchen Plätzen furios zu fahren, wo der Bürgersteig nichts als ein Streifen und die schmale Straße von schiebenden Menschenmassen verstopft ist. Die Fußgänger, welche den Granden in langen Schritten vorausgehen, schreien *o-â!* in den lautesten Tönen, wobei sie aber nicht mehr, wie früher, von ihren langen Spazierstöcken Gebrauch machen; sie sind reine Überbleibsel, insbesondere in der mit breiten Straßen versehenen neuen Stadt, und je eher diese Opfer des Raki und der Herzkrankheit von der Welt verschwinden, desto besser. Die öffentliche Ordnung wird von der neuen Polizei in leidlicher Disziplin aufrechterhalten, aber Grausamkeit gegen Tiere ist noch immer die Regel.

Der Muski, Prototyp der verbesserten inneren Durchfahrt, lässt noch viel zu wünschen übrig. Als Pflasterung dient schmutzige schwarze Erde aus faulendem Abfall pflanzlicher und tierischer Herkunft, die infolge der Besprengung selbst im Hochsommer schlammig und rutschig ist. Es bilden sich Haufen, die mit der Hacke ausgeglichen werden müssen, und der Andrang und Gestank von Mensch und Tier sind widerlich. Was diese Pflasterung soll, weiß ich kaum zu sagen. Holz oder jedwede Form von Beton, wie auf der Pozzolana in Alexandria, würde für den sehr schwachen Verkehr allemal genügen. In den Gassen und Nebenstraßen der großen Durchfahrten ist der Dunst weniger auffallend. Staub aus zerriebenem Sandstein ersetzt den Schlamm und die Hügel sind höher, sodass die Räder der Fahrzeuge einen Neigungswinkel von dreißig Grad zu bewältigen haben. Wieder sehen wir verwundert zu, wie ein Droschkenkutscher seine klapprigen Gäule durch eine kaum sechs Fuß breite überfüllte Straße jagt und ohne die Pferde zu zügeln die schärfsten Kurven nimmt, sodass die alten Frauen mit ihren Essenskörben zur Seite springen müssen, um nicht Leib und Leben zu riskieren.

So hat denn »der Durchfluss – eine sehr notwendige Angelegenheit«, wie der Epikuräer feststellt, den Sieg über Kairo errungen. Die Bauwut herrscht hier so stark wie in Wien; aber sie tobt sich aus an Herrenhäusern mit verputzten Lattenfassaden und braunem Bewurf an den Innenwänden. Glücklicherweise sind die Vorderfronten nicht sehr solide gebaut, sodass sie im Verlauf von einigen Jahren häufige Gelegenheit zu – im wahrsten Sinn des Wortes – Schönheitsreparaturen geben. Der Stadtplan weist 279 Hauptmoscheen von insgesamt etwa 400 aus. Die Kosten der »Kirchen-Instandhaltungen« sind dabei genauso bemerkenswert wie bei uns.

Die altehrwürdige Hasanayn, welche wie die Ummawi in Damaskus ein Haupt des unglückseligen Enkels des Apostels von Allah birgt, ist im Stil einer griechischen Kathedrale erbaut, die zwar im Detail, aber weniger in der Gesamtheit bezaubert: Die zungenförmigen Zinnen sind abgestuft, und diese Neigungen brechen die Giebel der Stützpfeiler, lassen die äußere Ansicht verkümmern, statt sie zu unterstützen. Die Fenster bestehen aus Parallelogrammen im Erdgeschoss und zwei Lichtkarniesen im oberen Teil. Das unvollendete Minarett präsentiert sich im raffiniertesten Stil: eine kannelierte Säule, obendrein buckelig, auf einem hochragenden Giebel ruhend. Nichts kann erhabener sein als die zu alten Moscheen gehörenden campanileähnlichen quadratischen Türme; nichts ist scheußlicher als jene Kerzen, welche Löschhütchen tragen – neueste »Errungenschaften« aus Konstantinopel. Es gibt etwa ein halbes Dutzend verschiedener Modelle von Minaretten, jedes ein Ausdruck eines eigenen Zeitalters, aus welchem der Architekt es entlehnt haben könnte; doch er hat seiner persönlichen eigenwilligen Auffassung den Vorzug gegeben, und der Dragoman freut sich über die verschönerte Hasanayn, weil sie vierundfünfzig Säulen weißen Marmors enthält. Die Franzosen in Algerien restaurieren die Monumente aus früheren Tagen, und Kairo sollte den wunderschönen Mausoleen der Mameluken-Beys – welchen die Europäer fälschlich den Namen »Gräber der Kalifen« verliehen haben – nicht erlauben, zu bloßen Trümmerhaufen zu verfallen oder gar als Dschubbeh-Khánas (Schießpulvermagazine) zu enden, die überdies die Stadt mit plötzlichem Tod bedrohen.

An den neuen Häusern sind der vorragende Teil der oberen Stockwerke und die zinnenförmige Gestaltung der Fassaden die einzigen Spuren von Lokalkolorit. Um auch jede verirrte Brise einzufangen, ist jedes Fenster in einem gewissen Winkel zum benachbarten geneigt. Die Straße der Kopten, insbesondere der südliche Abschnitt gegenüber der neuen Straße und dem Platz, wurde nahezu unberührt belassen; lediglich das kühlende, komfortable und malerische Gitterwerk, für das der Sammler so teuer bezahlt, ist entfernt worden. Dies können wir aber nicht wirklich beklagen, da es Ungeziefer beherbergte und die Feuergefahr beträchtlich vergrößerte; aber Glasfenster gelten in diesen Breiten als ebenso barbarisch wie das Trinken von Nilwasser aus einem Trinkglas statt aus einem Gulleh (Wasserspeier). Die Häuserblöcke, welche auf die Place de l'Esbekié blicken, sind wie die Rue de Rivoli mit Arkaden geschmückt: Der einzige Einspruch, der gegen diese vernünftigste aller Neuerungen erhoben werden könnte, ist die Enge des überdachten Weges. Die an Piastern so knappe Stadtverwaltung sollte einen Beschluss fassen und auf den richtigen Proportionen bestehen.

Und nun zu den Heimstätten der Reisenden. Das von einer englischen Gesellschaft erbaute »Neue Hotel« wurde wahrscheinlich von einer Eisenbahnstation abgekupfert, und Neuankömmlinge meinen in der Regel, dass es sich um einen vizeköniglichen Palast handle. Ein falsches Tympanon krönt seine Vorderfront, hinten ist es unvollendet, und gleich den Missgeburten in den Vereinigten Staaten ist es innen in muffige kleine Schlafräume unterteilt, die sonderbar mit seiner gediegenen Halle, seinem großartigen marmornen Treppenhaus und seinen riesigen öffentlichen Salons kontrastieren.

Die anderen drei uns vormals bekannten Einrichtungen sind noch immer auf ihre jeweiligen Nationen beschränkt, sprich Franzosen und Griechen, Deutsche und Engländer. Das alte rote Hôtel de l'Orient alias Coulomb's, gegenüber der neuen Place de la Bourse und jetzt im Besitz eines Hellenen, berechnet sechzehn Franc pro Tag anstatt derselben Summe in Schilling. Das Tagesgericht im Hôtel du Nil (Herr Friedmann) wird von ständig in Kairo wohnhaften Personen bevorzugt, aber unglücklicherweise ist der Zugang zu dem hellhörig gebauten Haus eine lange Gasse, die vom Muski herabführt, und man hört seinen nächsten Türnachbarn schnarchen. Aus Shepheard's ist Zech's geworden. Früher öffnete sich das Tor zu den Gärten hin, jetzt grenzt es an den seltsamsten Gegenstand, der jemals von einem sterblichen Mann bearbeitet wurde:

einen Block aus Steinmetzarbeit, dessen Äußeres einem lockeren Haufen Fadennudeln oder einem Schwarm von Raupen nachgebildet zu sein scheint.

Ich kann nicht an Sam Shepheards altem Haus vorübergehen, ohne seines ersten Besitzers zu gedenken, eines in vielen Punkten bemerkenswerten Mannes. Der Sohn eines Bauern aus Warwickshire, geboren auf dem Landgut von V…, welches seit Generationen einer alten Grafenfamilie gehört hatte, fühlte in sich eine Berufung über den Pflug hinaus und entschloss sich, sein Glück jenseits der Äcker zu suchen. Er trat als Bäckerlehrling bei Herrn Walker in Dienst, einem Konditormeister in Leamington, und in glücklicheren Zeiten sandte er nach seinem alten Meister, der zu Hause gescheitert war und eröffnete mit charakteristischer Großzügigkeit für ihn ein Geschäft in Kairo.

Als Kabinenjunge an Bord der Bark *Bangalore* unter Kapitän Smith landete er 1840 in Suez, als Waghorn gerade dabei war, den Transit zu organisieren. Hier wurde er aus den Reisemitteln der Fahrgäste gestärkt, und mein alter Freund, Herr Henry Levick, welcher noch das englische Postamt betreibt, führte ihn bei Herrn Hill ein, Mohammed Ali Paschas Arabagí-Basch (Leibkutscher), der damals ein kleines Gasthaus im Darb el-Beráberah in Kairo betrieb. Nachdem er eine Zeit lang die Suez-Transporter für fünf Pfund pro Person gefahren hatte, besaß er bald Geld und Kredit genug, um ein Geschäft auf eigene Rechnung zu eröffnen. Wann genau er auf die fixe Idee verfallen ist, dass er geboren wurde, um den Grundbesitz von V… zu erstehen, kann ich nicht sagen – und eine fixe Idee ist ja nicht immer ein Zeichen von Wahnsinn. Wohl aber war er zwischen den Jahren 1840 und 1845 von dieser Idee besessen und machte bei seinen Kunden, einschließlich meines verstorbenen Freundes und Blutsverwandten, des armen Sam Burton, kein Hehl daraus.

Da er ungebildet war, begann er nun, sich in die Materie einzulesen, welche die Position erforderte, die einzunehmen ihm bestimmt war. Und obwohl er nur schwach die Erwartungen an einen Lancashire-Gutsherrn der letzten Generation erfüllte, schrieb er Gesellschaftsverse, welche am Ort zur Modeerscheinung avancierten. Mir ist, als hörte ich ihn noch immer rezitieren:

»Komm in die Wüste, komm, Polly, mit mir!«

Sein Arabisch war stets unbeholfen: Bei ihm war ein Tarbúsch nichts weiter als ein Tarbrush (Teerpinsel). Es waren wilde Geschichten im Umlauf, welche seinen Aufstieg zum Glück erklären sollten, typisch für die Klasse der Hotelbesitzer im Allgemeinen und für die Gattung der Hoteliers in Ägypten im Besonderen. So soll er von Mohammed Ali mit der Herstellung von Schinken-Sandwiches (!) betraut worden sein, welche er in einem doppelt verschlossenen silbernen Behälter transportierte; einen Schlüssel bewahrte er selbst auf, den anderen der Konsument. Die Wahrheit aber ist, dass er ein Zechkumpan des verstorbenen Khayr el-Dín Pascha war, und dieser der Chef des alten Transitbüros, der sich am Billardspiel ebenso wie an hochprozentigen Getränken erfreute und Shepheard einen Vertrag über die Lieferung von Versorgungsgütern an die Passagiere der Kutschen und Nildampfer verschaffte – eine gewinnbringende Angelegenheit, da wir zwölf Pfund pro Kopf bezahlten. Niemand murrte über seinen guten Stern: Er war großherzig und gab mit offenen Händen, als er wohlhabend geworden war; seine liebenswürdigen Taten sind zahllos, und die Souveränität seines Geistes und Auftretens erregte bei nur wenigen Unmut, sicherte ihm hingegen viele Freunde. Er hätte eigenhändig jeden Prinzen von seiner Schwelle gejagt, wenn der sich nicht wie ein Gentleman benommen hätte, und einmal hatte ich einige Mühe, ihn vor den geballten Fäusten eines wütenden angloindischen Majors zu bewahren.

Schließlich füllten die Verträge zur Verpflegung unserer Truppen während des Krimkrieges und des Sepoy-Aufstandes seine Taschen mit Gold. Unverzüglich eilte er nach Warwickshire; er kaufte sofort einen Teil des begehrten Grundbesitzes auf, welcher – außergewöhnlich genug – gerade feilgeboten wurde; und nach und nach fiel dann das Ganze in seine Hände, bis er starb.

Meinen einzigen Besuch beim »Gutsherrn Shepheard« habe ich in angenehmer Erinnerung behalten. Er war zum Liebling all seiner Nachbarn geworden. Er ritt wie ein Mehlsack, aber er ließ kaum eine Jagdgesellschaft aus, und seine Freunde waren bei seinen eigenen Jagd- und Angelausflügen stets willkommen. Seine bescheideneren Tage hat er niemals vergessen, doch munkelte man plötzlich von mittellosen aristokratischen Verbindungen, wie das immer geschieht, wenn ein Mann reich wird, und er wurde mit einem Baron in Verbindung gebracht. Sein einziger Kummer war, keinen Sohn zu haben, der ihm nachfolgen und eine Familie gründen würde – eine wahrhaft englische Vorstellung und eher lobenswert denn blamabel.

Kurz und gut, wenige Menschen haben ein glücklicheres Leben geführt oder mehr Gutes getan oder sind erfolgreicher als der liebenswürdige und ehrliche Sam Shepheard, R.I.P., verschieden.

Diese Schilderung aus vergangenen Zeiten rief einen weiteren alten Reisenden an den Ufern des Nils wieder in mein Gedächtnis zurück: den verstorbenen Mansúr Effendi, Herrn Lane. Sein »Modern Egyptians« ist für den Studenten ebenso notwendig wie Wilkinsons »Ancient Egyptians«, aber die Erfahrungen von 1835–1842 reichen jetzt nicht mehr aus. Ein beträchtlicher Teil der Arbeit, insbesondere der erste Teil, macht die Heckenschere erforderlich – und bewahrt indessen die Blumen und die Frucht: die für diese Zeiten so charakteristischen Anekdoten. Einem gestandenen und praktisch veranlagten Arabisten wie etwa Herrn Konsul Rogers sollte es erlaubt sein, das Werk zu modernisieren und mit den neuesten Erkenntnissen zu ergänzen. Vieles, was zu kurz abgehandelt worden ist, sollte in voller Länge ausgeführt werden, die Gebete sollten nicht nur im Dialekt, sondern auch in Arabisch und ebenso in lateinischer Schrift wiedergegeben werden. Es wäre lohnend, mehr über Abu-Zayd zu erfahren. Das Kapitel IX über die Wissenschaft sollte völlig neu geschrieben werden, andere interessante Themen nicht aus Rücksichtnahme auf die Vorurteile und die ignorante Ungeduld des gewöhnlichen Lesers geopfert werden, wie es vierzig Jahre zuvor geschah. Baron von Hammer-Purgstall und andere Orientalisten haben auf mancherlei Unzulänglichkeiten hingewiesen, und die gelehrten Begründungen des Autors für seine oberflächliche Darstellung und für seine häufigen Auslassungssünden können nicht länger als stichhaltig hingenommen werden.

Ägypten besitzt nunmehr zwei wissenschaftliche Gesellschaften: Keine von beiden wird indessen in dem Ausmaß gefördert, das sie verdient hätte. Die ältere ist das Ägyptische Institut, welches 1860 die Stelle des alten Institut d'Égypte unter Said Pascha eingenommen hat. Sein Hauptquartier und seine Bibliothek sind im Gesundheitsministerium von Alexandria untergebracht, wo wir es auf unserer Rückreise besuchen werden. Sein letztes Bulletin, die Nr. 13, herausgegeben im Zeitraum 1874–1875, enthält sowohl für den einheimischen als auch für den allgemeinen Studenten sehr aufschlussreiche Themen.

Die Königliche Geographische Gesellschaft von Kairo trägt den Titel »Société Khédiviale de Géographie«. Ein unglückliches Ereignis beraubte sie der gelehrten Dienste von Dr. Schweinfurth, seines Zeichens Botaniker und Forscher – Seine Hoheit Prinz Husain Pascha, der zweite Sohn des Vizekönigs und Kriegsminister, ist seit dem bedauernswerten Rücktritt bereits als künftiger Präsident im Gespräch. Von dem traurigen Schicksal seines energischen Generalsekretärs habe ich schon gesprochen: Unter seiner Verantwortung erschien die erste Nummer des Bulletin Trimestriel im Februar 1876, und es ist eine sehr gute Ausgabe. Die Schilderung der letzten Reiseroute des bedauernswerten Ernest Linant de Bellefonds wäre von jeder geographischen Gesellschaft in Europa auf das Lebhafteste begrüßt worden.

Die Gesellschaft ist bewundernswert gut beherbergt. Bücher werden zwar nur langsam angesammelt, weil das Geld knapp ist, dafür aber stetig; und die zahlreichen hochgebildeten amerikanischen Offiziere, welche aus dem Inneren Afrikas an ihren ausgezeichneten Inspekteur General Stone (Pascha) berichten, werden dazu originäre Beiträge in großer Vielfalt und Menge liefern. Die Société schlägt auch vor, Reisende aller Nationen, die beabsichtigen, in das Herz Afrikas vorzudringen, mit Rat, Landkarten, Plänen und anderen Notwendigkeiten zu unterstützen. Dies ist augenscheinlich die wichtigste ihrer Aufgaben. Möchtegernmonopolisten werden sich über kurz oder lang einstellen, aber wir wollen darauf vertrauen, dass sie immer in der Minderheit bleiben werden.

In Bombay schlossen sich kürzlich die Asiatische und die Geographische Gesellschaft zusammen und bilden nun einen starken Körper statt zweier schwacher. Sollte dieses gute Beispiel nicht von Ägypten nachgeahmt werden, wo eine Subvention von 5000 Franc pro Jahr für eine einzelne gelehrte Körperschaft genügte und wo die vereinigten Bibliotheken – eine mit alten, die andere mit neuen Büchern – einander ergänzen würden? Aber die anscheinend kleinen Schwierigkeiten sind in Wahrheit groß; es erforderte schon einen Cavour oder einen Bismarck, sie zu vereinigen, wo doch bereits ein Thersites genügt, um ein Königreich oder eine Gesellschaft zu spalten.

In der Hauptstadt vermissen wir den alten zweckmäßigen öffentlichen Lesesaal im koptischen Viertel, von wo unter der Leitung von Professor Spitta die seltenen und wertvollen Bücher an die Zentrale Bibliothek des Bildungsministeriums im Darb el-Dschamámíz übergeben worden sind. Es wäre selbstsüchtig, diese Änderung bedauern zu wollen, die schon so viel Gutes bewirkt hat, und ich war recht überrascht, die große Zahl einheimischer Studenten und Kopisten zu sehen, welche die gut beleuchteten und komfortablen Räume besuchten. Das Bulák-Museum für ägyptische Altertümer, welche – außer einigen von Herrn Generalkonsul Hübner angekauften Artikeln – alle das Ergebnis von Ausgrabungen von Herrn Auguste Mariette aus Boulogne sind, erfreut sich zu großer Bekanntheit, um eine Beschreibung zu benötigen. Letztes Jahr erschien die sechste Ausgabe seiner *Notice des Principaux Monuments* (Kairo, Mourès), ein 300 Seiten starker Band von besonderem Wert in durchdachtem Katalogstil. Der einzige Mangel dieser vortrefflichen Sammlung ist das geplante und versprochene Gebäude. Gegenwärtig besitzt es die alte Bulák-Station der Nildampfer, einschließlich der *Little Asthmatic*, und deren Mauern scheinen nicht allzu sicher zu sein. Auf der Westseite des Nils wurden die für das neue Museum beabsichtigten Fundamente in den Schlamm gesetzt. Warum überlässt man ihm nicht die Rennbahn als Baugelände?

Die Zeiten in Kairo sind fast so »hart« wie in Alexandria und erinnern den Sammler an ein bestimmtes altes Sprichwort über krank machende Winde. Vor vielen Jahren ist Birmingham (Massenproduktion von billigen Artikeln – d. Ü.) in den Nil geflossen, wie der Orontes in den Tiber, und die Sintflut von Nachahmungen und schamlosen Imitationen endete erst, als sie den Käufer fast abschaffte: Kaum ein Tourist wagte mehr, einen Skarabäus oder eine Statuette auch nur anzuschauen. Der »Antíká-Jäger« konnte während der letzten zwei Jahre seiner Sache ziemlich sicher sein. Es ist für den Bauern billiger, wirkliche Überbleibsel zu finden, als sein Geld für Fälschungen zu riskieren. Doch sollte ich dem wohlhabenden Amateursammler, der solche Sachen zu kaufen oder in alte Rüstungen und »Damaskus«-Klingen, in Türkise und Rosenöl, in persische Ziegel, Münzen und dergleichen mehr zu investieren gedenkt, dringend raten, sich ein Empfehlungsschreiben für einige hochrangige einheimische Persönlichkeiten zu sichern.

Die unvermeidlichen Abstecher in die Umgebung – zu dem Schubrá-Palast, nach Mataríyyeh und zum versteinerten Wald, nach Rodeh (Nilometer), nach El-Dschezireh (Zoologische und Botanische Gärten), nach Alt-Kairo und Memphis, nach Sakkára und zu den Pyramiden, um nur die wichtigsten zu erwähnen – sind auf eine Weise zwar vereinfacht, auf die andere aber erschwert worden. Die Schubrá-Straße zum Beispiel, noch immer die angesagte Strecke für eine abendliche Spazierfahrt, fängt gut an, endet aber mit Schlaglöchern, die den Kutschenfedern hart zusetzen.

Überdies muss man nun zunächst eine Genehmigung des Konsulats einholen, um die früher für den allgemeinen Besucherverkehr geöffneten Palastgärten aufzusuchen. Dieser offizielle Pass ist neuerdings auch für die Einrichtungen auf El-Dschezireh und für bestimmte Moscheen erforderlich – wo dort früher dein Kawwás (Janitschar) lediglich »Bakhschísch« bezahlen musste. Den alten malerischen Anblick und die amüsanten Reiseunfälle gibt es jetzt nicht mehr. Man mietet eine Kutsche, überquert Vater Nil auf einer großen Gitterbrücke, die nur 1 800 000 Francs gekostet hat, passiert eine zweite von El-Dschezireh nach dem libyschen Ufer und schließlich einen breiten, lockeren und staubigen, mit jungen Bäumen bepflanzten Straßendamm, welcher sich fast wie eine Fernverkehrsstraße in der Normandie oder Kanada über die Felder erstreckt und in einer Art von Umrisslinie endet. Nach zwei Stunden langt man an der Basis des Felsplateaus an, welches die Ghizeh-Pyramiden trägt, die letzten Wohnstätten von Khúfú (Cheops) und Kháfrá (Chephren).

Es herrscht ein Mangel an Schicklichkeit auf dieser zurechtgestutzten, modernen Chaussee, die zu jenen Gebäudekomplexen von kolossaler alter Majestät führt, zu den ersten Früchten und den besten unter den klugen Arbeiten Ägyptens, zu dem Vermächtnis einer Rasse, die auf die Griechen wie auf vorlaute und starrsinnige kleine Kinder herabschaut. Aber jetzt bricht ihr Geist in offene Revolte aus.

Diese Rampe aus Steinmetzarbeit, bereits halb begraben unter den Sanden von Typhon – von ihm, der in Philae schläft – was macht sie hier?

Cheopspyramide und Sphinx

Und dieses Cockney-Gartenhäuschen, welches am unmittelbaren Fuß der Großen Pyramide sitzt, es entweiht den kühlen violetten Abendschatten und verdirbt jede Fotografie – ist es ein grober Scherz über das neunzehnte Jahrhundert? Oder ein Maß für den Unterschied zwischen uns Würmern des Jahres 1877 und den Riesen und Halbgöttern von 3700 v. Chr.?

Der nächste Schritt wird gewiss in »Verbesserungen« an »Khut« (dem Herrlichen, Prächtigen) und an »Ur« (dem Großen) bestehen. Wir werden an Khúfús und Kháfrás Wunderwerken eine Flucht komfortabler Stufen vorfinden, die sich im Zickzack an den nördlichen Fassaden hinauf- und an den südlichen hinabschlängeln, gesichert durch ein ordentliches eisernes Geländer von M. M. Cérisy et Cie. de Lyons, aus Gründen der Ästhetik und der Wirtschaftlichkeit in kräftigem Erbsengrün angemalt. Der Vermessungspunkt auf der obersten Plattform wird einem schmucken Kaffeekiosk Platz machen, wo neben anderen Dingen Pelel und Kaffee mit Zichorie konsumiert werden können, ganz zu schweigen von der ehrenwerten und genialen »Saturday Review«. Und vielleicht dürfen wir auch damit rechnen, dass das Gartenhäuschen zu einem »Hôtel des Pyramides« verschandelt wird, mit Küchenchef und Kellermeistern und Kellnern – angetan mit dem alten Gewand von Kemi, dem Schwarzen Land.

Diese Modernisierungen werden wahrlich einen bemerkenswerten Kontrast zu den Grundsätzen des Neuen Glaubens mit den von den Pyramidisten Filopanti, John Taylor, Abbé Moigno und C. Piazzi Smyth enträtselten Symbolen bilden, in dem »größten, ältesten, am besten gebauten, höchst mathematisch ausgerichteten und in geographischer Hinsicht zu den Ländern der ganzen Erde am zentralsten gelegenen Gebäude (30° nördlicher Breite)«.

Währenddessen behandelt der gelehrte Ägyptologe Herr H. Brugsch-Bey, der ein solch verheerendes Chaos mit der erhaltenen Version des Exodus angerichtet hat, die Pyramiden auf seine eigene neuartige und einfallsreiche Weise. Da er kein hieratisches Wort findet, um »Pyramide« darzustellen, kann er nur eine Metathesis von *Abumer* vorschlagen (eine »große Gruft«), verfälscht zu *Aburam*, *Buram*, und *Buram-is*. Gewöhnlich gehen wir davon aus, dass sich in dem unter Arabern noch immer populäre koptische »Piramis« das Wort *Haram* verbirgt, wobei ihm das ägyptische *Pi*, *Pui* oder *Pa* vorangestellt und mit einem griechischen Suffix annehmbar gemacht wird: *Pe-haram-is* = Pyramis. Andere hingegen finden das Wort in *Pi-re-mit*, das »Zehnte an Zahlen«. Er rehabilitiert zudem nach der Mode des Jahrhunderts das Gedenken an Cheops und Chephren, die seit 450 v. Chr. die Muster-Tyrannen repräsentiert haben: Herodot, so scheint es, wurde von seinem Dragoman ebenso getäuscht wie jede ältere Jungfer des neunzehnten Jahrhunderts, die die malerische Schönheit einer goldbetressten Jacke und großer Reisetaschen bewundert.

Inschriften – die in Ägypten nicht lügen, selbst wenn sie den *Per'aoh*, de Pharao, betreffen – versichern uns offiziell, dass die Taten und die Tapferkeit dieser beiden Könige wahrlich Vergöttlichung verdienten. Infolgedessen muss sich die Rhetorik, einmal mehr von der Geschichte in die Flucht geschlagen, wohl oder übel von einem ihrer bevorzugten und ehrwürdigsten Gemeinplätze – den »enormen schrecklichen Wundern« von »Cheops' Torheit« – und dem eitlen Pomp und Hochmut dieser alten Despoten verabschieden. Der Bau der Steinhügel war augenscheinlich die religiöseste unter den gottesfürchtigen Arbeiten, eine Lektion und ein dauerhaftes Beispiel für die Lehnspflichtigen von Tescher, dem Roten Land.

Kairo hat auch ein Sanatorium in kleinerem Maßstab in Angriff genommen. Es wird hauptsächlich von Rheuma-Patienten frequentiert sowie von Fremden in der kalten Jahreszeit, insbesondere als Schlafplatz für diejenigen Gäste, welche Sakkára besuchen. Helwán (die Bäder), fünfzehneinhalb Meilen südlich von Kairo auf dem rechten Ufer des Niltales und etwa zweieinhalb Meilen vom Fluss gelegen, hat eine eigene Eisenbahnanbindung und widerwärtige Schwefelbäder mit einer Temperatur von 86 Grad (F) zu bieten. Überdies liegt es 120 Fuß über dem Strom, was ungefähr der Höhe des größten Minaretts in der Zitadelle entspricht; deshalb wird seine Luft als wohltuende Veränderung empfunden. Einige entlegene Bungalows führen zum *Établissement*, einem großen leeren Gebäude mit einem zentralen Hofraum, welcher – völlig ohne Diwane und Sofas – die Vorstellung eines hübschen Queen's Bench (obersten Gerichtshofes – d. Ü.) erweckt, wenn es für die Nacht geschlossen wird. Das Speisenangebot indessen ist annehmbar; der Geschäftsführer ist gesittet, und es gibt dergleichen Annehmlichkeiten wie ein Post- und ein Telegrafenamt.

Das Hauptinteresse an Helwán hegen die Archäologen. Die Ebene steigt vom modernen Nilbett in Richtung der östlichen Hügelkette an, welche das alte Flusstal begrenzt, und beherbergt zwei Zentren der Feuersteinproduktion, welche möglicherweise eine prähistorische Herstellung suggeriert, zumal dort drei Fuß und tiefer unter der Oberfläche bearbeitete Feuersteine gefunden wurden. Eines der Zentren liegt bei dem letzten Brunnen nördlich des Helwán-Hotels und westlich der Eisenbahnlinie. Hier haben die von Dr. Reil geführten Herren Braun von der Geologischen und Hayns von der Numismatischen Gesellschaft eine Feuersteinsäge und zahlreiche Abschläge aufgesammelt. Das andere Zentrum befindet sich etwa zwei Meilen südlich des Hotels auf den Abhängen eines Bassins, das in Richtung eines großen und offenen Wadis entwässert wird und nach Regenfällen seine Wasser zum Nil transportiert. Hier findet man wieder reichlich Fragmente, und ihre Formen unterscheiden sie sofort von den ringsum verstreuten dunklen Kalksteinen.

Ich wurde von Herrn Lombard, dem Manager des Helwán-Hotels, mit feinen Exemplaren von Sägen und gezahnten Feuersteinen versorgt; aber – Reisende, hütet euch! – sie werden jetzt von den Ägyptern »nachgemacht«. Auf der westlichen Seite des Nils, in Záwiyat el-Uryán, fand Professor Lewis von der Londoner Universität eine Säge, und Herr Hayns kurz danach einen Kratzer. Die gelehrte Welt ist wie so oft in zwei Lager gespalten. Der kompromisslose Ägyptologe, der – Herodot zum Trotz – meint, dass diese »Kunst keine Kindheit in Ägypten hatte«, und hegt eine persönliche Abneigung gegen ein prähistorisches Steinzeitalter; und er akzeptiert bereitwillig die Theorie von Dr. Schweinfurth, Herrn G. Rohlfs und Dr. Zittel, wonach plötzliche und übermäßige Temperaturveränderungen das produziert haben sollen, was frühgeschichtlicher Handarbeit zugeschrieben wurde. Auf der anderen Seite betrachtet der Naturforscher die Frage als gelöst. Sir John Lubbock und weitere entdeckten paläolithische Feuerstein-Artefakte an mehreren Stellen, insbesondere in Theben und Abydos.

Dr. Gaillardot erwähnt auch Assouan (Syene), Manga und die Felsspalten von Dschebel Silsileh, und dieser große Wissenschaftler findet keinen Grund, warum der Mensch nicht zugleich mit der mächtigen quartären Vegetation des Niltales

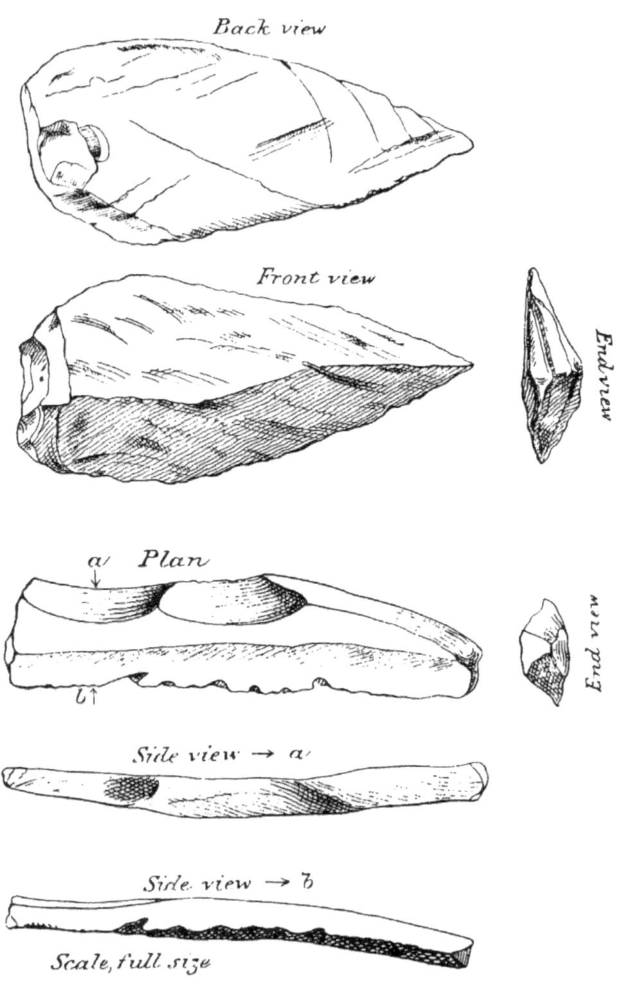

Feuersteine

existiert haben sollte. Der hoch angesehene Herr Auguste Mariette-Bey verhält sich diesem Thema gegenüber reserviert, weil er nur von dem sprechen will, was er beim Bearbeiten des Bodens selbst gesehen hat. Herr Arcelin hat im *Correspondant* von 1873 »La Question Préhistorique« (Die prähistorische Frage) aufgeworfen und auf Einwendungen in »L'âge de la pierre et la classification préhistorique d'après les sources Égyptiennes« (Das Steinzeitalter und die prähistorische Einteilung nach den ägyptischen Quellen – d. Ü.) geantwortet. Die Feuerstein-Dolche der alten Ägypter sind wohlbekannt: Sie werden von Wilkinson in zwei Arten eingeteilt, eine breitflächig, die andere schmal-spitzig; und er übersetzt »äthiopischer Stein« mit »Feuerstein« (Obsidian?). Überdies beantwortete die von den Herren C. F. Tyrwhitt-Drake und Palmer unternommene Expedition durch die Wüste des Exodus und den Negev (oder das Südliche Land) die Frage praktisch durch den massenhaften Fund von Feuerstein-Abschlägen in der Nähe der Monumente von Surabit el-Khádim, die, wie Herr Bauerman vorgeschlagen hatte, dazu verwendet wurden, die hieroglyphischen Wandtafeln herauszumeißeln. Muscheln und bearbeitete Feuersteine kommen wieder in jenen seltsamen Bienenstöcken mit zusammengekrümmten Skeletten vor, die überall auf der Sinai-Halbinsel Nawamis (Moskito-Hütten) genannt werden; und schließlich wurden Feuersteinpfeilspitzen bei einem Hügelfort nahe Erweis el-Ebeirig (Kibroth Hattaavah, die Grüfte der Begierde?) gesichtet.

Die Veränderungen von Kairo, der Hauptstadt des Khediven, haben, so fürchte ich, meine Stimmung beeinträchtigt. Aber die Stadt der fatimidischen Kalifen ist noch nicht bis ins Mark verbürgerlicht, und es wird noch lange dauern, bis die modernen, sogenannten Verbesserungen sich ins Herz der Stadt vorfressen. Außer in den großen Boulevards sind sie nur oberflächlich und erstrecken sich nicht über die Straßenfronten hinaus. Wandere während der mondbeschienenen Nächte um das Bab el-Nasr herum, und die Hinterhofgassen und die Sackgassen werden dir noch immer die Szenen zeigen, welche ich im Jahr der Gnade 1853 beschrieb – Ansichten so fremdartig, so phantastisch, so geisterhaft-seltsam, dass es grotesk scheint, sich vorzustellen, dass menschliche Wesen wie wir an solchen Stellen geboren werden, dort ein ganzes Leben verbringen und die höchste Verpflichtung, »zu wachsen und sich zu vermehren«, erfüllen können.

Als ich mit meinem alten Freund Hadschi Wali nach Kairo zurückkehrte, versäumte ich nicht, die Stelle zu besuchen, wo wir uns zum ersten Mal trafen. Dies war das Wakálah Siláhdár, so nach dem »Rüstungsträger« des alten Mohammed Ali Pascha genannt, im Dschemalíyyeh oder griechischen Viertel. Der Anblick vertrauter Objekte belebte mich sehr. Direkt neben dem kleinen Geschäft von meinem Scheich Mohammed el-Attar oder dem Drogisten war alles zu Ruinen verfallen – dieses zur Vergänglichkeit materieller Güter. Außerhalb der mit ihren schweren rostigen Ketten verhängten Eingangstür der Karawanserei saß oder hockte noch der gleiche alte Brotverkäufer, der mich vor fast einem Vierteljahrhundert beliefert hatte; nicht ein Gegenstand war innen verändert worden. Der Patio oder leere Platz war wie ehedem vollgestopft mit riesigen Kaffee-, Gummi-, und Weihrauchballen, während von den zwei Räumen, die wir auf der südlichen und der östlichen Seite in Besitz genommen hatten, die gleichen kratzenden und kehligen Akzente von Händlern aus dem Hadramaut und dem El-Hedschas herüberdrangen. Eine tiefe Ruhe senkte sich auf mein Gemüt. Wieder einmal genoss ich die besänftigende Stimmung der Unveränderlichkeit des Orients.

Kapitel III

Nach Suez und seinem Sanatorium

In der Überzeugung, dass die Goldländer Midians ägyptisch und nicht türkisch sind, da sie in einem von ägyptischen Stämmen bewohnten und von ägyptischen Garnisonen gehaltenen Gebiet liegen, habe ich kein Mysterium um mein lang gehütetes Geheimnis gemacht. Vielmehr stellte ich alle mir bekannten Einzelheiten dem Khediven zur Verfügung und ließ ihn überprüfen, ob er meine Dienste als geeignet betrachten könnte. Seine Hoheit schien zunächst bereits mit der einfachen Information zufrieden, dass von einem Pilger nahe der zweiten oder dritten Karawanenstation auf dem Weg von El-Muwayláh nach El-Akabah Gold aufgelesen worden war. Von Suez nach El-Muwayláh beträgt die Entfernung 229 geographische Meilen. Da ich zu dieser Zeit noch nichts von den Bergbaustädten gehört hatte, waren meine Hoffnungen, dort ein Ophir, ein Kalifornien zu finden, vergleichsweise bescheiden. Ich erwartete nur ein paar »seifengoldhaltige Stellen«, welche indessen – da Goldformationen selten sporadisch und isoliert auftreten – oft zu einer goldhaltigen Region führen.

Bald darauf, etwa Ende März, als ich dabei war, mich auf meine Rückreise nach Triest vorzubereiten, änderte der Vizekönig seine Meinung und lud mich offiziell auf den 25. März ein, eine Exkursion oder vielmehr eine Expedition zu der Stelle zu führen, wo der metallhaltige Sand aufgesammelt worden war. Dies abzulehnen war ausgeschlossen. Ein Regierungsschiff wurde für Donnerstag, den 29., versprochen, und es war tatsächlich am Sonnabend, dem 31. März, bereit. In anderen Teilen des gemächlichen Orients, und unter anderen Umständen könnte sich – selbst in Ägypten – diese Operation durchaus um einen Monat verzögert haben.

Ich verließ Kairo in Richtung Zagázig, wo Hadschi Wali und Herr Clarke schon auf mich warteten. Als wir uns 1853 getrennt hatten, beschrieb ich meinen Freund als einen Mann von etwa fünfundvierzig Jahren, von mittlerer Statur, mit einem großen runden, kurz geschorenen Kopf, einem Stiernacken, Gliedmaßen kräftig wie die eines Sachsen, einem dünnen roten Bart und ansprechenden Gesichtszügen, die Wohlwollen ausstrahlten. Die Zeitspanne von so vielen Jahren war nicht spurlos an ihm vorübergegangen. Die Figur war korpulenter geworden und das Gesicht mehr löwenartig, aber die Veränderung reichte nicht aus, mein sofortiges Erkennen des gut erinnerten Gesichtes und des vergnügten Lächelns zu verhindern. Wir schlossen uns überschwänglich in die Arme, und an den kurzen Worten, welche folgten, konnte ich erfreut feststellen, dass sein Gedächtnis, zuverlässig wie eh und je, nicht das geringste Detail vergessen hatte. Dies inspirierte mich zu der absoluten Zuversicht, dass er uns direkt zu der Stelle führen würde, wo er die Entdeckung gemacht hatte.

Wir sprachen über seinen Gegner Mohammed Schafi'a, den Sklavenhalter, der so unverschämt durch Dr. W… vom britischen Konsulat protegiert worden war, welcher in Stambul nach einer dreitägigen Haschisch-Orgie (indischer Hanf) verstarb, von meinem Gastgeber Miyau Khudabaklyh, dem Hindu, der jetzt in Bombay sesshaft ist, von dem ehrgeizigen kleinen Mirza Husain, der aufgrund seiner Würde als Schahbandar (Konsul) hin und wieder zu dem Dutzend kleiner, quasi-diplomatischer Könige Kairos gehört, und von meinem alten Scheich Mohammed El-Attár, dessen beständiger Ausruf »Be-taktub ay? Be-taktub ay? Be-taktub ay? – Was *schreibet Ihr* da?« wieder in meinen Ohren klang.

Während unserer ganzen Exkursion amüsierte den Hadschi nichts mehr, als mich als Derwaysch-bábá (Vater Derwisch) anzusprechen, den Namen, welchen er zum ersten Mal auf mich angewandt hatte, als wir zusammen Passagiere an Bord der *Little Asthmatic* waren; und er lächelte spitzbübisch, als ich ihn an das Trinkgelage mit Ali Agha erinnerte, dem Bulukbáschi oder Hauptmann der Arnauten, und an die randvolle Bowleschüssel mit Limonade. Ehemals ein persischer Schützling, ist er jetzt ein Moskowiter geworden; dies ist für einen frommen hanafitischen Sunniten mit der gebotenen Abscheu vor dem Häretiker und dem Ungläubigen ein absonderliches Geschick. Er willigte sofort ein, mich zu begleiten; natürlich unter der Bedingung, dass alle seine Aufwendungen beglichen und seiner Familie ein paar *Bent* (Napoleons) überlassen würden, um sie während seiner Abwesenheit zu unterstützen, und er begann mit der Einforderung der Miete für seinen Esel – ein Hinweis darauf war, dass die alten knauserigen Gewohnheiten ihn nicht verlassen hatten.

Herr J. Charles J. Clarke, Direktor des Telegraphenwesens, hat mich freundlicherweise in seinem Haus in Zagázig aufgenommen, das bei Weitem bequemer ist als das griechische Gasthaus, welches gewöhnlich die wenigen Touristen auf dem Weg nach Bubastis beherbergt. Zagázig, eigentlich Zakázík, wird kaum im Handbuch von 1858 erwähnt, dessen Umfang übrigens ein gewisses Kriterium für das Ausmaß an Veränderung darstellt, welches sich über eine Reihe von Jahren in Ägypten ereignet hat. Seit dem britisch-amerikanischen Krieg (1836) ist die Hauptstadt der Scharqíyyeh, einer der größten Baumwolldistrikte im Niltal, eine große und florierende Stadt geworden, wo fünf Eisenbahnlinien zusammentreffen und 28 000 bis 30 000 Seelen (1858: 12 000) wohnen; sie beherbergt dreizehn Baumwollentkörnungsfabriken. Außerdem gibt es vier mit Dampf betriebene Getreidemühlen, die niemals stillstehen. Eine ungewöhnliche Menge an Wald und Wasser machen die Annäherung von allen Seiten wohltuend und malerisch, und der Blick auf die Stadt von einer Anhöhe ist beeindruckend – immer vorausgesetzt, man befindet sich an der Stelle, wo das Delta und die Wüste aufeinandertreffen.

Bei Zagázig hörte ich oft, dass die Anwesenheit eines englischen Konsularagenten notwendig wäre, um die britische

Gemeinde, welche zahlenmäßig hinter den Griechen und vor den Franzosen rangiert, vor den Beschimpfungen durch Einheimische zu beschützen. Natürlich sind alle europäischen Nationen außer Großbritannien hier repräsentiert. Während der spanische Vizekonsul nur einen und der preußische und brasilianische Agent keinen Bürger zu beschützen haben, erlauben wir unseren Untertanen, Maltesern und anderen, sich um sich selbst zu kümmern, solange sie am Leben sind – da es ja auch niemanden gibt, der nach ihnen schaut, wenn sie aufgehört haben zu leben. Die letzte Person, die in der Naffíschah-Station starb, war ein Fräulein B… Der Körper wurde per Ochsengespann zum nächsten Polizeiposten transportiert, wo er, mit dem zu Lebzeiten getragenen Unterhemd verhüllt, durch die einheimischen Polizisten in einem Loch verscharrt wurde. Daraufhin zeigte sich Herr Rempler, ein Deutscher, beschämt und bezahlte großzügig die Rechnung für einen Sarg und andere pietätvolle Bestattungsutensilien. Er hat indessen nach monatelangem Warten seine Auslagen erstattet bekommen.

Die Bewohner von Zagázig sind, soweit es die ausgereiftesten Gaunereien angeht, schnell zivilisiert geworden. An den verschiedenen Straßen wurden Soldaten postiert, um die Steuern einzutreiben, denn die einfältigen Fellachen haben einen Beerdigungsschmuggel organisiert. Die Totenschreine, anstatt menschliche Körper für das Paradies zu enthalten, sind vollgestopft mit steuerpflichtigem Käse, Butter und anderen materiellen Annehmlichkeiten des Daseins. Die Frauen kostümieren Tierbälge wie zweijährige Kinder, füllen diese mit verbotenen Gütern und tragen sie tätschelnd und schwatzend auf der Schulter, bis sie sicher an der Wache vorbei sind. Nichts Schlaueres könnte man selbst mit Pariser Witz bewerkstelligen; augenscheinlich steht dieser sehr einfallsreichen Rasse eine große Zukunft bevor.

Überdies hat die »Bámiyah-Baumwolle« eine gewaltige Entwicklung von unfairen Machenschaften verursacht. Der

Kopte, der die Pflanze als Erster anbaute, gab die Samenkapseln an gewisse Griechen zum Entkörnen, die sogleich die Samenkörner für sich selbst säten und das gewöhnliche Produkt an den Kopten zurückschickten: Der Letztere indessen durchschaute den Trick und erhob nun Anspruch auf die Hälfte des Ertrages. Die gleichen Söhne Hellas' haben auch, als sie bemerkten, dass die Preise letztes Jahr in die Höhe kletterten, die Bámiyah mit irgendeinem gewöhnlichen Saatgut vermischt; infolgedessen gab es riesigen Ärger beim »Verlesen«.

Am nächsten Morgen, während wir den Suez-Zug pünktlich um 13.30 Uhr erwarteten, spazierten wir zu den berühmten Tells, die an der Eisenbahnstation beginnen und im Süden der modernen Stadt am häufigsten vorkommen. Die Tell-Bastah genannten Ruinen wurden allgemein mit Pi-Bast oder Bubastis[3] identifiziert; obwohl der berühmte Ägyptologe Herr Chabas de Chalons es vorzieht, die große Diana (Göttin der Jagd) in Pi-bailes zu platzieren. Sein unzureichender Grund dafür, die jahrhundertealte Tradition durcheinanderzubringen, ist, dass die fremde Göttin Bailes oder Baalis eine Form von Sekhet oder Sokhet und wahrscheinlich die Gleiche war wie Bast.

Ein Dutzend Jahre zuvor glaubte man die Überreste der Tells von Gespenstern heimgesucht, und kein Fellache wagte, sie bei Nacht zu durchqueren. Jetzt hat Vertrautheit ihr übliches Werk getan. Die Leute haben die Erlaubnis erhalten zu graben und als Düngemittel für ihr Gemüse den dunkelbraunen Débris-Staub zu benutzen, der mit tierischen und pflanzlichen Bestandteilen vermischt ist und ein wenig Kalk enthält. Er wird stets durchgesiebt, und deshalb findet man darin fast täglich eine Anzahl kleiner Antiquitäten, insbesondere Skarabäen, Statuetten und Amulette für Halsketten.

---

3 Pi-Bast (Stadt des Bast), wo Bast (Pascht oder Diana), das heißt Isis mit dem Kopf der getigerten Katze (Bast = *bissat* im modernen Arabisch) ihr Zentrum hatte; während Osiris, ihr Ehemann, die Form von Bas oder Bes (arabisch: *biss*), das heißt eines Katers, annahm.

Gelegentlich gibt es wertvollere Entdeckungen, insbesondere lebensgroße Bronze-Katzen, jene sehr heiligen Tiere, welche die Ägypter mit großer Kunst kopierten; viele von ihnen tragen das Halsband und das Symbol der Bast.

Von dem berühmten Tempel ist nichts weiter übrig geblieben als zwei Haufen feinsten rosaroten Syenits. Diese nehmen die Mitte einer Art von Amphitheater ein, dessen Ruine aus den normalen ungebrannten Lehmziegeln besteht und nun in den ursprünglichen Lehm zurückverwittert. Die an ihren kahlen, nackten Köpfen und abgerundeten Formen erkennbaren Tells, die sich aus dem kräftigen samtigen Grün der Felder emporwölben, dehnen sich über wenigstens zehn Meilen entlang der Suez-Eisenbahn bis Abu Hamad aus. Ich kann nur hoffen, dass ein sorgfältiger Plan von dem Gebiet erstellt wird, ehe diese Erdhügel ganz abgetragen werden.

Wir sahen Hadschi Wali bequem im Zug sitzend, und nach fünfeinhalb Stunden kamen wir in Suez an. Das Land, welches wir durchquert hatten, ist hochinteressant. Das alte Land Gosen[4], Hirtenland, wohingegen Tanis (San) Ackerbauland war, scheint sich unter dem Einfluss der Süßwasserkanäle zu erholen. Noch vor einigen Jahren war es eine erbärmliche Wüstenei; jetzt ist es fleckenweise mit smaragdgrüner Vegetation bedeckt. Ein wenig weiter südlich liegen die Gärten von Abu Baláh; dieser feine Grundbesitz gehört der Mutter Seiner Hoheit und hat nur drei Fluten erlebt. Die gut gewachsenen Maulbeerbäume und Rebstöcke illustrieren auf bewundernswerte Weise die Allmacht des Wassers in diesen Gebieten.

Bei der Naffíschah-Station besichtigten wir die Sammlung von Herrn Vannini, dessen Frau, eine Bologneserin, erfreut war, zu so später Stunde noch von ihrer großartigen alten Heimat plaudern zu können.

---

4 Die Araber nennen es Bilád-el-Gesch oder El-Rabí'a (die Weide); der populäre Begriff ist jetzt El-Wadi: Es ist das Kosem der alten Ägypter und das Kesemet der Kopten.

Von Naffíschah führt eine kleine Zweiglinie nach Ismailíyyeh zum Timsáh- oder dem Krokodil-See hinauf. Ich war bei seiner Geburt dabei und sage für ihn die höchsten Bestimmungen voraus. Die Lage ist bezaubernd, das Klima ausgezeichnet; der Boden ist besonders fruchtbar, das Baden erstklassig. Betrachtet man den See von Süden her, zeigt er einen gewaltigen Gebäudekomplex mit wunderbaren Gärten, den vizeköniglichen Palast, der sich links bei der Dampfpumpen-Anlage erstreckt, während sich eine Anzahl flacher Dächer aus den dicht gedrängten Baumgruppen aus frischem Grün erhebt und die Oberfläche eines gelbbraunen Landstrichs krönt. Schon im Jahr 1876 barg es 2000 Seelen, und es hisst neun verschiedene Fahnen. Die Annäherung auf dem Landweg mit seiner ärmlichen Moschee und kleinen Hütten, seinen groß gekachelten Häusern, seinen drei Cafés (Bier im Schoppen) und seinen Vororten aus Stein, Lehm und Strohdächern gestaltet sich keineswegs so angenehm. Aber alsbald sollen Promenaden, Kais und Molen gebaut werden, und große Schiffe werden direkt für Europa beladen. Neben dem »Kanal der zwei Meere«, diesem ägyptischen Bosporus, der den fernen Westen mit dem äußersten Osten verbindet, wird der Süßwasserkanal Ismailíyyeh die Erzeugnisse des oberen Nils transportieren. Deshalb ist dem Baby, das den Namen seines Gründers, des gegenwärtigen Vizekönigs, trägt, offensichtlich vorherbestimmt, ein Riese im Land zu werden, um den Platz von Alexandria einzunehmen und den großen Handelsplatz Ägypten zu repräsentieren. Wäre ich im Niltal ansässig, würde meine erste Spekulation sein, jeden erwerbbaren Morgen in und rund um Ismailíyyeh aufzukaufen. Vielleicht könnte ich sonst zu spät kommen.

Unglückliches Suez! Als ich es im Jahr 1869 zuletzt sah, hatte ein neuer Lebensabschnitt für die Stadt begonnen; aber das Schicksal hatte für sie nur einen kurzen, jedoch schnellen und glänzenden Aufstieg vorgesehen.

Der Khedivíyyeh oder Süßwasserkanal hatte Hammams und Kaffeehäuser mit sich gebracht, wo das Mokka-Gebräu

Einfahrt in den Suez-Kanal

nicht schmeckte, da es mit Karlsbader Salz versetzt war. Die eingestürzten Mauern und die Tore waren wie Spinnweben weggefegt worden; ein kräftiger junger Wuchs von Häusern und Villen war außerhalb der Stadtmauer und am Wasserlauf emporgesprossen; der Pascha hatte einen Kiosk auf den Ruinen der Altstadt angelegt; ein Spielkasino – wo der unglückselige Hauptmann A… von den 16. Lanzenreitern sein Leben durch einen hinterhältigen Stich einbüßte – war durch zwei italienische Wüstlinge für die »homosexuelle Welt« freigegeben worden; Geschäft sowie Vergnügen blühten, und für kurze Zeit gab es nichts als Wohlstand und Fröhlichkeit.

Die Fertigstellung des Lesseps-Kanals (1. Jan. 1870) machte alldem ein Ende. Als ob Transportverkehr und Transit, die zuvor durch die alte Straße von Suez gekommen waren, magische Flügel bekommen hätten und zu dem neuen Einschnitt geflogen wären. Und, schauen Sie nur! Nach knapp sieben Jahren findet sich Suez fürs Erste ruiniert. Kein Wunder, dass der Durchreisende es eine »düstere Stadt«

nennt. Der Golf-Hafen hat durch den Kanal gelitten wie Triest durch die Eisenbahnlinie der Südbahn, aber solche Unglücksfälle sind nur zeitweilig und vorübergehend; der Einfluss des Standortes hingegen ist grundlegend und dauerhaft.

Die Ursachen dafür, warum der Hafen drei Meilen südlich der Stadt und nicht in ihrer unmittelbaren Nähe gebaut wurde, sind den Befürwortern des Kanals zufolge unterschiedlicher Natur. Einige erklären, dass die Gewässer südlich und südwestlich von Suez zu seicht sind und die Bohrungen auf Felsgestein gestoßen wären; andere behaupten, dass die Bewohner von Suez – entschlossen, sich durch exorbitante Forderungen ein schnelles Vermögen zu machen – den Sohn des Biographen von La Pérouse[5] derart beleidigten, dass der vorgeschlagene Duc de Suez schwor, sie sollten nie einen Pfennig seines Geldes sehen. Die Wahrheit ist, dass die »Universal Company« große Erwartungen in ihre drei Meilen Grundbesitz auf jeder der beiden Seiten der Wasserstraße setzte, dieser Abschnitt die Stadt aber nicht eingeschlossen hätte. Tatsache ist ferner, dass durch egoistische Taktiken viel Geld vertan worden ist und das arme Suez nun das Aussehen einer Roten-Meer-Siedlung trägt, die vor Kurzem bombardiert und bis jetzt noch nicht repariert worden ist.

Aber Suez, der letzte Repräsentant so vieler historischer Städte, wird alsbald gerächt werden. Die Ingenieure sprechen bereits von einem Doppelkanal mit einer Rinne für nordwärts fahrende und einer zweiten für südwärts fahrende Schiffe, die durch Schleusenkammern miteinander kommunizieren sollen. Diese Einrichtung würde nicht einmal halb so viel kosten (sagen wir 20 000 000 Pfund Sterling), wie das Original verschlungen hat, und sie wäre gewiss billiger als der Ausbau des gegenwärtigen Kanals.

---

5 Journal Historique du Voyage de La Pérouse (1790) und Voyage de La Pérouse (1831) von Baron Jean-Baptiste Barthélemy de Lesseps. Sein berühmter Sohn wurde am 19. November 1805 geboren.

Suez kann im Jahr 1877 als das genaue Gegenteil dessen betrachtet werden, was ich im Jahr 1853 darüber geschrieben habe. Sicherlich, das alte Hotel ist noch da mit seinem schlechten Abendessen und seinen unsauberen und mürrischen Hindu-Muslimen, die niemals ihre knarrenden Schuhe vergessen noch sich ihrer Turbane und Leibbinden entsinnen. Für das erfahrene Auge sind diese jüngsten Abkömmlinge des Orang-Utans oder Waldmenschen ebenso erfreulich, als würde ein englischer Kellner in Weste und Hemdsärmeln erscheinen.

Aber hinter der Karawanserei gibt es eine römisch-katholische Kirche mit einer hohen Kirchturmspitze und bimmelnden Glocken, während Priester, Nonnen und Schweine auf den Straßen promenieren. Was würde der große alte Türke Giaffar Bey zu diesen Gräueln gesagt haben? Der ursprüngliche englische Friedhof auf dem Flussinselchen zeigt Risse und Spalten in all seinen Gemäuern; und den Wakálat Dschirdschis, die »Georg-Gaststube«, die einen gewissen Hádschi Abdullah beherbergt haben soll, gibt es zwar immer noch, wenn auch im Zustand der Baufälligkeit und des Zerfalls.

Ich fand Quartier im Hôtel de l'Orient auf dem Boulevard Colmar, früher Súk el-Nimsá, dem österreichischen Bazar. Früh am nächsten Morgen (Freitag, dem 30. März) rief mich Herr George Marie, C. E., und gab mir den folgenden Brief, welcher die Unterschrift von Seiner Hoheit Prinz Husayn Kamil Pascha, dem Finanzminister, trug.

Kairo, den 29. März 1877

»Mein Herr,
ich habe die Ehre, Ihnen durch das vorliegende Schreiben die Verfügungen bekannt zu geben, die ich bezüglich der Exkursion erhalten habe, die durchzuführen Sie sich vornahmen.

Die Offiziere des ägyptischen Generalstabes – Amin Effendi Ruchdi, Hasan Haris, Abd-El-Kerim Izzet – sowie auch der Bergwerksingenieur Herr George Marie sind bestimmt worden, Sie zu begleiten. Neben diesen Herren wird es etwa zehn Soldaten des Pionierkorps geben, die mit Ihnen gehen werden.

Die oben genannten Offiziere führen Zelte sowie alle notwendigen Instrumente mit sich, um die geographischen Karten zu erstellen. Herr Marie wird den Bericht über die Bergwerke anzufertigen haben.

Alle werden übermorgen Vormittag (Sonnabend) in Suez sein.

Ich habe schriftlichen Befehl an den Gouverneur von Suez erteilt, dass er zu Ihrer Verfügung stehe, wo immer Sie ihn benötigen; wenn Sie zum Beispiel einige Führer möchten, um Sie zu begleiten, brauchen Sie sie nur von ihm anzufordern.

Die ägyptische Fregatte *Sinnar* wird Sonnabend von Suez auslaufen; und ich habe bereits die notwendigen Befehle an den Kommandanten der in Suez stationierten Schiffe gegeben, damit der Kapitän der Fregatte Sie zu dem Hafen bringt, wohin Sie gehen wollen, und auf sie warten wird, solange es Ihre Exkursion erfordert.

Schließlich habe ich an den Gouverneur von Moelh (El-Muwayláh) Befehl erteilt, Ihnen Kamele, Führer und alle anderen Dinge zu überlassen, die Sie benötigen, um Ihre Exkursion ausführen zu können.

Gestatten Sie mir, mein Herr, den Ausdruck meiner höchsten Wertschätzung.«

(unterzeichnet)
Hussein Kamil

Nichts könnte befriedigender sein. Die drei ägyptischen Offiziere wurden mir vorgestellt, und ich übernahm formell das Kommando. Wir wurden dann zum Gouverneur von Suez, Seiner Exzellenz Sa'íd Bey, gerufen, um den Kapitän der Korvette zu treffen und die Zeit und den Weg der Einschiffung festzulegen. Sa'íd Bey ist ein alter Kapitän in der ägyptischen Marine, ein leidenschaftlicher Muslim, geboren auf Candia (Kreta) – ein Mann von Energie und Lebhaftigkeit sowie voll von freundlichen Gefühlen gegenüber den Europäern. Herr Marie übernahm netterweise die Rolle des Lebensmittellieferanten, und Herr Clarke verpflichtete sich, als mein Sekretär tätig zu sein. Alles war bereit. Die Offiziere hatten ihre Vermessungsinstrumente, aber der Ingenieur hatte nur einige wenige Flaschen Säure für das Prüfen von Metallen dabei; er versicherte mir später, dass er die ganze Angelegenheit nur als eine jener Marotten betrachtete, die periodisch mit besonderer Üppigkeit in Ägypten sprießen.

Unablässige Arbeit war während der kurzen Zeitspanne von vierundzwanzig Stunden erforderlich, um die Versorgungsgüter und die Ausrüstungsgegenstände, Kamelsättel, große und kleine Wassersäcke, Kocher und die mannigfaltigen anderen Gegenstände für eine dreiwöchige Kreuzfahrt und eine Wüstenreise zu beschaffen.

Dank der hilfreichen Dienste der Damen Chiaramonti, einer Schiffskrämerin und Gemischtwarenhändlerin in Suez, und Isnard, Besitzerin des Hôtel de l'Orient, erledigten wir all dieses ganz gut. Die Letztere vertraute uns auch ihren Sohn Marius Isnard an, einen Jugendlichen von zwanzig Jahren, der zusammen mit einem Gehilfen, den ich Antonin Rosse nennen werde, als Küchenchef fungieren sollte. Jener Letztgenannte war ein erbärmliches Exemplar seiner Nationalität, der normannischen; knochendürr und breitgesichtig schaute er eisern aus, während er weich wie Butter war; seine Gehirnwindungen waren anscheinend verwirrt, und er trank immer in genau dem Moment zu viel, wenn Nüchternheit am meisten gebraucht wurde. Hätte ich gewusst, was mir bevorstand – es wäre die kleinste Ausgabe und der beste Plan gewesen, einen Dragoman samt einem an die Wüste gewöhnten Koch unter Vertrag zu nehmen, uns mit Bett und Tisch, mit Reiteseln und, in der Tat, mit dem Bedarf einer gewöhnlichen Touristengesellschaft zu versorgen. Auf solchen Reisen ist das Dromedar wegen des Zeitverlusts beim Besteigen und Absteigen eine Plage, wenn man Gesteinsproben sammeln will.

Ich sah meine alten Freunde, Herrn und Frau West und die Levick-Familie, die in Suez lange vor den Tagen meiner Pilgerfahrt stationiert worden waren, sooft wie möglich. Unsere Mission war natürlich ein tiefes Geheimnis. Der ausgezeichnete Korrespondent der *Times* in Alexandria schrieb in der Ausgabe vom 14. Mai zwar, dass »es niemals irgendeine wirkliche Notwendigkeit für die Geheimhaltung« gegeben habe: Ich möchte ihm aber raten, dass er – falls er irgendwann einmal mit Gold in Arabien zu tun haben sollte – genauso verschwiegen sein möge, wie ich es war. Schließlich war es dann der gute Hadschi Wali, der mir endlose Schwierigkeiten bereitete: Er mochte nicht zu Bett gehen; er wollte nur ein Stückchen Fleisch essen und einen Tropfen Suppe trinken; er hatte mir alles erzählt, und jetzt wollte er nach Hause gehen; er sei ein alter Mann, der die Strapazen eines Marsches nicht durchstehen könne; er hatte Kopfschmerzen, Schmerzen in der Seite, in den Knien und so weiter. Mit der Bitte, eine Flasche der widerlichsten Gichtmixtur für ihn zu liefern, wurde also nach einem Arzt geschickt. Herr Clark wurde abkommandiert, Hadschi Wali im Auge zu behalten: Ich fürchtete wirklich, dass er sich unversehens davonmachen würde. Hinterher gestand er, dass alles nur »Angst« gewesen sei, und zwei Flaschen bitteres Ale pro Tag bewiesen sogar eine größere Wirkung als die Gichtmischung. Doch es war tatsächlich ein ernster Schritt, einen Mann von zweiundachtzig Jahren, wie er sagte, nach Arabien zu verschleppen. Ich fühlte mich einer beträchtlichen Verantwortung enthoben, nachdem er – sogar in besserer Verfassung als bei unserem Aufbruch – zu seiner Familie zurückgekehrt war.

Dieses Kapitel mag mit einer Studie des für Suez und tatsächlich für ganz Ägypten vorgeschlagenen Sanatoriums enden. Viel ist über die durch den Meereskanal verursachte Klimaveränderung in der Landenge geschrieben worden; und die Lotsen stimmen darin überein, dass jetzt nicht nur Nebel und Wolken an einem Himmel auftauchen, der einmal messingklar war, sondern dass das Wasser auch einen Wind vom Norden mit sich zieht: jene Meeresbrise vom Mittelmeer, den Etesischen Wind des Herodot, welcher stets die nilaufwärts Segelnden unterstützte.

Im ehemals so reglosen Suez ist dieser kühle eindringende Luftstrom das ganze Jahr über vorherrschend, sogar während der Jahreszeit, in der sich der Hundsstern erhebt, und vor drei Wintern wurden der Dschebel Atákah und die angrenzende asiatische Bergkette achtundvierzig Stunden lang mit Schnee gepudert – ein Omen, welches die ältesten Einwohner nicht wenig erstaunte. Anfang Januar 1876 gingen zwei gewaltige Schauer auf den nördlichen Teil des Roten Meeres nieder, und ich stellte fest, dass die bemerkenswerte Veränderung zum Besseren hin in Dschidda allgemein »dem Wassergraben« zugeschrieben wurde.

Die Verdunstung aus dem Bitter- und dem Krokodil-See ist gewaltig. Eine Gallone Wasser in der heißen Jahreszeit enthält dreizehn Grains Salz, das Tote Meer liefert achtzehn. Es gibt viele Arten von Fischen, welche in solch einer Umgebung nicht existieren können, und zeitweilig sind die Küsten mit ihren Kadavern übersät. Aber Herr Andrews vom Büro der Peninsular and Oriental Steam Ship Company, der seit 1869 meteorologische Beobachtungen in Suez durchgeführt hat, bestreitet entschieden, dass der Kanal irgendeine Wirkung auf den Niederschlag des Isthmus ausgeübt habe. Er hält den Schnee und die Schauer für Zufälle, und seine Einwendungen sind durch den Winter von 1876/77 bestätigt worden, als es tatsächlich keinen Regen gab. Indessen muss man alle extremen Feststellungen zu diesem Thema modifizieren, da einige erklären, dass der Kanal das Klima überhaupt nicht, viele andere dagegen, dass er das Klima vollständig verändert habe.

Ramleh und Helwán (die Bäder) sind, wie ich aufgezeigt habe, die einzigen Plätze im ganzen Land Ägypten, welche den ausgedörrten Einwohnern seiner Städte eine Art Luftveränderung bieten können. Mit nördlichen Augen betrachtet liegt der bedeutendste klimatische Nachteil des Niltales in seiner Entfernung von der Sommerfrische. Libanon, die nächstgelegene, ermangelt jeder Annehmlichkeit des zivilisierten Lebens; und die zweitnächst gelegene wäre anmaßend Bagni di Lucca. Es besteht deshalb ein dauerhaftes Interesse an der Erforschung der Region südlich von Kairo, wie sie Anfang 1876 von Dr. Schweinfurth und Güssfeldt durchgeführt wurde, beide Afrikareisende von Ruhm und Ehre. Ihre Berichte enthielten beiläufige und sehr oberflächliche Bemerkungen über den »Versuch, die Geheimnisse von Bergen und Tälern dieser Region zu enträtseln, welche sich von der arabischen Bergkette bis zum Roten Meer« erstreckt, und nicht einmal die Forscher selbst scheinen wirklich begriffen zu haben, was die Ergebnisse ihrer Forschungen bedeuten könnten.

Einige Details bezüglich dieser Berge der Unteren Thebais, wie Shaw sie nennt, ein Massiv, welches so viel verspricht: Der Dschebel Gallálah, eigentlich Kul'at Allah, jetzt als Sanatorium vorgeschlagen, wurde vor etwa dreißig Jahren auf der Suche nach Kohle und in dem Versuch, eine hartnäckige Bindehautentzündung zu heilen, durch den wohlbekannten Ingenieur Hekekyán Bey aufgesucht, den Onkel meines Freundes Yacoul Artin Bey. Er verbrachte beinahe vierundzwanzig Monate dort und hinterließ seinen Namen auf einem Felsen eingeritzt, den die Reisenden Hekekyán-Fels genannt haben.

Das Plateau wurde im Jahr 1872 von Oberst Purdy erkundet, aber auch von anderen angloamerikanischen Offizieren unter Befehl ihres energischen Stabschefs General Stone (Pascha). Es erreicht durchschnittlich 3000 Fuß Höhe und misst rund vierzehn geographische Meilen von Ost nach West, und von Norden nach Süden vierzig. Aus weißem und gelbem Kalkstein sowie auf Granit aufliegendem Sandstein gebildet, scheint es die vom Roten Meer aufgespalteten sinaitischen Fundamente in Afrika fortzusetzen, und ein breites Band primärer Gesteinsformation, an der wir entlangdampfen werden, zweigt vom äußersten südöstlichen Ende ab und trennt über eine beträchtliche Entfernung das afrikanische Ufer vom Suez-Golf. Das große Wadi el-'Arabah, das in Richtung Nordwest auf einer Parallele mit dem Za'feránah-Leuchtfeuer im Südosten verläuft und eine durchschnittliche Breite von sechs Fußmarsch-Stunden hat, trennt unser Massiv von den unfruchtbaren Dschibál el-Humra (Roten Bergen), welche das rechte Ufer des Nils gegenüber der Eisenbahnstation Beni-Suwayf stützen. Dieses afrikanische Wadi, welches nicht mit dem asiatischen Wadi el-'Arabah verwechselt werden darf, ist unkorrekterweise mit »Flussbett der Streitwagen« übersetzt worden; die schwergängigen Räder des Pharaos spuken wahrscheinlich im Gehirn des Übersetzers.

Die Vegetation des Felsmassivs ist meistens grasartig, im August und September sonnenverbrannt und vom Wind ausgetrocknet. Bäume, insbesondere kurze und dickstämmige Akazien, wachsen nur in den Tälern, und Dr. Schweinfurth fand zu seiner Überraschung nicht nur asiatische Pflanzen, sondern auch eine, die man für typisch sibirisch hielt. Keine Antilopen wurden gesehen; das Jagdwild besteht hauptsächlich aus Steinbock in den Hochländern und Hase in den niedriger gelegenen Gebieten. Die spärliche Bevölkerung lebt teils sesshaft, teils nomadisch. Die erstgenannte Bevölkerungsgruppe umfasst die ehrwürdigen Insassen der zwei Klöster. Dayr Mar Antonios (von St. Antonius), eines der ältesten, wenn nicht das älteste in der christlichen Welt, steht auf dem südlichen Rand des Wadis el-'Arabah, ungefähr 4750 Fuß hoch und vom Meer aus, von dem es 17 bis 18 Meilen entfernt ist, nicht sichtbar. Es ist per Boot von Suez aus in Richtung Za'feránah-Leuchtturm zu erreichen, dies ist eine Strecke von 50 Meilen, die leicht an einem Tag zurückgelegt werden kann, bei nördlichem Wind sogar in acht Stunden. Die 35 Meilen der Landroute müssen auf Pferde-, Esels- oder Kamelrücken zurückgelegt werden.

Aus der Ferne gesehen scheint das Kloster aus langem Mauerwerk aus Natursteinen zu bestehen, der fest gefügten Umbauung eines Viereckes, welche die Unterkünfte für fünfzig Mönche enthält und Hütten mit Gärten und anderen Annehmlichkeiten für die Menschen, die sich ihnen angeschlossen haben. In der Mitte erhebt sich ein Turm mit sich nach oben verjüngenden Seiten, der stumpfe Abschnitt eines Kegels. Es gibt kein offenes Tor, und der Besucher wird wie auf dem Sinai mittels eines Seils hochgezogen. Már Búlos (St. Paul), von seinem Nachbarn durch die Hauptkette des Gallálah-Massivs getrennt, liegt etwa fünfzehn Meilen Südost zu Ost: Es ist von Teilen des Golfes aus sichtbar, und seine Form ähnelt der seines Bruders. Den Nomaden des Berges, den Ma'ázah, von welchen wir bald mehr hören, wird nachgesagt, 3000 Seelen zu zählen, obwohl nicht mehr als dreißig zu sehen sind. Sie sind eine feine Rasse und behandeln ihre Gäste mit Höflichkeit. Das Hauptzeltlager liegt westlich und südwestlich des Hekekyán-Felsens: Woanders muss das notwendige Wasser auf Eselrücken herangeschafft werden.

Es gibt zwei Linien von Kairo zum Dschebel Gallálah. Die erste, von Suez und dem Za'feránah-Punkt, ist schon erwähnt worden. Die zweite, von der Oberägypten-Linie (Rodeh-Station), bringt den Reisenden in vier Stunden dreizehn Minuten auf den Bahnhof von Beni-Suwayf, fünfundfünfzig direkte geographische Meilen von der Hauptstadt entfernt. Man mietet Kamele in der Ortschaft und setzt mit der Fähre zum rechten Nilufer über. Hier liegen mehrere kleine Siedlungen rund um Bayáz el-Nasárá verstreut, eine koptische Kirche wird jetzt wieder aufgebaut. Dieser Abschnitt nimmt ungefähr zweieinhalb Stunden in Anspruch, und ebenso viel Zeit muss für die Fahrt über das Flusstal zu den nächsten Ausläufern der Roten Berge gerechnet werden.

Wenn die »Champagner-Luft« der Hochländer – die ständig durch die reinen trockenen Winde der Wüste nach dem Norden und nach Süden hin, durch die Salzbrisen des Kulzum-Sees nach Osten, mit der Nil-Zugluft hingegen nach Westen ausströmt – gebührend geschätzt werden soll, müsste eine Straßenbahn den Transit über die Ebene abkürzen.

Durch die Wüste

Die Doktoren Schweinfurth und Güssfeldt machten sich mit einer umfangreichen Ausrüstung auf, um botanische Exemplare zu sammeln und frühere flüchtige Erkundungen durch eine exakte Topographie richtigzustellen. Sie schlugen auch vor, durch das Studium der Paläontologie das Alter der sedimentären Gesteine festzulegen; ferner bestimmten sie die astronomischen Positionen, die Höhen über dem Meeresspiegel und die magnetische Intensität, Inklination und Deklination. Am 19. März untersuchten sie das Kirchendorf »Bayáz el-Nasárá«, welches von hier die nördlichen Hänge des Dschibál el-Humr säumt und wo neun verschiedene Talsysteme aufgezeichnet wurden. Außerdem erreichten sie den Brunnen El-Arayyidah auf der näheren Wand des zuvor erwähnten Wadi el-'Arabahs.

Der größere Teil der Oberfläche, insbesondere die nummulitischen Plateaus zwischen 28° und 29° 30' nördlicher Breite, war frei von jeder Vegetation oder aber mit weiß blühendem Besenginster gesprenkelt; einige der Täler trugen einen eher üppigen Bewuchs, dessen charakteristische Pflanze der Wermut war. Immense Quantitäten von Feuerstein wie jene, die ganze Gebiete in der Libyschen und Arabischen Wüste bedecken, waren über das Wadi Senúr verstreut: Die Kerne waren durch die abnormen Temperaturschwankungen zu Prismen zersplittert worden, und obwohl alle unbearbeitet waren, war die Spaltung doch genauso sauber wie bei Exemplaren von Steinzeitwaffen in unserem Museum.

Die Reisenden durchquerten das Wadi el-'Arabah wie das Niltal in der Breite und von Südwest nach Ost-Nordost. Dieses Tal und sein Nebenarm, das Wadi Herkes, belieferte den Großen Pascha mit Alabaster für seine Moschee in der Zitadelle. Aus jenem Material sind auch die Mosaik-Bürgersteige auf den älteren Gebetsplätzen gebildet, und es wird rot-, gelb- und fleischfarbener Marmor mit blauen Adern, orange-getönter wie derjenige von der Moschee El-Ghori, und schwarzer aus den Felsen in der Gegend um Sankt Antonius.

Der allgemeine Eindruck weist Parallelen zu der gewaltigen Oasenniederung von Khargeh auf. Beide werden durch ähnliche Stufen von eozäner Kreide begrenzt, offensichtlich eine alte Meeresküste. Die südliche Wand wird durch die nördlichen Stufen von Gallálah (1000–1100 Meter) gebildet. Sieben Zweigtäler münden in das Hauptwadi und durchqueren es. Zwei von diesen, die Wadis Natfah und Askar, wurden sorgfältig untersucht und ergaben ein umfassendes Bild der ganzen Formation. Die Mündung des zuerst erwähnten Wadis ist erkennbar an einer Höhle, die reich an dem in der ägyptischen Wüste völlig fehlenden Frauenhaar-Farn ist, und die zwanzig Fuß langen Decken-Stalagtiten sind mit Moosen bedeckt. Ein Bach, der von den hier etwa 1200 Fuß hohen Klippenrändern herabströmt, bildet zwei Auswaschungen von etwa 125 Fuß Durchmesser, und die felsigen Stufen und bemoosten Simse, über die das Wasser herabstürzt, sind von fünfzehn Fuß hohen, wilden Feigenbäumen und der reichsten Vegetation gesäumt. Das große Wadi Askar ist außerdem reich an Kamelweiden und seine Flora deshalb noch vielfältiger.

Nachdem sie sich durch die malerischen Abgründe gewunden hatten, gelangten unsere Forscher auf den einzigen für Kamele begehbaren Pfad. Und sie erreichten somit den Gallálah-Bergrücken mit seinem Beduinenlager und seinen Viehherden und Kleintierbeständen. Hier unterschied sich die Art der Vegetation vollständig von derjenigen des Wadis. Die wellige Oberfläche war dicht mit Kräutern bewachsen, und auf der Höhe von 1000 Metern erschienen unerwartet mehrere Pflanzen, die bisher nur auf dem Berg Sinai und im Inneren Palästinas gefunden wurden, während nicht wenige aus Persien und Afghanistan stammen. Die vorherrschende Art war die der Sinai-Halbinsel, gemischt mit dem Bewuchs der Mittelmeerküste rund um Alexandria.

Nachdem die Reisenden die nordöstliche Flanke des Gallálah umrundet hatten, erreichten sie das Kloster des heiligen Antonius, wo sie von den koptischen Mönchen gastfreundlich empfangen wurden. Organische Überreste fanden sich auf der südlichen Flanke genauso reich und vielfältig wie die Vegetation der nördlichen Region: Eine großartige Ausbeute an Versteinerungen wurde an das Paläontologische Museum in München geschickt.

Nahe St. Paul, wo sie mit gleicher Freundlichkeit behandelt wurden, erschienen drei Schichten aus der mittleren Kreidezeit, welche an den nördlichen Bergabhängen nur durch die tiefsten Taleinschnitte enthüllt werden. Sie stellten fest, dass der obere Gallálah aus Nummuliten besteht, während die niedriger gelegenen Bergschichten und die unteren Schichten der Hügel sich aus Exogyra (Mermeti und Glabellata) zusammensetzen. Die Mergelschicht, welche die Letztere durchschneidet, ist überreich an Echiniten (Stachelhäutern), Sphaeroliten und insbesondere an Ammoniten von drei verschiedenen Arten, mitunter mit einem Durchmesser von eineinhalb Fuß. Die Fossilien enthaltenden, 500 Fuß dicken Lagen finden sich unter den Sandsteinschichten, welche rund um St. Paul in den am niedrigsten gelegenen Talabschnitten auftreten: Deren letzter, völlig ohne fossile Überreste, scheint mit der Sinai-Halbinsel und Palästina verbunden zu sein.

Drei Reisestunden weiter südlich von St. Paul, bei 28° 40' n. Br., kann man beobachten, dass die Sandsteinschichten erstmalig auf einer konfusen primären Formation aus Hornblende, Granit, Diorit und Porphyr ruhen, was den Schluss nahelegt, dass sie eine westliche Verlängerung des Berges Sinai sind und beide einmal eine einzige Bergkette waren. Wir werden alsbald das Gleiche an den östlichen Ufern des 'Akabah-Golfs beobachten, ebenso wie in den Regionen unmittelbar südlich von ihm. Die Reisenden bemerkten, dass die obere Kreideschicht der in der Großen Oase so hoch entwickelten Ananchyten hier fehlt; und, da sie keine sedimentären Lager fanden, die älter als die mittlere Kreideschicht sind, war es vergebens, dass Dr. Cav. Antonio Figari Bey vor einigen Jahren einen Schacht vortrieb, um Kohle zu finden.

Nachdem sie die südlichsten Ausläufer des Gallálah passiert hatten, jene Primärregion, deren nördlichstes Massiv der Umm el-Tenázib, das Wadi el-Ghazálah und das Wadi Murr bilden, wo die Kreide außergewöhnlich reich an Ammoniten ist, erreichten die Forscher das große natürliche Bassin Mghátá. Diese Stelle wurde von Raffanau-Délile, dem berühmten Botaniker der französischen Expedition, zu Beginn des gegenwärtigen Jahrhunderts besucht. Ihre Formation ist hier einmalig. Die eozäne Kreide ist so voll von abgerundeten und melonenförmigen Feuersteinmassen, dass Wasser keine freie Passage finden kann. Vergleichbare regelmäßige Formen bedecken Teile des libyschen Wüstenplateaus.

Von Mghátá verlief die Rückweg-Route zum Nil in westnordwestlicher Kompasslinie zunächst über unfruchtbare Gebiete von Sandhaufen, dann trafen die beiden Forscher auf das in unseren Kartenwerken unbekannte Wadi el-Goz. Nachdem sie an der reichlich sprudelnden Quelle von Fiumara el-Kamr Wasser aufgefüllt hatten, überquerten sie das nackte obere Eozän, und vierzig Kilometer vom Fluss stießen sie auf die

Schnecke (Helix Desertorum) der Mukattam-Berge südlich und südöstlich von Kairo. Diese Weichtiere fanden sich auf der ganzen Strecke bis zum Strom.

Am 22. April, nach fünfunddreißig Tagen im »Dschebel«, kehrten unsere Wanderer in die Zivilisation zurück. Dr. Schweinfurth war mit seinen Fossilien und botanischen Exemplaren so zufrieden, dass er im März 1877 eine zweite Exkursion unternahm. Er war noch unterwegs, als ich über Kairo heimwärts reiste; er kehrte nicht vor Anfang Juni dorthin zurück, und wir versäumten, uns auf seinem Nachhauseweg zu treffen. Dr. Güssfeldt, der gewissenhaft zwanzig Messstationen zum Nutzen von künftigen Reisenden bestimmt hatte, war freundlich genug, sich an uns zu wenden und in Triest »über Afrika zu sprechen«. Keiner von ihnen erschien, um die Bedeutung ihrer Unternehmung zu würdigen. Die Erforschung der Dschibál el-Humr und des Gallálah könnte zur Errichtung einer Bergstation führen, sie wäre – gleich jener in Indien – ein lebenswichtiges Erfordernis für das Land des Khediven. Wie bereits erwähnt, stieg der europäische Bevölkerungsanteil in Ägypten in dreißig Jahren von ungefähr 6000 auf 80 000 an. Er wird alsbald Hunderttausende zählen, und viele von ihnen werden dankbar sein, diese gesunde Bergkette so nahe bei der Hand zu finden.

Kapitel IV

Abreise von Suez und Ankunft in El-Muwayláh

Etwa vierundzwanzig Stunden unablässiger Arbeit ermöglichten uns, die Vorbereitungen zumindest im Konzept für abgeschlossen zu erklären, und am Sonnabend, dem 31. März, um sechs Uhr abends – gerade als ein dringendes Telegramm aus Kairo anfragte, ob die Reisegesellschaft schon aufgebrochen sei – ging diese an Bord des Dampftenders No. 11. Wir wurden von Seiner Exzellenz dem Gouverneur Sa'íd Bey und durch die zwei Damen Levick begleitet, nachdem wir die Wünsche für eine gute Reise von meinem alten Freund West und von meinem brüderlichen »Wandergenossen« Major R. Adeane Barlow empfangen hatten. Suez sah uns in der festen Überzeugung abreisen, dass wir auf der Suche – *absit omen!* – nach »Gas«, das heißt Petroleum, waren, nach Salz, Schwefel und nach Ruinen. Zu der letzteren Mutmaßung indessen äußerten ein paar Landsleute innerhalb meiner Hörweite die lebhaftesten Einwendungen in der deftigsten Sprache.

Die übliche Stunde des Dampfaufmachens fand uns im Neuen Hafen, als wir an Bord Seiner Hoheit Dampfkorvette *Sinnár* von Kapitän Ali Bey Schukrí und durch den stellvertretenden Hafenmeister Ra'ís Wakíl el-Komandaníyyah empfangen wurden. Nachdem ich dem Hauptquartier über die Freundlichkeit und die Gefälligkeit all dieser Beamten berichtet hatte und es mir gelungen war, in der Kadettenmesse mehr schlecht als recht eine hastige Abendmahlzeit für zwölf Münder zu arrangieren, bat ich darum, das Ablegen nicht weiter zu verzögern. »Allah yahfazkum!«-Wünsche (Allah beschütze Euch!) wurden ausgetauscht, und um zehn Uhr abends, als schon der Mond schien, dampfte die *Sinnár* aus dem Dock hinaus und passierte langsam das große auf und ab schwankende Feuerschiff von Suez.

Die *Sinnár* ist ein in England gebautes Schiff, solide wie die hölzernen Wände aus der alten Zeit, bewaffnet mit Armstrong-Kanonen und einer Besatzung von 120 Mann an Bord. Ihre 90 PS-Maschine macht sieben bis achteinhalb Knoten pro Stunde bei einem täglichen Verbrauch von sechzehn Tonnen Kohle. Ihr Kapitän ist einer der besten Seeleute in der ägyptischen Marine; wir hatten Grund genug, den Stil zu bewundern, in dem er und seine Offiziere das Schiff durch die gefährlichen Untiefen manövrierten, die die östlichen Küsten des Roten Meeres säumen. Nichts kann fremdartiger sein als die Sprache, in welcher die Worte der nautischen Kommandos gegeben werden. Während der ägyptische Soldat das hochtrabend klingende Türkisch benutzt, spricht sein zur See fahrender Bruder ein aus sämtlichen Dialekten des Mittelmeeres entlehntes Gemisch, das obendrein nicht versäumt, auch die Verdienste unseres englischen Vokabulars gebührend zu würdigen.

Während der Nacht kamen wir an den Moses-Brunnen vorbei, der Szenerie unseres angenehmen Picknicks im Jahr 1876, und die Morgendämmerung sah uns ein wenig südlich der Landspitze Za'feránah mit seinem Leuchtturm und seinen Zwillingsmassiven Abu Deradsch (Vater der Treppen) und Dschebel 'Atákah (Berg der Erlösung), die gen Norden die Hintergrundkulisse am nackten und unfruchtbaren afrikanischen Ufer bilden. Zwischen der ersten und der zweiten Bergkette liegt das Wadi Músá, dessen Mündung sich innerhalb der Sichtweite von Suez öffnet. Es ist wahrscheinlich von christlichen Pilgern so benannt worden, weil der große Erlöser von da aus zum Roten Meer zog, wobei Letzteres sich zu Moses' Zeiten gewiss bis zu den Bitter-Seen ausdehnte und wahrscheinlich im Timsáh-See mündete. Noch weiter nördlich kennzeichnet »El-Kantarah« (der Brückenbogen) den ersten natürlichen Übergang, der nach Phönizien und Syrien führte: Hier verursacht das Zusammentreffen der nördlichen und südlichen Mittelmeergewässer, dass Totwasser Schlick ablagerten. Die Ägypter nannten das Rote Meer Ket (Kreis),

Sekot (einen Kreis ziehen) und Scharr – ein grobes Wort der Verachtung. Autoren wie Keith (»Über Prophezeiung«) führen solche Namen wie »Berg der Erlösung« als Beweis dafür an, dass die arabische Überlieferung in der arabischen Nomenklatur »versteinert« ist und das Volk den mosaischen Exodus im kollektiven Gedächtnis bewahre. Aber schon die geringste Bekanntschaft mit vorislamischer Geschichte würde sie gelehrt haben, dass in den »Tagen der Unwissenheit« Moses ein Name war, der den Arabern nur durch die unkritischen Juden und koptischen Christen von den Pilgerfahrten zum Berg Sinai her bekannt war, die wahrscheinlich im 3. und 4. Jahrhundert begannen. Die modernen Beduinen und Ägypter schnappen diese mönchischen Legenden auf und betrügen sich selbst und andere nach wie vor durch die Überzeugung, dass die »arabische Überlieferung« aus historischen Zeiten stamme.

Hierin sehen wir eine schöne Illustration meiner Doktrin bezüglich der säkularen Wanderschaft von biblischen Stellen und heiligen Plätzen. Die Araber, die wie die Christen annehmen, dass sich die Kinder Israels von Memphis an der Spitze des Deltas – und nicht von Gosen in dessen östlichstem Teil – aufgemacht haben und das Wadi El-Tíh hinuntermarschiert sind, schickten die Flüchtlinge den Golf hinab bis nach Tor. Während der Jahrhunderte zwischen dem frühen Christentum und der ersten Hälfte des gegenwärtigen Jahrhunderts platzierte ganz Europa – mit Ausnahme von Lord Valentia – den Übergang über das Rote Meer in die Gegend von Suez. Als die Arbeit am Kanal begann, wanderte die Furt nach Norden über die Bitter-Seen nach Timsáh; in den letzten Jahren hat der gelehrte Brugsch besagte Stelle gar vom Suez-Golf zu den an das Mittelmeer angrenzenden Sumpfgebieten verlegt – zu

»diesen Sirbonischen Sümpfen,
Zwischen Damiata und dem alten Berg Casius,
Wo Armeen vollständig untergegangen sind.«

Die ehrwürdige Legende erklärt indessen die häufigen Zerstörungen von koptischen Klöstern und Einsiedeleien, die auf den Marschen rund um Wadi Músá verstreut lagen. Ich besuchte sie alle im Jahr 1853 nach der Rückkehr von meiner Pilgerfahrt und fand nichts von Bedeutung. Im Jahr 1876 hieß es, dass der Reisende sich den Beduinen nicht ohne einen Pass von ihrem Scheich Abu Schadíd anvertrauen darf und mit sanfter Gewalt gezwungen wird, Suez zu seinem Hauptquartier zu machen.

Der steinerne Za'feránah-Leuchtturm kennzeichnet die Stelle der zwei im letzten Kapitel erwähnten Klöster. Wir beobachten wieder den bemerkenswerten Kontrast zwischen der afrikanischen und der asiatischen Küste entlang des Golfs von Suez. Im Westen erheben sich abrupt aus dem Wüstensand die vereinzelt stehenden und ursprünglichen Bergketten, welche das Gallálah-Massiv südwärts verlängern. Seine wilde, abschreckende Natur wird anschaulich durch seine hydrographischen Namen wie »Scharfer Gipfel«, »Gezackter Rasier-Hügel«, »Zuckerhut« und »Bergsattel« erklärt. Sie liegen dem Ghárib-Leuchtfeuer gegenüber und erstrecken sich bis zum Dschebel el-Zayt, der in den Kartenwerken »Zeiti-Hügel« genannt wird. Dieser Bergkamm ist wie eine Mauer, hinter welcher Erdöl – von dem man annimmt, dass es von abgestorbenen Weichtieren herrührt – aus dem Boden sickert. Das Steinöl hat seit Jahrhunderten die zwei Klöster mit Licht versorgt, und seine Austrittsspuren schillern wie Perlmutt in allen möglichen Farben auf der himmelblauen Oberfläche des ruhigen Meeres.

Trotz ungünstiger Intrigen und böser Vorhersagen, an denen es in Ägypten niemals mangelt, hat sich der Vizekönig entschlossen, durch Tiefbohrungen auf Öl zu stoßen; und zum Zeitpunkt meines Besuches hatte er vorgeschlagen, sie unter die Aufsicht von Oberst Middleton zu stellen, eines Offiziers, dessen Bergbauerfahrung sich von Philadelphia bis Kalifornien erstreckte. Der jetzt in der Admiralitätskarte namenlose Zayti-Punkt ist das alte Drepanum Promontorium.

Weiter südlich liegt die Ghabbat- oder Gimsah-Bucht, und die Schwefelgrabungen machten sie wegen der vom Marquis de Bassano vorgebrachten Schadenersatzansprüche in örtlichen Legenden berühmt, denn angeblich sollen sie 19 000 000 Franc betragen. Die Bucht grenzt direkt an die Dschobal-Insel. Das »Dschubal« der Karte ist eines der vielen Riffs und Felsblöcke, die über die Untiefen herausragen und »die Zunge des ägyptischen Hauptverkehrsweges« auszutrocknen drohen. Der langsame Korallenwuchs blockiert teilweise den Eingang und verwandelt allmählich diese nordwestliche Gabelung des Roten Meers in ein zweites Totes Meer.

Auf unserer Rückkehr verbrachten wir die Nacht in einer gemütlichen Bucht östlich von Tawilah, der langen Insel, vierzig Meilen von Tor und sechzig von Suez entfernt. Eine Gesellschaft brach zur Suche nach Guano auf, fand aber nur eine kleine Menge sehr verwitterter und vom Regen ausgewaschener brauner Materie, sodass es kaum die Transportkosten lohnte. Die Araber, die es ablehnen, die unreine Substanz zu benutzen, erklären, dass es nur auf den kleineren Inseln und Inselchen des Golfes derartige Ablagerungen gibt, während all die größeren Mengenangaben, welche wir untersuchten, nicht die in ganz Ägypten verbreiteten peruanischen Berichte rechtfertigen.

Unsere Fischer, von denen Hauptmann Ali Bey immer der Kühnste war, belieferten uns und die ganze Mannschaft mit ausgezeichnetem Steinkabeljau. Die klaren Gewässer zeigten sich voller Leben, die Ursache hierfür ist zweifellos der von Pflanzen reichlich bewachsene Boden, den ich hier zum ersten Mal sah; aber die Fische bissen gewöhnlich nur ein paar Stunden nach Sonnenuntergang, nämlich dann, wenn das Mondlicht nicht ausreichte, um die Angelschnur zu sehen.

Die gegenüberliegende Sinai-Küste, die von Osten her betrachtet so langweilig und uninteressant erscheint, präsentiert sich hier als ein großartiges Massiv und wird sehr richtig die »Mauer« genannt. Sie ist ein Ausläufer der großen Kette, die im Norden mit dem Libanon beginnt und sich südwärts bis Aden-Point erstreckt. Dieser so großartig von der niedrigen und sandigen Ebene El-Ká' anschwellende Bergwall, ein unbeugsames Stückchen von Arabia Sterilis, verläuft fast parallel zum Golf, bis er abbricht und zu bloßen Warzen an der scharf hervortretenden Zungenspitze Ras Mohammed einsinkt, die von einigen als das Poseidon-Vorgebirge der alten Völker identifiziert wurden. Seine großartige Eintönigkeit wird belebt durch die einsamen und mit Türmen und Zinnen versehenen Dome und Gipfel des Dschebel Serbal (Berg des Hemdes) und durch die vergleichsweise abgerundeten Linien des Dschebel Katharina und des Dschebel Músá, des wahren Sinai.

Hinter einem dunklen hervorragenden Punkt, fast gegenüber dem Ghárib-Leuchtturm und 120 Meilen von Suez entfernt, liegt der kleine hufeisenförmige Hafen von Tor, von dem Pilger in zwei oder drei Tagen den Weg zum Kloster zurücklegen. Seitdem El-Wedschh (Wedge) – mit seinem schlechten Hafen und noch schlechterem Wasser – als Quarantänestation aufgegeben wurde, hat das ungesunde, verpestete und sumpfige Tor seinen Platz eingenommen; ein bedauernswerter Italiener, der Sanitätsbeauftragte Doktor Bianchi, war dazu verurteilt, im Zelt zu leben und alle erdenklichen Unbequemlichkeiten auf sich zu nehmen, obwohl man ihm leicht hätte gestatten können, den größeren Teil des Jahres bei seiner Familie in Suez zu verbringen.

In Erinnerung an meinen ersten Besuch spazierte ich über die Ebene aus ausgetrocknetem Schlamm, die Sabkhah (Salzebene), und über die Sandhaufen zu dem »Nakhl el-Hammám«, dem »Dattelhain der Hummums«, nördlich der schmutzigen christlichen Ortschaft und den zerstörten (venezianischen?) Forts. Die reichlich bewässerten Palmen sind üppig, und die kleine gelbe Frucht schmeckt köstlich wie ehedem; aber das Kloster, zu dem das Grundstück gehört und das jährlich etwa 5000 Dollar abwirft, hat es geschehen lassen, dass aus der Umfassungsmauer ein System von Lücken wurde und das Haus des weißbärtigen alten Wächters nunmehr in Ruinen liegt.

Der Dorfhafen wurde zur Würde einer Station erhoben, mit einem Muháfiz oder Gouverneur und einer Garnison von etwa zwanzig Männern. Die Schuppen aus mit Lehm zementierten Steinen werden noch von etwa einhundert Seelen bewohnt, den Nachkommen der alten Dschebelíyyeh-Nazarener – walachischen und ägyptischen Sklaven, die hier von Justinian im sechsten Jahrhundert angesiedelt wurden, um das heilige Haus[6] zu beschützen. Sie schicken Holz und Holzkohle nach Ägypten, sie fischen, sie geleiten Pilger und sie scheinen eine ordentliche Vorstellung vom Handel zu haben. Sie werden von Khwájah Konstantin, dem Agenten des Mönchsklosters, angeführt, und sie verlangten von uns einen Franken für einen kleinen Becher »rakí« (Rosinen-Weinbrand). Überdies war es ein erbärmliches Gesöff, wohingegen der von den fidelen und schmutzigen alten Männern des Berges hergestellte so gut ist, dass er schon manchen durstigen Reisenden benebelte und zu Boden streckte.

Die »Bugház« (Kehle) von Dschobal endet am verrufenen Schadwán, wo viele gute Schiffe, einschließlich der *Carnatic* der P. and O., im Jahr 1869 beträchtlichen Kummer erlitten haben. Deshalb ist der Golf gut mit Leuchtfeuern ausgestattet. Es gibt vier davon zwischen Suez und den Aschrafi-Inseln, beide Orte eingeschlossen. Jenseits dieser ist das Rote Meer bis nach Perim eine Abfolge von Gefahren. Die Robbeninsel und Ras Mohammed auf der gegenüberliegenden Seite nehmen einen hohen Rang unter den berüchtigten Klippen ein. Was getan worden ist, ist gut gemacht worden, und unter meinem Freund McKillop Pascha, Generalinspekteur der Häfen und Leuchttürme, funktioniert alles wie ein Uhrwerk. Aber es steht kaum zu erwarten, dass Ägypten weitere Ausgaben tätigen wird, und alsbald wird ein internationaler Ausschuss die Punkte festlegen und das erforderliche Geld erheben.

6 Ich kann den volkstümlichen muslimischen Glauben nicht erklären, dass eine Kolonie von Juden nahe Tor noch sesshaft sei.

Das Gleiche sollte beim Feldzug gegen den Sklavenhandel im Roten Meer der Fall sein. Wenn wir entschlossen sind, die Ausfuhr zu unterbinden, sollten wir diese Ufer mit einer »Sarg-Schwadron« ausstatten, die zahlenmäßig zumindest jener gleichkommen müsste, die vor Jahren die Guinea-Küste und die zwei Buchten von Westafrika blockierte. Selbst dann kann ich aber schwerlich Erfolg vorhersagen in einer Gegend, wo jede kleine Meeresbucht ein Hafen, wo jedes einheimische Boot ein Sklaventransporter und wo es sowohl die Religion als auch das Interesse eines jeden Mannes ist, Profit aus der Gefangennahme und dem Verkauf oder dem Tausch von heidnischem Fleisch zu schlagen.

Bei Nacht dampften wir an Ras Mohammed vorbei, dem *ultimum Continentis promontorium*, eine Täuschung und ein langer, niedriger Punkt, wie üblich durch ein dunkles Riff und eine lauchgrüne Untiefe umgeben. Wir erwachten am Ostermontag an dem nackten und gelben, klippenreichen Yubú'-Inselchen an Steuerbord voraus, während genau vor uns die in Gold, Blau und prächtigen Purpur gekleideten königlichen Berge Midians emporragten, welche nach der flachen und armseligen Küste von Suez eine Überraschung und eine Wohltat für das Auge des Reisenden darstellen.

Ich werde diese erhabenen Formen eingehender während unserer Fahrt entlang der Küste nach 'Aynúnah beschreiben, als sie indessen allen Charme des Neuen für uns verloren hatten. Der erste Eindruck von Midian ist majestätisch und passt so recht zu der kühnen Beduinenrasse, der einst das Land gehörte. Jenseits des goldenen Sandes, gesäumt von smaragdfarbenem Grün, erstreckte sich das Meer, erheben sich flache Sandbänke und spitze Sandsteinhügel, bestreut und gesprenkelt mit dunklem Urgestein und insbesondere mit verwitterten Fragmenten aus rötlichem Porphyr. Landeinwärts werden sie zu ähnlich metallisch glänzenden Gebirgsausläufern, aber durch die dazwischen liegende Luft purpurrotbraun getönt. Der über dem Bild thronende Hintergrund, amethystfarben mit blauen Luftspiegelungen, leuchtete hier mit goldener Glut, dort mit violetten Streifen auf; nackt und unfruchtbar und doch wunderschön, jede Einzelheit mit klar umrissener Silhouette und phantastisch von der hellen Weite des wolkenlosen Himmels abgehoben, ist er eine anscheinend undurchbrochene Wand, die sich zwischen 6000 und 9000 Fuß über dem Meeresspiegel erhebt.

Nichts kann malerischer sein als die Formen dieser »unbedeckten Alpen«, dieser Giganten, welche die alten Hebräer mit Ohren und Zähnen, Rippen und Lenden versahen. Ihre titanischen Schultern, der Sonne und dem Wind ausgesetzt, tragen Kuppeln und Türme, »Orgelpfeifen«, Gipfel und Spitztürme; und frisch aus den Dolomiten von Tirol und Dalmatien kommend, starrte ich voller Verblüffung darauf.

Um 11.30 Uhr vormittags beendete die *Sinnár* – nach behutsamem Vortasten zwischen den Umrissen von Yubú' im Norden und den niedrigen Korallenriffen von Siláh im Süden – ihre entlang des Kurses gemessenen 229 Meilen und warf Anker in der offenen und gefährlichen Reede von El-Muwayláh. Als erstes Kriegsschiff, das je in diesen Gewässern gesehen wurde, feuerte sie eine Kanone ab, welche die wenigen Faulenzer in Angst und Schrecken von der Küste fortjagte, und sandte ihr Gigboot ab, um den Gouverneur und den zivilen Verwalter des Hafens herbeizuschaffen. Der Erstgenannte litt Schreckensqualen und erkundigte sich krampfhaft, während er den Salut mit einer Schreckschusspistole erwiderte und seine rote Fahne aufzog, was sich ereignet haben könnte. Bald darauf, als er feststellte, dass alles, was wir wollten, seine Hilfe beim Beschaffen von Kamelen war, befiel ihn vor Erleichterung eine kurze Übelkeit.

El-Muwayláh bedeutet »kleines Salz« und spielt auf seine Mauern und Wassergruben an. Augenscheinlich ein alter Platz, ist es jetzt eine der befestigten Stationen der Kairo-Hadsch (Pilgerkarawane), fünf Tagesmärsche von El-'Akabah entfernt. Diese zwei Punkte definieren den Norden und den

Das Schloss von El-'Akabah

Süden der Tihamat Madyan, der Ebenen von Midian[7]. Das Fort wurde ursprünglich vom Verlierer von Lepanto, Sultan Selim, im Jahr der Hidschra 968 (= 1553–1554 n. Chr.) erbaut, als er das Wegerecht und die Regierung des Landes auf Ägypten übertrug, wie eine über dem großen und verwinkelten Haupteingang angebrachte Inschrift uns erzählt. Abbas Pascha ließ zu, dass es nach der Zerstörung durch Said Pascha in Ruinen fiel, und schließlich wurde es wiederhergestellt und durch den gegenwärtigen Vizekönig kurz nach seinem Machtantritt im Jahr der Hidschra 1281 (= 1863–1864 n. Chr.) verstärkt.

7 Laut Golius, Notae in Alfragano, teilen arabische Geographen die Halbinsel allgemein in fünf Gebiete: 1. Die Tihámah oder Tieflande am Roten Meer, insbesondere den südlichen Teil von El-Hedschas. 2. Nejd, das nördliche Plateau. 3. El-Hedschas (das durch Berge verbundene bzw. vereinigte, das Mittelland, oder der Separator, d. h. zwischen Nedschd und Jemen). 4. El-Yemamah oder El-Arúz und 5. Jemen oder Südarabien. Die mittelalterlichen und modernen Geographen begrenzen sie im Norden durch eine imaginäre Linie, die von Ras Mohammed zu den Mündungen des Euphrat gezogen wird.

Der Rest der Siedlung, welche die ordentlich terrassierte rechte Wand des Wadis Surr einnimmt, besteht hauptsächlich aus verfallenen Häusern, und einige Leute bewohnen quadratische Kästen aus rohem Stein und Mörtel mit hölzernen Fensterläden – so sieht in der Tat die gewöhnliche Küstensiedlung aus. Die Häuser mögen vielleicht einige dreißig Seelen in der toten Jahreszeit beherbergt haben, also dann, wenn keine Pilger auf der Durchreise sind, und das einzige akzeptable Haus ist das des Schreibers, der als Verwalter oder Buchhalter fungiert.

Letzterer ist der Sayyíd Abd el-Rahím, ein Einheimischer aus El-Muwayláh, Cousin von Abd el-Salám Bey el-Muwayláhi, ein bekanntes Mitglied des Madschlis in Kairo. Er ist unter den Beduinen hoch geachtet, und er erwies sich als ausgesprochen nützlich für die Expedition, die er, wie wir sehen werden, bis zuletzt begleitete.

Die kleine Bucht unter dem Fort wird von den Sambúks der Dschuhayni-Fischer gern aufgesucht. Diese sind breit gebaute Schiffe, die von den »leichten Schiffen« der alten Piraten abstammen und zehn bis zwanzig Tonnen befördern; gebaut sind sie aus indischen Planken, welche das Firmenzeichen des Gujaráti-Händlers tragen, mit Kniestücken aus einheimischen Hölzern, insbesondere Tamarisken. Halb bedeckt mit einem kleinen Deck, tragen sie ein großes Lateinsegel. Von diesen Booten ankerten etwa sechzig bis einhundert in El-Muwayláh, nachdem sie von ihren Kreuzfahrten zurückgekommen waren. Neben der Fischerei suchen sie die Untiefen nach Perlmutt ab; sie tun dies auf sehr primitive Art: Der Taucher bringt die Muscheln einzeln hoch, und nicht selten fällt er dabei den Haien zum Opfer. Das Produkt wird im Hunderter-Pack an den Händler verkauft, der es gewissermaßen auf gut Glück erwirbt, und mitunter findet er eine Perle darin. Die verkauft er dann in der Regel für die Intarsienarbeiten der ägyptischen und syrischen Städte und für den kunstlosen Devotionalien- und anderen Zierrathandel, von dem Bethlehem das Birmingham (industrielle Herz – d. Ü.) ist.

Die zwei Beamten kamen an Bord, und nachdem sie den Brief gelesen hatten, der die vizeköniglichen Befehle enthielt, schafften sie es, uns innerhalb von drei Tagen mit fünfzig Kamelen zu beliefern. Diese Verzögerung, die wir uns kaum leisten konnten, wurde durch die Beduinen verursacht, die zu dieser Jahreszeit »Fauk« sind, das heißt im Inneren. Während der kurzen Unterhaltung nach dem Kaffee hörten wir zum ersten Mal von »Bayút el-Nására«, Christenhäusern, bei 'Aynúnah und an anderen Stellen. Die guten Nachrichten erfüllten mich mit neuen Hoffnungen. Die Araber, sowohl Beduinen wie Sesshafte, verwenden den Begriff Nazarener für sämtliche früheren Einwohner all jener Ländern, die sie jetzt in Besitz haben, und halten sich selbst für eingewanderte Eroberer aus dem eigentlichen Arabien (Arabia Proper). Ich orderte sogleich eine Sambúk für eine Erkundungsfahrt in Richtung Norden, und das erste Schiff, welches hereinkam und prächtig vor dem steifen Südwind segelte, wurde ordnungsgemäß zum Dienst gepresst und mit einer Trosse am Heck der Korvette festgemacht. Aber die Dschuhaynah haben, ebenso wie andere Stämme der Küste, eine angeborene, entschiedene Verachtung für Disziplin. Sobald der Wächter den Kopf abgewandt hatte, zückte einer aus der Mannschaft sein Taschenmesser und sägte leise das Seil durch, während die anderen drei genauso geruhsam das breite Segel ausrollten und es in die lebhafte Brise hochzogen.

Es war amüsant, den Kontrast dieser gelassenen Kaltblütigkeit mit der Szene von Aufruhr und wilder Empörung an Bord zu sehen. Endlich, nach zehn Minuten, nahm ein Boot voller bewaffneter Seeleute eine müßige Verfolgung auf; als die Jagd über etwa eine Meile gegangen war und die Araber mühelos führten, wurde eine Patrone gefunden und ein Schuss in die Luft abgefeuert. Das Letzte, was wir von der Sambúk sahen, war ein weißer Fleck, der wie der Flügel einer Möwe über dem Horizont schwebte, wo sie sich wieder mit ihren Stammesgenossen vereinigte. Vermutlich hatte man berichtet: »Sie beschlagnahmen die Boote.«

»Einmal ein Philosoph, zweimal ein Narr«, sagt das orientalische Sprichwort, gleichbedeutend unserem »Einmal gebissen, zweimal argwöhnisch«; und wir trugen Sorge, starke Wachen auf die nächsten zwei Boote zu setzen, die wir ins Schlepptau nahmen.

Da die mit Untiefen gesäumte Reede von El-Muwayláh bei rauem Wetter gefährlich ist, bestimmte unser Kapitän klugerweise in Scharm Yáhárr, einer etwa fünf Meilen weiter südlich gelegenen Bucht, zu ankern. Es war dies eine leicht in einer Stunde zurückzulegende Strecke. Diese Zufluchtsorte sind an der arabischen Küste des Roten Meeres eine gewöhnliche Erscheinung; am afrikanischen Ufer, wo Massawáh der nächste Hafen nach Suez ist, sind sie selten; außerdem kann man sich ihnen, wie wir sehen werden, im Golf von 'Akabah nicht anvertrauen. Der Hafen ist vollkommen vom Land umschlossen wie ein Dock, und die schwersten Stürme stören das träge Wasser kaum.

Am oberen Ende sind die Wadis oder Wintersturzbäche, die Nachals der Juden, die Cheimarrhoi der Griechen, die Potoks der Slowenen, die Burroni des Nordens, und die Fiumare des südlichen Italiens. Die seichten Stellen in der Nähe des Ufers erlauben das Baden ohne Angst vor Haien. An diesen Stellen findet man im Allgemeinen ein mit Holzkohle beladenes einheimisches Boot, und die Mannschaft vergnügt sich damit, zu kochen und auf dem harten sauberen Sand zu schlafen.

Während des verbleibenden Nachmittages trafen wir Vorbereitungen für die Arbeit des nächsten Tages, und bestellten bei unserem guter Kapitän dringend benötigte Artikel: eine ägyptische Fahne, drei Matratzen, zwei Revolver der Marke Colt und anderen Krimskrams. Ich rief die Schiffsführer der zwei beschlagnahmten Boote zum Quarterdeck herauf, die mittschiffs in Verzweiflung kauerten, und erklärte ihnen, dass Seine Hoheit weit davon entfernt sei, Zwangsarbeit zu fordern, sondern angeordnet hatte, ihre Dienste reichlich und sogar großzügig zu belohnen. Wir gingen dann daran, die Heuer festzulegen. Für die Arbeit eines einzigen Tages forderten sie sogleich fünfzig Dollar, welche aber bald darauf auf drei fielen, jene Summe, die gegenwärtig für Boote nach Suez bezahlt wird. Dies ist eine Reise, die selten in weniger als einer Woche beendet wird. Dann schützten sie leere Bäuche vor und wurden mit Schiffszwieback gefüttert. Schließlich bettelten sie, einer von ihnen möge an Land gebracht werden, um ihre Freunde zu informieren, dass sie nicht inhaftiert oder krank geworden seien. Dies wurde natürlich erlaubt, und der Bote kam pünktlich zurück, wie er versprochen hatte.

Am Abend wurden einige aus unserer Gesellschaft, die an Land gegangen waren, von bestimmten Oberhäuptern angesprochen, einschließlich von Scheich 'Alayán vom großen und bedeutenden Huwaytát-Stamm. Sie versprachen, so viele Hundert Kamele zu bringen, wie wir wünschten, aber verlangten fünf Tage Zeit – mehr, als unser flüchtiger Besuch erübrigen konnte. Die Obrigkeit des Forts hatte beschlossen, sich an die Beni 'Ukbah zu wenden, einen kleinen Stamm, der etwa fünfzig Männer zählt und das Land beansprucht, auf dem das Fort von El-Muwayláh erbaut ist, und der normalerweise in der Nachbarschaft lagert. Diese Männer, die sich seit Langem an der Küste sesshaft sind, besitzen das Land zwischen Makná und Zibá; wenigstens waren sie seine Besitzer, bevor die mächtigeren Stämme aus Ägypten auswanderten und sie enteigneten.

Da sie bezahlt werden, um als Ghufará oder Pilgerbeschützer zwischen El-'Akabah und Zibá, ihrem Revier, zu amtieren und den Hadsch mit Kamelen und Versorgungsgütern zu beliefern, gelten sie als Diener der Regierung und sind konsequenterweise zuverlässiger als ihre weniger abhängigen beduinischen Nachbarn. An ihrem Aussehen gibt es nichts Bemerkenswertes; wie die Huwaytát tätowieren sie eine Stelle unter dem rechten Auge mit Schießpulver.

Die Beni 'Ukbah haben Hasan ibn Sálim als Oberhaupt, einen Scheich von geringerer Bedeutung. Sie sind keine angenehmen Begleiter; die Pilger haben sie gelehrt, die Reisenden zu verachten, und ihre Kamele sind, wie es an dieser Küste meistens der Fall ist, miserabel gefüttert, dürr, schwach und verkrüppelt. Überdies brechen sie unter den Lasten fast zusammen. Die Tiere erschrecken bei jedem neuen Anblick oder Geräusch; ihre Ausrüstung, Sättel, Taschen und Seile sind erbärmlich; sie werden ohne Nasenringe geritten, das Zaumzeug besteht lediglich aus einem Halfter, und die Schnelligkeit, mit der sie ihre Lasten abwerfen, in giraffenartigem Galopp losrennen und dabei Kisten zerbrechen und Ballen beschädigen, ist erstaunlich. Glücklicherweise hatten wir anständiges Reitzeug aus Suez mitgebracht, meines ist eine Leihgabe von Herrn Alfred G. K. Levick.

Ich habe bereits meine Meinung über das »Wüstenschiff« kundgegeben, und die Erfahrungen meiner letzten Expedition waren nicht dazu angetan, sie zu verbessern. Das sogenannte »edle Tier«, das »geduldige Kamel«, dessen Ausdauer gewaltig übertrieben worden ist, ist ein mürrisches, boshaftes Tier – eines der widerspenstigsten, verdrießlichsten und unsympathischsten, das je domestizierte wurde. In den ersten Lebensjahren ist es schüchtern, ernst und tölpelhaft; als erwachsenes Tier ist es gemein und störrisch, in einigen Fällen sogar gefährlich; im Alter wird es bockig und knurrig, trotzig, nachtragend und unerbittlich. Es lässt bereits sein schnaubendes Stöhnen und sein teils wehleidiges, teils erbostes Blöken hören, wenn man sich ihm nur nähert. Es beargwöhnt alles Unbekannte; es brüllt laut wie ein Kind, das sich einen Zahn ausgeschlagen hat, bei jedem Pfund Gewicht, das man ihm zusätzlich aufládt: Und es reagiert furchtsam und überempfindlich auf den Schritt, die Stimme und die bloße Anwesenheit eines Fremden.

Dieses unappetitliche Tier, das Wohlriechendes frisst und Gestank ausatmet, läuft gut auf hartem Lehmboden. Stein schneidet seine Sohlen auf; es müht sich und leidet, wenn es durch Sand stapft, und bei Schlamm stürzt es schwer, sodass es sich manchmal die Gelenke der Vorderläufe auskugelt. Seine gerühmte Folgsamkeit ist das Ergebnis reiner Dummheit. Ihm fehlt sogar die Intelligenz, um giftige Kräuter zu unterscheiden. Es beansprucht die Noblesse und großzügige Veranlagung des Pferdes, die Trittsicherheit und den Scharfsinn des Maultieres, die behäbige Sicherheit des Reitochsen und die Genügsamkeit, die Intelligenz und die Folgsamkeit des von Buffon überaus geschickt »rehabilitierten« Esels. Schließlich habe ich jahrelang das reizbare Dromedar bestiegen, und außer in einem Fall, einem Pony-Kamel aus Maskat, konnte ich niemals einen Anflug von Zuneigung für diesen modernen Vertreter der Huftiere heraufbeschwören.

Lassen Sie mich dieses Kapitel mit der arabischen Erklärung dafür beenden, warum das Pferd das Kamel hasst, eine Abneigung, die von den Griechen schon zu Zeiten Herodots beobachtet wurde. Alle Welt weiß, dass Allah, entschlossen dieses noble Tier zu schaffen, den Südwind rief und sprach: »Ich wünsche, aus dir eine neue Kreatur zu schaffen: Verdichte dich selbst, indem du deine Unbeständigkeit aufgibst.« Der Schöpfer nahm eine Handvoll von diesem Element, es wurde fest und greifbar, und er blies darauf den Odem des Lebens: Das Pferd erschien und vernahm die Worte: »Du sollst dem Menschen eine Quelle des Glücks und des Reichtums sein; er soll sich selbst als erhaben erweisen, indem er dich besteigt.« Aber die fremdartige Kreatur bemängelte alsbald, dass man viel mehr für sie hätte tun können; ihr Hals sei zu kurz, um auf der Wanderung zu weiden, ihr Rücken habe keinen Buckel, um dem Sattel Halt zu bieten, und ihre kleinen Hufe sänken zu tief in den Sand ein – und etliche weitere Nörgeleien dieser Art. Worauf Allah – gleich Jupiter, der einmal die schreckliche Drohung ausstieß, die albernen Gebete der Menschheit zu erfüllen – das Kamel schuf. Das Pferd schauderte beim Anblick von dem, was es werden wollte, und seit jener Stunde fährt ihm regelmäßig der Schreck in die Glieder, wenn es seiner Karikatur begegnet.

Kapitel V

Von El-Muwayláh zum Wadi 'Aynúnah

Am 3. April um 6.30 Uhr vormittags brachen Herr Marie und ich in der Sambúk *El Mabrúkah* von Rais Atiyyah auf. Wir wurden von den Leutnants Hasan und Abd el-Kerim begleitet. Als Geleitschutz hatten wir zehn Soldaten mit den Chawusch Ali und Marius, denen der Küchenchef im anderen Boot folgte. Die übrige Streitmacht unter Leutnant Amir mit Herrn Clarke und dem alten Hadschi Wali blieb an Bord der *Sinnár*, um die Aushebung der versprochenen Kamele voranzutreiben.

Ich fühlte mich an Bord der Sambúk, wo die Seeleute sogleich ein Sonnensegel aufzogen, um uns vor der Sonne zu schützen, völlig zu Hause. Die Entfernung – fünfunddreißig Meilen auf See, siebenundzwanzig bis achtundzwanzig direkte geographische Meilen auf dem Landweg oder zwölf bis dreizehn Stunden[8] Karawanenmarsch zuzüglich kurzer Pausen – ist normalerweise eine Ein-Tages-Schifffahrt vor einer steifen südlichen Brise. Diesen Segen indessen versagte uns Fortuna.

Die Mannschaft bestand aus Dschuhaynah-Beduinen, welche von den joktanitischen Arabern abstammen. Diese sind gut bewandert in der Navigation und stellen Lotsen für unseren gesamten Küstenabschnitt. Sie sind an ihren Masháli oder Schnittnarben zu erkennen, von denen ein bis drei quer über der rechten Wange verlaufen. Ihre Heimat ist südlich von El-Widschh, wo sie mit den Orban Balíyy vermischt sind. Ich hatte sie schon zuvor bei Marsá Damghah getroffen. Ihr Gebiet reicht im Süden bis Yambú' und östlich bis El-Tabúk: Sie sind Nachbarn der Ma'ázah und leben in freundschaftlichem

8 Die »Stunde« wird hier bei fünf Kilometern angenommen. Für weitere Informationen vgl. Kap. XII.

Verhältnis mit ihnen, und ebenso wie die Letztgenannten mögen sie an die 2000 Nafar (Männer und Jungen) zählen.

Ihr Land liefert porösen Basalt, und einige ihrer Kaliúns (Tabakspfeifen) waren aus Speckstein, von dem es heißt, er sei in Makná bearbeitet worden. Wie üblich gab es einen schwarzen Sklaven an Bord, der die Dienerarbeit zu leisten hatte. »Mardschán« besaß das übliche breite Grinsen, Perlmuttzähne und Yep-yep-Lachen, aber er hatte ziemlich schnell sein Kisáwáhíli vergessen – allerdings mit Ausnahme des grob beleidigenden Anteils, die diese äußerst freie und leichte afrikanische Sprache auszeichnet.

Der Gouverneur des El-Muwayláh-Forts hatte uns als Lotsen und Führer einen Muwallid, den Sohn eines freigelassenen Sklaven, zur Verfügung gestellt, der sich Sálih bin Mohammed nannte und ein Artillerist im Dienst des Vizekönigs war. Er erwies sich später als den Instinkten seines afrikanischen Blutes treu, und seine Machenschaften mit den Beduinen brachten ihn fast dazu, in Eisenketten an Bord der Korvette gebracht zu werden. Auf dem Rückmarsch zum Fort versuchte er, uns unfreundlicherweise zur Eile anzutreiben, weil er kürzlich eine zweite Ehefrau heimgeführt hatte: In der Tat war sein Verhalten angesichts der unedlen afrikanischen Abstammung zu erwarten. Aber Sálih kannte Land und Meer auswendig, und er half uns, die verschiedenen Teile des riesigen Bergwalles, der die Tihámah[9] abtrennt, zu benennen und zu verzeichnen.

Diese Hochländer, allgemein als die Dschibál El-Tihámah bekannt, sind in der Tat die Ghats der Tieflande. Ihre östliche oder binnenländische Verlängerung wird El-Schifah, die Lippe, genannt – verwandt mit dem hebräischen Sapháh, Sprache, Rand, Saum. Bei einigen handelt es sich um scharfe und isolierte Kegel, während andere sich vom Meer aus als ausgedehnte Plateaus präsentieren, und jedes Gebilde hat

9 Wir fanden diese Bezeichnung für eine niedrige ungesunde maritime Region – im Gegensatz zu »El-Nedschd«, die gesunden Hochländer – allgemein benutzt.

seinen eigenen Charakter und seine eigene Physiognomie. Alle Beduinen erklären übereinstimmend, dass eine zweite Kette, der Harrah (vulkanischer?) Gebirgszug, parallel zu den Küstenbergen verläuft und im Westen in El-Hismá mündet. Letztere erwies sich als ein Gebiet aus rotem Sandboden – ein Plateau, das von rundlichen Hügeln unterbrochen wird und in der heißen Jahreszeit wasserlos ist.

Die in Meeresnähe gelegenen Bergketten sind die Rettung der Tihámah. Die kalten, unfruchtbaren und steinigen Höhen, die als Barrieren gegen die Landwinde fungieren, kondensieren die warmen und mit Feuchtigkeit beladenen Brisen aus dem Roten Meer. Die schweren Regengüsse, die in den lockeren und sandigen Boden am Fuß der Berge fallen, versickern völlig und kommen bald darauf an den Wadi-Mündungen in der Nähe des Meeres ganzjährig wieder zum Vorschein. Während unseres Besuches sorgten die Berge für nächtliche Abkühlung, sodass sich Decken als notwendig erwiesen, und um 7 Uhr morgens, als die Sonnenstrahlen mit ihren wunderschön irisierenden Effekten die Ebenen aufzuheizen begannen, sandten sie einen hohen kühlen Lufthauch hinaus, eine begrenzte Landbrise, die nicht einmal den Golf zu erreichen scheint. Dieser Barri (Landwind) hielt den ganzen Morgen an, bis der Bahri oder Meerwind[10] einsetzte. Während des Winters sind die Berge Kältespeicher. Wasser gefriert an den vom rauen und durchdringenden Südoststurm gepeitschten höheren Lagen; die Bergspitzen müssen Eisfänger sein, und die groben, heulenden Winterwinde werden zu »Sarsars« – zu kalten und schaurigen Stürmen.

Ich muss diese Blöcke aus Porphyr, Granit und Syenit mit einiger Ausführlichkeit beschreiben. Sie wurden in den hydrographischen Karten nachlässig eingezeichnet, die – abgesehen

10 Der Huwaytát-Stamm hat die ägyptischen Namen der hauptsächlichen Winde bewahrt: 1. Bahri, der Meereswind, etesischer Sturm oder nördlicher Wind; 2. Kibli, der südliche Wind; 3. Scharki, der östliche; und 4. Gharbi, der Zephir oder westliche Wind.

von einer zufriedenstellenden Festlegung der Küstenlinie – oft die nötige Korrektheit bei den typischen Merkmalen des Hinterlandes vermissen lassen, denen der Seemann aber oftmals beim Sichten der Küste vertrauen muss: Die scheinbare Mauer ist durch breite Wadis unterbrochen; alle von ihnen sind – ähnlich wie bei denen am Berg Sinai – »Elath« oder »Eloth«, Träger von Terpentinbäumen und Palmen, wo immer Wasser an der Oberfläche oder dicht unter ihr vorhanden ist. Zudem entdeckten wir bald darauf, dass jede größere Fiumara (Trockenflussbett) ihre zerfallene Siedlung, wenn nicht gar Siedlungen hat, die in vergangenen Tagen möglicherweise ihren eigenen Herrschern unterstanden.

Um im Süden zu beginnen: Hier erhebt sich der Mowilah zu einer Höhe von 9000 Fuß. Dieser herrliche Block, der sich abrupt und scharf aus der Flachküste erhebt und mit seinen vier riesigen Gipfeln in den Himmel ragt, hält man aus der Ferne eher für einen gewaltigen Eisberg als für einen Teil der Erdoberfläche: Die Leute nennen ihn Dschebel el-Schárr, den Richtungsweiser oder die Landmarke, weil er vom Seemann zuerst erblickt wird. Er muss der »Hippus Mons« des Ptolemäus sein: Kein Topograph oder Kartograph konnte eine so bemerkenswerte Gestalt unbenannt lassen. Die mittleren Höhen und die Pässe sind stellenweise von Schafsspuren überzogen, und auf den die niedrigeren Regionen finden sich angeblich, wie bei den Nachbarbergen, artesische Brunnen und Palmhaine. Der Schárr wird durch das Wadi el-Surr, in welchem El-Muwayláh erbaut ist, von seinem nördlichen Abzweig, dem kleinen Umm Dschedayl, abgetrennt, einer quer verlaufenden Schwelle, die den nordsüdlichen Kompassstrich nach Nordwest zu Südost verändert. Das Wadi el-Dschimm scheidet diesen verhältnismäßig niedrigen Berg von dem Dschebel Dibbagh; eines seiner bemerkenswerten Kennzeichen ist ein flacher Turm, der Dschebel el-Dschimm, der sich leicht südwärts neigt und unzugänglich aussieht. Das als Fara' el-Samghi bekannte Massiv endet nordwärts in Abu-

Zayn, welches auf der Landkarte wahrscheinlich als »scharfe Felsspitze, 6330 Fuß« verzeichnet ist. Von West-Nordwest betrachtet, scheint es zu einer regelmäßigen Kuppel, einer Puy de Dôme, einem Trichterhügel wie demjenigen von Bombay verwittert zu sein – ein gerundeter Kegel, der auf den zwei flachen Schultern ruht, die den Sockel bilden. Von Norden aus betrachtet teilt sich die Ansicht in verschiedene Silhouetten, und von Süden sieht es aus, als ob zwei gewaltige Felsscheiben zusammengepresst worden wären. Die ersten Gegenstände, die der Reisende erblickt, und das Letzte, auf dem sein Blick ruht, sind in der Tat die vier riesigen Schultern des Pferdeberges, des Dibbagh, des Turmhügels und des Puy de Dôme.

Weiter nordwärts finden wir das breite, offene und klar abgegrenzte Wadi Kahlah, Wallins »al Kahalé«, das im Küstenbereich »Wadi Tiryam« genannt wird und den Harb von seinem Nachbarn Dschebel Urnub trennt. Die Umrisslinie des Letzteren ist von »Orgelpfeifen« zerfressen, die lose aufliegende Kappen aus verwittertem Gestein tragen; hier soll es nicht nur Schaf- und Ziegenpfade geben, sondern auch Wasser und Bewohner. Wir folgen dem Wadi Kharís und dem Dschebel el-Síg, dessen weiß schimmernden oberen Hänge der Erforschung harren. Von dem nächsten Block, dem Arawwáh, wird berichtet, dass es sich um ein Meeresplateau handele, das an das Tafelland von Abessinien erinnert – gemäß »Tommy Atkins« ein Tisch mit den Beinen zuoberst. Eine Linie erhöhten Landes scheint es mit dem 6090 Fuß hohen »Dschebel Eynounah« zu verbinden, der allgemein als Dschebel el-Zahd bekannt ist; dieser ist leicht an seinen ziemlich abgerundeten Formen zu erkennen sowie – von Süden aus gesehen – durch eine markante Scharte. Weiterhin zeigt die Karte eine breite Niederung zwischen dem Zahd und dem 6000 Fuß hohen Dschebel »Tayyibat Ism«; diesen »Berg des Guten Namens« versetzt sie indessen einige zehn Meilen landeinwärts, wohingegen der Gebirgszug, wie wir sehen werden, sich bis zur Ostküste des Golfs von 'Akabah hinzieht, einige Meilen nördlich der alten midianitischen Hauptstadt Makná.

So war die Bergkette beschaffen, die sich unserem Anblick bot und die sorgfältig in Augenschein zu nehmen uns die knappe Zeit verbot. Es ist bis jetzt nicht möglich, die obere und untere Begrenzung dieses ursprünglichen Landstrichs festzulegen. Er soll bis El-'Akabah (29° 30' nördlicher Breite) reichen, wo man seit Langem von Schwefel- und Bleivorkommen weiß; landeinwärts setzt er sich vielleicht sogar – entlang der östlichen Flanke des Wadis el-'Arabah, des Wüstentales des Toten Meeres – bis nach Syrien fort. Südwärts wird er sich wahrscheinlich bis zur nördlichen Grenze von El-Hedschas auf 25° 55' nördlicher Breite ausdehnen und somit eine Gesamtlänge von 335 geographischen Meilen haben. Im Großen und Ganzen ist der Verlauf des Küstengebirges dem von Kalifornien sehr ähnlich, erreicht allerdings, soweit wir gesehen haben, bei Weitem nicht die Breite, die Australiens Gebirgszüge kennzeichnet. Professor V. Vidal, Directeur de l'École de Droit (der Rechtsschule) und Mitglied der Vizeköniglichen Gesellschaft in Kairo, würde die Gebirgskette dem Ätna-Sinai-Bogen des gelehrten Élie de Beaumont zuordnen und auf diese Weise das ost-westliche Streichen der Porphyrgänge und Metalladern erklären.

Auch der Blick auf die Küstenlandschaft war durchaus nicht uninteressant. Als wir die Palmgärten von El-Muwayláh passierten, sahen wir die als Wadi Marayr bekannten drei Talmündungen, und um 11.45 Uhr vormittags umschifften wir ein wenig weiter nördlich die gelbe, als Ras Wadi Tiryam bekannte Sandsenke mit ihrem an der Mündung grün gesäumten Wasserlauf, der von kleinen Dünen und Hügeln aus rotem Porphyr umgeben war. Vorsichtiges Lavieren durch die grünspanfarbenen Riffe offenbarte uns den Mündungstrichter des Wadis Scharmá, der in den Landkarten einer unbezeichneten langen, sandigen Insel gegenüberliegt. Sie wird von den

Anwohnern Umm Maksúr genannt. Während der trockenen Jahreszeit ist dieses Eiland durch eine Furt mit dem Festland verbunden.

Als wir die Insel Barahkán – einen zerklüfteten Sandsteinhaufen – an Backbord zurückgelassen und uns durch die schroffen Felsklippen geschlängelt hatten, drehten wir um 4 Uhr nachmittags nach Osten ab. Der Juhayní Rais (Kapitän), voller alberner Befürchtungen der Seefahrer aus uralten Zeiten, wünschte hier für die Nacht zu ankern, da die Sonne schon ziemlich niedrig stand und er die Riffe und Untiefen nicht mehr recht erkennen konnte. Gegen dieses Manöver meldeten wir den lebhaftesten Einspruch an. Sálih erklärte, dass es für eine Fregatte einen freien Durchgang mit acht bis zwölf Faden tiefem, klarem Wasser gebe; überdies könnten wir bereits die Schilfrohr-Hütten am Strand sehen und landeinwärts die schattige Mündung des Wadi 'Aynúnah. Schließlich fanden wir um 10 Uhr abends in der auf allen Seiten von Land und Riff geschützten kleinen Bucht einen sicheren Ankerplatz. Und während der kühlen und taufeuchten Nacht schliefen wir an Deck, da wir erst am nächsten Morgen unser Lager aufschlagen wollten.

Dies ist wahrscheinlich der »Kolpos«, von dem Diodorus (III, 44) den folgenden Bericht gibt: »Der Lotse, der diese (grasbedeckten) Ebenen passiert, wird – welch ein Paradox der Natur – von einer Bucht empfangen, die sich zu einem abgeschiedenen Schlupfwinkel windet und 500 Stadien (600 St. = 1° = 60 Meilen) weit ins Landesinnere vordringt. Sie ist überall von unglaublich großen Felsen umgeben. Die gekrümmte Öffnung ist kaum zu durchfahren, da ein niedriges Riff den Weg einengt und sowohl die Einfahrt als auch die Ausfahrt hindert. Bei heftigster Gegenströmung und umspringenden Winden türmen sich die Wogen fürchterlich und brechen sich an den gegenüberliegenden steinigen Ufern. Die Menschen dort, Banizomenes genannt, leben vom Fleisch wilder Tiere, die sie mit Hunden jagen. An jenem Ort steht ein sehr heiliger

Tempel, der von allen Arabern in höchsten Ehren gehalten wird.«

Man darf kaum annehmen, dass diese phantastischen, sensationellen, eingebildeten Schrecken, kombiniert mit dem Überfluss an Gold, nicht eigens erfunden wurden, um Fremde vor der Einmischung in ihr Monopol abzuschrecken. Doch Rüppell, die Landratte, sagt, dass die 'Ayúninah-Bucht voll von Untiefen und völlig nutzlos für die Schifffahrt sei, während Wellsted, der Seemann, sie als vor allen Winden beschützt beschreibt und uns versichert, dass unter einem guten Lotsen ein Schiff mit Leichtigkeit und Sicherheit einfahren könne.

Unser erster Gruß war *Yá Pirán Pir! Yá Abd el-Kádir Ghilani!* (»O Heiliger der Heiligen! O Abd el-Kádir aus Ghilan«!), ausgesprochen mit dem echten Hindi-Vibrierton, und in den tiefer werdenden Schatten konnten wir undeutlich eine dunkle Linie von menschlichen Phantomen unterscheiden, welche auf dem abschreckenden Ufer umherstreiften. In Beantwortung meiner Frage erklärten sie, indische Hadschis zu sein, die wie gewöhnlich von den Beduinen ausgeplündert worden und über Jerusalem und Bagdad auf dem Nachhauseweg waren. Die Gesellschaft, sechs Männer und eine Frau, reiste zu Fuß. Sie hausten in den Schilfrohrhütten und schliefen oft in der Wildnis; aber seltsamerweise war keiner von ihnen in schlechter Verfassung, und ein Kerl war sogar richtig fett. Da sie über Hunger klagten, schickte ich ihnen einigen Schiffszwieback, und später gab ich ihnen, was wir an Almosen entbehren konnten. Sie segneten mich mit einer Fátihah, dem Eröffnungskapitel des Korans, fragten nach mehr, und schließlich erklärten sie, dass ich ihnen den zwanzigtägigen Marsch über 'Akabah ersparen und sie in einem Boot nach Suez befördern solle. Kaum waren diese Bettler verschwunden, als ihnen andere in einem vergleichbaren Zustand nachfolgten. Anscheinend ziehen noch Monate nach der Hadsch-Saison etliche Nachzüglern entlang der Küste.

Jahre lang habe ich die angloindische Regierung vergeblich gedrängt, diesen Skandal aus der Welt zu schaffen und von den Muslimen die Befolgung ihrer eigenen Gesetze zu fordern. Als der Prophet Allahs die einmalige Pilgerfahrt nach Mekka zu einer der Pflichten des Islams machte, verbot er sie ausdrücklich denjenigen, die es sich nicht leisten konnten, Geld bei ihren Familien zu lassen und auf eine ihrem Rang angemessene Weise zu reisen. Nichts wäre leichter, als die Regelung dadurch zu erzwingen, dass jeder Möchtegern-Pilger 500 Rial vorzuweisen hat, bevor ihm erlaubt wird loszureisen. Aber die fatale angloindische Gleichgültigkeit ist das entscheidende Hindernis. Mekka, der Brennpunkt muslimischer Intrige, zeigt noch immer an lebenden Beispielen, wie viel Übel die Kafir-Herrschaft (Ungläubigen-Herrschaft – d. Ü.) bewirken kann, und den Ärmsten der Armen erlaubt man nach wie vor, auf den Straßen arabischer Städte zu verhungern und so die Armut und die Nacktheit des einst so reichen Indiens unübersehbar zu machen.

Wir landeten früh am 4. April und verbrachten fünf Tage in und um das Wadi 'Aynúnah, während wir auf die Kamele warteten und die Ruinen besichtigten. Da dies der hauptsächliche, typische und offensichtlich älteste Minen-Standort ist, den wir im Norden Midians gesehen haben, werde ich ihn in einiger Länge beschreiben und so dem Leser endlose Wiederholungen ersparen, indem ich bei den anderen Ruinen nur die Unterschiede erwähne.

Der Grund, warum diese und andere Bergbaustädte von den Reisenden nicht besser erforscht wurden und warum die jährlichen Pilgerkarawanen nahe an ihnen vorbeiziehen, ohne sie zu besuchen, ist leicht zu erklären. Sogar zu Rüppells Zeiten machten die Huwaytát das Land unsicher; viele Nachzügler wurden ermordet, und der Pascha von Ägypten war gezwungen, jedem Distriktchef ein stattliches »Bestechungsgeld« für die Transiterlaubnis zu zahlen.

Der Hafen 'Aynúnah liegt auf 28° 2' 30" nördlicher Breite. Direkt im sauberen und sandigen Küstenstreifen, etwa eine Meile südlich der Fiumara-Mündung, stehen die El-Khuraybah, die »kleine Ruinen« genannten Überreste. Die groß und gut gebauten Wohnhäuser zeigen noch ihre Fundamente, und verstreut auf dem Boden liegen Bruchstücke von meerfarbenem Glas, das – wie das römische – je nach Dicke von zarten Blau- bis zu Grüntönen variiert. Diese Fragmente finden sich nur an der Küste, wo die Wohlhabenden ihr Bad genossen, und niemals, so weit sich unsere Forschungen erstreckten, in den binnenländischen Siedlungen. Es gibt auch seltene Scherben einer Töpferware, die feiner ist als solche, auf die man im Inneren stößt; die weißesten Fundstücke bestehen aus fast reinem Kaolin. Die Ruinen sind – wie alle anderen, die wir untersuchten – auf bloße Fundamente aus unbehauenem Stein reduziert. Meist bestehen sie aus Korallenkalk, in ausgezeichneten Mörtel gebettet, und nirgends finden sich Zeichen architektonischer Verzierungen. Diese Meeresvillen in 'Aynúnah beschränken sich auf die Stelle südöstlich des Sandhügels und reichen nicht bis zu jenem Teil der Bucht, wo scharfe Felsen das Ufer säumen. Hier werden sie abgelöst von den »Uschasch«[11], den dachlosen Hütten aus Palmwedeln, den »Tabernakeln« der Hebräer, welche lediglich zeitweilig Unterkunft bieten und den Platz von Zelten einnehmen; in der kalten Jahreszeit werden sie verlassen und dem Verfall anheimgegeben, im frühen Sommer werden sie dann wieder repariert. Solches ist die Sitte der Stämme, die vom östlichen Sinai bis weit nach Arabiens Westküste hinunter anzutreffen sind. Die Hütten sind zur Trennung der Geschlechter gewöhnlich in zwei Bereiche unterteilt, und viele weisen auf der Vorderseite simple Veranden mit Pfeilern aus Palmstämmen auf.

11 'Uschsch heißt im klassischen Arabisch das in Bäumen gebaute Nest eines Vogels. Wenn eine solche Hütte fester gebaut und mit Dattelrispen gedeckt ist, wird sie Bakkár genannt (im Plural Bakákír).

Durch Schwefel und Bittersalz kaum trinkbares Wasser findet sich in einer in den Sand gegrabenen Grube in ’Aynúnah, und nahebei gibt es einen Ziehbrunnen, der teilweise mit Korallenkalk eingefasst ist. Auf dem höchsten Abschnitt erscheint eine kleine, regelmäßig gebaute Zisterne aus in Zement gebetteten unbehauenen Steinen; ein Teil der feinen äußeren Umkleidung ist noch erhalten. Solche gepflasterten Behälter findet man überall auf der Sinai-Halbinsel und im Negev oder dem Südland. Hier beginnt das Aquädukt, das – mit einer allgemeinen Richtung von Norden nach Süden und geschickt um die Hügelränder herumgeführt –, einst die blühende Gemeinde belieferte. Es ist mindestens drei Meilen lang, liegt auf dem Boden auf und wird von einer zentralen und viel größeren Zisterne etwa am Mittellauf gespeist. Das Material diente wieder Naturstein, zusammengefügt mit dem feinsten Mörtel, der wahrscheinlich aus gebrannten Muscheln hergestellt wurde: Er enthält eine gewisse Menge zerstampften Backstein, eine im römischen Zement übliche Zutat. Dieses Gemisch, von den alten Ägyptern ersonnen, hat sich unter dem Namen Humrá auf die modernen Bewohner vererbt. Die Arbeit ist gut und kräftig ausgeführt. An einer Stelle, wo die Erde darunter ausgewaschen worden ist, steht das ungestützte Mauerwerk fest und solide wie ein Gewölbe. Der Kanal ist überall mit etwa achtzehn Zoll breiten und an den Rändern abgerundeten, feinen Ziegeln ausgekleidet worden; von diesen wurden Exemplare nach Kairo gebracht. Die Ruine verschwindet schließlich an der linken Flanke des Felsspaltes, durch den das Wasser noch immer rinnt.

Der niedrige wellenförmige Boden, über welchen man hinwegschreitet, ist eine verhältnismäßig junge Erscheinung. Im Hintergrund begrenzt ihn eine alte Meeresklippe in einer Entfernung von zwei bis fünf Meilen Luftlinie. Diese Felswand, mit etwa 200 Fuß von außergewöhnlicher Höhe, ist aus tonigem Mergel, aus Kalksteinen und aus Korallengestein zusammengesetzt. Aus dem Korallengestein barg ich den Abdruck einer Venus- und Einschlüsse einer Kammmuschel. Erzgänge von Eisenkarbonat, offensichtlich ausgebeutet, erscheinen in den unteren Bereichen, und der Sockel ist entweder emporgeschleuderter Granit und Porphyr oder eine Lagerstätte aus hartem Konglomeratgestein, wobei Letzteres eher die Regel ist. In unregelmäßigen Abständen von einigen Meilen wird diese einstige Küste von »Bábs« (Toren) unterbrochen, die Zugang zu den Gewässern der Wadis geben, und diese waren die bevorzugten Siedlungsplätze: manche oben auf den Höhen, manche unten an den Schwellen gelegen und wieder andere auf Bodenflächen, wo die Wasserläufe Deltas bildeten.

Die alte Meeresklippe ist eine hochinteressante Formation. Sie datiert wahrscheinlich aus der Zeit, als die Landenge von Suez – diese große Bank aus Sand, Kalk, Gips, Meersalz und verschiedenen Hartschalentieren, die bei El-Dschisr noch immer nur achtzehn Meter maximale Höhe zeigte – sich aus den Wogen erhob, als das quartäre Meer sich am Dschebel Mukattam nahe Torah brach und als die afrikanische Sahará, ein gewaltiges binnenländisches Meer während der pleistozänen und nachpleistozänen Perioden, trockenes Land wurde. So beobachtete D'Abbadie, dass die ganze Tihámah Ostarabiens von verhältnismäßig jungen Meeresformationen eingenommen wird – voller gut erhaltener Muscheln, die weiß auf der Oberfläche des Bodens schimmern. Schließlich fand Rüppell ähnliche Exemplare bis 26° nördlicher Breite neben aus Muschelkalk-Bänken, die sich vier bis fünf Meter über das Meeresniveau erhoben.

Das etwa 200 Meter breite »Tor« von 'Aynúnah ist offensichtlich durch einen Staudamm geschlossen worden, um einen oberen See für das Sandwaschen zu bilden und um das Aquädukt zu versorgen. Dieser überschwemmte Boden ist jetzt mit einer anspruchsloseren Vegetation bewachsen. Zwei große Blöcke aus Mauerwerk – normale roher Bruchstein samt Mörtel – liegen noch weiter unten im Bett. Die Bauherren hatten Sorge getragen, sich das beste Material für ihren Damm zu sichern. Ihr Makta' el-Hadschar (Steinbruch) etwa vier Meilen weiter nördlich, an der rechten Wand des Wadis el-Mukhassib, ist nach wie vor offen.

Ein niedriger Hügel aus tonartigem Kalk, fein und kompakt, verläuft bei einer regelmäßigen Neigung von Nordost nach Südwest. Die das Wadi begrenzende Krone ist überall bearbeitet, und an zwei Stellen liegen die mit einer kleinen Spitzhacke bearbeiteten Steinquader auf dem Boden; sie ähneln jenen im großen unterirdischen Steinbruch in Jerusalem, die »Königsgräber« genannt werden. Ein Block verwirrte uns; er war wie die Grabsteine auf einem ländlichen Kirchhof geformt, und es schien nur ein Kreuz zu fehlen, um ihn verständlich zu machen. Man kann unmöglich vergessen, dass die Römer, als sie das feinste Baumaterial suchten, kaum Rücksicht auf Entfernung und Mühen nahmen.

Unter dem »Staudamm«, auf der rechten Seite des Wadis, liegt die zweite oder binnenländische Siedlung. Sie wird jetzt Dár el-Hamrá genannt, das »Rote Haus« oder »Domizil«, und allgemein den Franken zugeschrieben. Es besteht aus zwei Teilen. Das Unterdorf, gegründet auf einer harten Konglomeratfläche, dem jungen Boden, zeigt eine Abfolge kleiner Kammern und einen Berg grob gerundeter Steine, denen die Beduinen den Namen »Turm« gegeben haben. Eine zickzackförmig angelegte, noch begehbare Treppe führt an der schwierigen Seeseite der Felsenküste zum oberen Dorf hinauf. Linkerhand des Pfades befindet sich eine tiefe, von Nordwest nach Südost ziehende künstliche Vertiefung, und die Proben von Kupferkarbonat und Kupfersilikat, die wir entnahmen, gaben zu der Vermutung Anlass, dass die Leute es zu Recht als ein Fayrúz-Bergwerk (Türkismine) beschreiben.[12]

12 Die Beduinen benutzen diesen Begriff, der persischer Herkunft ist. Die alten Ägypter nannten den Stein »Mafka« und waren mit seiner Gewinnung anscheinend gut vertraut. Wir wissen nicht, ob die Völker des Altertums dem modernen oder eher dem russischen Aberglauben anhingen, wonach der Türkis Schutz gegen tödliche Wunden verleihen soll.

Das obere Dorf war die übliche Anhäufung von Steinhütten, die etwa sieben mal vier Fuß maßen. Alle lagen bis auf die Fundamente zerstört, und sie ähnelten auffallend den Quartieren auf der Sinai-Halbinsel (Wadi Mukattab), die einst von den gefangenen Bergarbeitern und ihren militärischen Bewachern eingenommen wurden. Die Mauern sind eng aneinander gesetzt, und in einem Teil entdeckten wir eine Straßenführung zwischen den Zellen. Ich hob einige grobe Töpferwaren und die Hälfte eines mit Henkeln versehenen, aus feinem Aragonit[13] herausgeschnittenen Mörsers auf. Die Führer erwähnten eine mit Mauerwerk eingefasste Zisterne, doch konnte uns niemand den Weg dorthin zeigen. Eine mitten unter den Hütten gelegene einzelne Gruft, oder eher ein Grab, erschien modern und war nach Mekka hin ausgerichtet. Alle indessen bestritten, dass es eine Grabstätte sei, und sie zeigten uns bald darauf den ein paar Hundert Yards von der linken Wand des Wadis entfernten »Friedhof der Nazarener«. Die Gräber, Ovale aus rohen Steinen, ähneln denjenigen der Beduinen, sind aber beträchtlich größer und in zwei Reihen entlang der modernen Hadsch-Route angeordnet, die wahrscheinlich aus ältesten Zeiten stammt. Sie bilden eine barbarische Via Appia – der Brauch der Alten Welt – für diejenigen, die sich der Siedlung von Süden her nähern. Ich grub sechs Fuß tief in dem als »Grab des Frankenkönigs« bekannten größten, und ich hatte keinerlei Erfolg, irgendwelche menschlichen Überreste zu finden.

Wir kamen zu dem Schluss, dass das »Rote Domizil« eine Siedlung von höchstwahrscheinlich versklavten Handwerkern war. Als wir unsere Untersuchungen fortsetzten, fanden wir in dem Konglomerat-Gebirgsgrat auf der linken Seite der Torschwelle, genau unterhalb der Stelle, wo das Aquädukt seinen

13 Möglicherweise der ὕαλος (húalos), kalkhaltiger oder orientalischer Alabaster, der, laut Herodot (Thalia XXIV) von den Äthiopiern als Behälter zum Aufbewahren ihrer Toten benutzt wurde. Ein feines Exemplar, der Sarkophag von Psammuthis, wird im Sloane-Museum aufbewahrt.

Anfang nahm, eine Linie von etwa fünfzehn, zwischen wenigen Zoll und einem halben Yard tiefen Gruben; eine davon enthielt noch Baumrinde, die von der einstigen Bevölkerung zerstampft wurde, um Tannin (ein Gerbmittel – d. Ü.) zu gewinnen. Es handelte sich augenscheinlich um Mörser zum Zermahlen von Stein, und als solche benutzten auch wir sie, um unsere Proben zu behandeln.

Nachdem wir der linken Wand gefolgt waren und das obere Ende des Dattelhaines passiert hatten, wo das Wadi einen weiten Schwenk von Norden nach Osten macht, wurde uns eine in den Fels gehauene Straße gezeigt, die möglicherweise für mit Rädern versehene Fahrzeuge geplant und bestimmt eine Abkürzung für die Handwerker war. Sie lehnt sich an das Wadi an, das sich hier von Osten nach Westen ausdehnt und im Westen ein breites Band von dunklem Porphyr zeigt. Ein paar Yards hinter der rechten Wand gibt es ein Tal, das nach Magháir Schu'ayb, der nächsten Hadsch-Station, führt, und zwar auf kürzerem Weg als die gewöhnliche Karawanenroute. Es geht offensichtlich in Quarz über, da wir an seinem Ausgang zwei massive Felsblöcke fanden, die kaum Verwitterungsspuren aufwiesen. Auf seiner rechten Seite wurde eine weitere Straße in den Stein gehauen, um den metallhaltigen Granit und den Porphyr aus den angrenzenden Bergen zu holen.

Bald darauf teilt sich das Haupttal und bildet ein Inselchen aus Stein, auf dessen südlichen Abhängen die als El-Kharábah (die Ruine) oder El-Bandar (der Handelsplatz) bekannte dritte Siedlung liegt. Hier erweitert sich das eingeengte Wadi 'Aynúnah und bildet weiße verwitterte Wände aus feldspathaltiger Erde, eines kaolinähnlichen Zerfallsprodukts aus Granit. Daher die Wahl des Platzes für den »Afrán«, wie die Leute die Schmelzöfen noch nennen. Die feinen großen Ziegel, die das Aquädukt auskleiden, wurden ebenfalls aus diesem Material gefertigt. Zum Norden hin, auf den höheren Flächen, bilden die Brennöfen doppelte Reihen von etwa acht Behältern, die vier im Westen sind fast unzerbrochen: Sie bilden Parallelogramme aus gebrannten Ziegeln und messen ein mal eineinhalb Yards. Von der Form her waren sie bestimmt, alle Metalle zusammenzuschmelzen; aber ob die Bergarbeiter danach in der Lage waren, das Gold und Silber von Zinn und Blei zu trennen, kann nur durch eine sorgfältige Untersuchung der nach Kairo zurückgebrachten Metallschlacke[14] bestimmt werden.

Im Süden der Schmelzöfen war, durch einen sandigen Wasserlauf abgetrennt, eine leichte Erhebung für die Häuser gewählt worden, die den Arbeitsplätzen gegenüberlagen, und aufgrund der Abwesenheit von Metallschlacken und verglastem Ton kamen wir zu dem Schluss, dass sie den Sklavenaufsehern gehört hatten. Die ägyptischen Offiziere erstellten einen Plan dieser Stelle, während wir in den »Afrán« gruben. Sie erzielten keine Ergebnisse; der Boden jedoch war ringsum übersät mit Ziegelsteinen, die in ihrer Form an die europäischen erinnerten, sowie mit Schamottsteinen, die teilweise geschmolzen und verglast waren. Wir sammelten Schlacke für Laboranalysen. Einige Proben waren gut bearbeitet und leicht wie Bimsstein, während andere faserige Holzkohle, offensichtlich Palmholz, enthielten. Der Platz brachte auch eine zerbrochene Kaurimuschel zutage, ebenso eine Menge an Töpferwaren, aber kein Glas, das in so großen Mengen in der Küstensiedlung gesammelt worden war.

Das Wort 'Aynúnah ist offensichtlich zusammengesetzt aus Ayn-Únah, die »Quelle des Únah«, wobei Letzterer der ptolemäische Name ist. Ihr Wasser ist – zusammen mit dem von El-Akrá bei Abu Abdillah ibn Ayás in seinem Buch (A. D. 1516)

14 Das gefeierte Kapitel von Plinius (XXXIII, 21) zeigt die technologischen Fähigkeiten der Völker des Altertums. Plinius berichtet über das Ausschmelzen von Silber im Brennofen, welches, durch Hitze flüssig gemacht, den Namen »Sudor« annimmt. In Kap. XXIII behandelt der Historiker natürliches und künstliches »Electrum« – die Legierung von Silber mit Gold. Die unedleren Metalle werden leicht durch Oxidation von Gold und Silber getrennt, ein in Kremnitz bei der ersten Münze von Ungarn umfassend genutzter Prozess.

Naschk el-Azhár fí Adscháib El-Attár (Der Duft der Blumen in den Wundern der Länder) – als »Pilgerstationen am Ufer des Roten Meeres« erwähnt. Er fährt fort: »In den 'Uyún el-Kasab gibt es Quellen sprudelnden Wassers, um welche herum das persische Schilfrohr (Arundo donax) wächst. Es ist ein Ruheplatz für die Pilger, die ihre Zelte am Ufer aufschlagen und ein Bad nehmen und ihre Kleider in den Quellen waschen. Dies ist der Platz, von welchem der Dichter singt:

»O meine Freunde!
Vergesst nicht eure Gelübde an die namenlose Jugend,
deren Gefährte Kummer ist,
und deren Augen vor Tränen nass sind:
Er erinnerte sich an seinen Schwur an dich
auf der Straße nach El-Hedschas,
und weder in El-'Uyún noch in Akrá[15] genoss er Schlaf.«

Der erste flüchtige Blick auf 'Aynúnah also sagte mir, dass es hoffnungslos war, in dieser einst zivilisierten Region ein reiches Vorkommen an Goldklumpen zu erwarten, von denen die alten Griechen behaupteten, sie seien von der Größe eines Olivenkerns oder gar einer Walnuss. Das Gold lässt sich mühelos an der Oberfläche aufsammeln, und im Sand und im Gestein dürfte das Vorkommen kaum erschöpfend ausgebeutet sein. Somit gleicht das Land Midian gegenwärtig in vielem Kalifornien, nachdem die Männer mit ihren Spitzhacken und Pfannen dort gründliche Arbeit geleistet hatten: Es ist noch wohlhabend, aber an dem Punkt angekommen, wo Abbaumaschinen die Stelle des menschlichen Armes einnehmen müssen. Ich zweifle dennoch nicht daran, jungfräuliche Gebiete zu finden, in denen noch Goldkörner und Nuggets schlummern. Doch augenscheinlich werden sie nicht in Rufweite der Küste liegen.

15 El-Akrá deutet hier auf die erste Pilgerstation südlich von El-Widschh hin.

Kapitel VI

Vom Wadi 'Aynúnah zum Wadi Morák im Dschebel El-Zahd

Am 4. April, als wir den Platz von 'Aynúnah untersuchten, stießen wir auf eine Ziegenherde, die von Frauen und Kindern gehütet wurde. Die Erstgenannten trugen den Futterbeutel Ägyptens, und die Letzteren kreischten lauthals, als wir ihnen kleine Silbermünzen anboten. Nichtsdestotrotz erkannten sie Sálih, den mulattenstämmigen Führer, und trugen bereitwillig eine Botschaft von ihm zu bestimmten kleinen Oberhäuptern des Tugaygát-Klans, die sich im benachbarten nördlichen Tal, dem Wadi el-Mukhassib, gelagert hatten. Das Ergebnis war ein Besuch von vier Anführern, Ráfi'a, 'Ayd Alayán, Munakid und Abd el-Nabi, die sofort einwilligten, für ein Entgelt die Zelte und das Gepäck von der Meeresküste zum Palmenhain von 'Aynúnah zu transportieren, da sie die vizekönigliche Autorität anerkannten. Ihre halbwilden Kamele verursachten schlimme Verwüstungen an den Kisten und Flaschen.

Im Gespräch erzählten sie mir, dass etwa zwanzig Jahre zuvor ein Franke aus Túr Síná (Sinai) sie besucht hätte, um Pflanzen zu sammeln. Ich hörte danach von Oberst Middleton aus Kairo, dass er einen alten Engländer namens Wells in New York getroffen hatte, der östlich des 'Akabah-Golfes auf Kamelen gereist war und der das Land als voll von Ruinen und Mineralien beschrieb. Dennoch, so kurios es auch klingen mag, hatten diese Männer nicht die geringste Kenntnis von Dr. Bekes Besuch im Januar 1874 – der letzten Exkursion vor seinem beklagenswerten Tod.

Unsere Besucher gehörten zu den Huwaytát, einem großen und wachsenden Stamm, der den größeren Teil der Meeresküste einschließlich El-'Akabahs bis zu dem Berg und dem Tal in Besitz hält, welche Dschebel und Istabl 'Antar (Antars

Pferdestall) genannt werden, und sich eine Sieben- oder Achtstunden-Reise ins Innere ausdehnen, bis sie auf ihre Erbfeinde, die Beni Ma'ázah, treffen. Sie sind ursprünglich ägyptische Fellachen, Einheimische aus dem Niltal und Untertanen des Khediven, die zu Beduinen wurden und ihre alten Heimstätten, Torah (Ta-Roau, das griechische Troja), Basatin und Helwán (die Bäder), das Kairinische Sanatorium, verließen. Die Auswanderung soll etwa 300 Jahre zurückliegen. Deshalb werden diese Halb-Nomaden, Halb-Ackerbauern, wie die Alten das Küstenvolk beschrieben, von den arabischen Genealogen nicht erwähnt, und sie haben keine einzige Erzählung noch Überlieferung, die mit den alten Bergbaustädten von Midian verbunden sind. Ihr im Husayníyyah-Viertel der Hauptstadt beheimatetes Oberhaupt 'Bráhím (ibn) Schadíd ist dem Vizekönig wohlbekannt. Sein Unterbefehlshaber, 'Alayan, und sein Bruder Mohammed ibn Rufayyah vom Tugaygát-Klan, kamen in Scharm Yáhárr nahe 'Aynúnah zu uns und schlugen ihre schwarzen Zelte in der Nähe der Berge von Libn und dem »Istabl 'Antar« genannten Tal auf. Dies liegt sechs bis sieben Stunden Dromedarritt von unserem südlichsten Punkt, Scharm Zibá, entfernt.

Der Stamm zeigt seinen Ursprung noch durch den tätowierten Schönheitsfleck und durch die indigogefärbte Kleidung sowie die verschleierten Gesichter ihrer Frauen; überdies haben sie statt Pferden Esel, die klein, schwach und wertlos sind. Von den Beduinen haben sie die Angewohnheit übernommen, ihr Haar zu kleinen schweineschwanzförmigen Haarzöpfen zu flechten, die Kurún (Hörner) genannt werden; und wie die Beduinen erscheinen sie niemals ohne Waffen. Luntengewehre sind weit verbreitet: Büchsen werden nur von den Oberhäuptern benutzt, und doppelläufige Flinten sind nicht völlig unbekannt. Sogar die Jungen sind mit Schwertern bewaffnet, die oft länger sind als sie selbst, und auf einer guten alten Klinge las ich die Gravierung *Pro Deo et Patria* (für Gott und Vaterland – d. Ü.). Sie zählen, wie die Dschuhaynah und die Ma'ázah, etwa 5000 Männer; sie gelten als stark und keineswegs als ruhiger Stamm. Sie sind streitsüchtig und stehen in schlechten Beziehungen zu all ihren Nachbarn. *Má yahibbún el-Nás* – sie empfinden keine Liebe für die Menschheit – ist das Urteil der sesshaften Araber bezüglich der Huwaytát.

Rüppell, der ihre Moral harsch beurteilt, erwähnt, dass kurz vor seinem Besuch in El-Muwayláh die Huwaytát alles Vieh weggetrieben hatten, das der Garnison des Forts gehörte, und den Schafen und Ziegen die Kehle durchschnitten, als sie wild verfolgt wurden. Sie reden von Fakihs (Geistlichen), die in Ägypten ausgebildet worden sind; aber sie sind ihrer Religion gegenüber ungewöhnlich ignorant, und ich sah niemals einen von ihnen bei seinen Gebeten. Wie alle Nomaden handeln sie nach dem alten Sprichwort: »Wir fasten nicht während des Ramadans, weil wir das ganze Jahr halb verhungert sind, wir verrichten niemals die Ghusl oder den Wuzú (zeremonielle Waschungen), weil wir das Wasser zum Trinken brauchen, und wir führen niemals die Hadsch (Pilgerfahrt) durch, weil Allah überall ist.«

Ich sah die Gesichter ihrer Frauen niemals unverschleiert; aber die Männer sind keine unschöne Rasse, mit olivfarbiger Haut, glänzenden schwarzen Haaren, recht regelmäßigen Gesichtszügen und geschmeidigen, beweglichen und lebhaften Körpern. Einige der Fischerburschen tragen Schúschehs (Haarknoten), durch das Meerwasser rotbraun gebleicht, jene Eigenart, die den venezianischen Schönheiten zu Tizians Zeiten bestens bekannt war. Natürlich dürfen wir in diesen Regionen kaum den höchsten Liebreiz von Haaren erwarten, vor allem von jungen Haaren – diese Lichter und Schatten, die sich mit jeder Bewegung ändern. Ihre Augen sind durchdringend und scharf. Unsere Beduineneskorte sah mit bloßem Auge besser als die ägyptischen Offiziere mit ihren Ferngläsern. Obwohl gesund an Körper und Geist, sind sie keineswegs ein sauberes Volk, das frisches Wasser zum Trinken bereithält, und nehmen, wie die niedrigeren Tiere, nur bei warmem Wetter ein Bad im Meer. Die Abscheu vor kaltem Wasser kombiniert mit alten Lumpen führt zu dem, was man sich sogleich vorstellen kann, aber nicht beschrieben werden muss. Die reine unverseuchte Luft macht sie heiter und sogar fröhlich: Sie ertragen all ihre Nöte, ohne auch nur im Traum an üble Laune zu denken. Ihre Hauptbeschäftigungen sind das Hüten von Tieren, der Tauschhandel und das Streiten. Sie kaufen oder tauschen Getreide in den verschiedenen Häfen gegen Schafe und geklärte Butter, gegen Schilfmatten, Gras und Viehfutter, und gegen Holzkohle und andere kleine Dinge.

Die Huwaytát sind gewöhnlich in eine Vielzahl von Stammesgruppen unterteilt, einschließlich jener, die angegliedert wurden. Ich bildete mir eine hohe Meinung von dem jungen Abd el-Nabi (Sklave des Propheten), den Herr Marie natürlich Abd el-Nabíd (Sklave des Branntweins) nannte. Seine attraktiven Gesichtszüge, seine weiche Stimme und seine ehrerbietigen Manieren würden in jedem Salon Europas bewundert werden. Er ist Analphabet; er kann weder lesen noch schreiben, doch er beobachtet alles; er würde jede Einzelheit einer Zeremonie auf der ersten Blick erfassen. Überdies weiß er, was er wissen will; er reitet und schießt gut, und er ist ein Experte für Dromedare und Kamele, Schafe und Ziegen. Er kann die Namen und die Natur einer jeden Pflanze benennen, die auf seinen heimischen Hügeln blüht, insbesondere die der einfachen, für Mensch und Tier nützlichen; derweil hält er den beduinischen Grundsatz in Ehren: *Akhar el-Dawá el-Kay* – »das Ende der Medizin ist (das allgegenwärtige) Brenneisen«. Schließlich ist er immer bereit, sein Leben für seinen Stamm zu riskieren: Und kein Hidalgo von blauestem Blut war jemals empfindlicher in Fragen der »Ehre«.

Der Beduine, der schmeichlerisch und kriecherisch wird, wenn er durch Kontakt mit den Stadtarabern verdorben wurde, ist noch ein Ehrenmann bei seinen einheimischen Wilden. Sorglos und ruhig, höflich und sanftmütig, erwartet er von dir respektiert zu werden, und auf diese Bedingung hin respektiert er dich – noch ohne einen Schatten von Unterwürfigkeit oder Kriecherei. Daher rühren die Schwierigkeiten, auf welche die offizielle Klasse, Ägypter wie Türken, immer wieder stößt. Da sie es als unter ihrer Würde betrachten, auch nur irgendeine der kleinen Feinheiten in den Umgangsformen der Rasse zu befolgen, beginnen sie mit der lauten gebieterischen Anrede: *Ya Scheich el-'Orbán!*, und sie enden vielleicht mit einem barschen Befehl. Der Beduine kehrt ihnen den Rücken und antwortet schlicht: »Wir sind nicht Scheiche der 'Orbán!« Der Mann der Wüsten hat eine ihm eigene Würde, in vollständigem Kontrast zu dem unglücklichen Fellachen, der in den letzten 2000 Jahren stets ein Sklave war. Überdies lügt der Beduine nie, und wenn er einmal belogen wurde, vergisst er es nie. Sein Vertrauen ist für immer erloschen, und das ganze Misstrauen seiner Natur ist erweckt.

Sollten wir es je für notwendig erachten, aus diesen Männern Regimenter auszuheben – nichts würde leichter sein. Man bezahle sie regelmäßig, bewaffne sie gut, bilde sie mit harter Hand aus und behandle sie mit unparteiischer Gerechtigkeit – dann gibt es nichts weiter zu tun. Ich nehme an, dies war das römische System, wonach die Forts und die Vorposten im Osten und Süden Syriens mit Soldaten versorgt wurden.

Die wilden Männer können auch gut arbeiten, wie sich beim Graben des Suez-Kanals erwiesen hat. Aber der Beduine ist wie das kalte nördliche Meer immer darauf bedacht, den kleinsten Schwachpunkt im künstlichen Deich der Zivilisation auszunutzen. Daher der Untergang der befestigten Plätze weiter nördlich, der Basalt-Städte von Baschan und der 'Ulah (Hamath), der Kalkstein-Bollwerke von Moab und wahrscheinlich auch der Bergbaustädte von Midian.

Professor Vidal scheint der Ansicht zu sein, dass die Letzteren durch die Einfälle der Nomaden unter der Herrschaft von Valens, Kaiser des Ostens (A. D. 364–378), zerstört worden sind, als die Macht Roms abzubröckeln begann, oder aber zu Lebzeiten seines Nachfolgers Theodosius, als die Aufstände in

Antiochia stattfanden. Der Zeitpunkt kann aber schwerlich so früh datiert werden. In den Tagen von Mohammed wurde 'Akabat-Ayla noch von einem christlichen Fürsten, Johannes, beherrscht, der den Islam annahm.

'Abd el-Nabi ist jung und ehrgeizig, und trotz seiner vornehmen Manieren befürchtete ich, dass er vernichtende Schläge auszuteilen versteht. Als ein Mann von Ehre ist er stets bereit zu kämpfen, wie wir bei einer Gelegenheit gesehen haben, die noch berichtet werden wird. Und er ist auch ehrlich: Als es so aussah, als ob unsere Reisegesellschaft in El-Muwayláh aufgehalten würde, mietete ich Kamele von ihm und zahlte ihm im Voraus 15 Dollar. Als sie dann eintraf, gab er die Anzahlung zurück, obwohl ich selbst gezögert hätte, es nach dem Ärger, den er beim Einsammeln der Tiere auf sich genommen hatte, einzufordern. Wenn er durch seine Stammesangehörigen veranlasst wurde, eine exorbitante Forderung zu stellen, tauscht er ein warnendes Lächeln aus. Die geschmeidige, agile Gestalt klettert auf das dahintrottende Dromedar und gleitet vom Sattel auf den Boden wie ein Akrobat. Einer von unseren Offizieren, der im Sudan gewesen war, versuchte in einem Kamelrennen an ihm vorbeizuziehen und wurde überholt, als ob er noch gestanden hätte. Wie alle Beduinen ist er ein großer Sportler, perfekt im Anschleichen des Wildes.

Er begleitete uns bis zuletzt, bis er uns sicher an Bord der Korvette in Makná sah. Kurz, 'Abd el-Nabi und ich wurden Freunde – in dem Wüstenmann trifft der Mann einen Ebenbürtigen –, und beim Abschied gab ich ihm mein langes Jagdmesser, mit vielen Wünschen, dass es ihm gut dienen wird.

Ich stimme mit Professor Palmer überein, dass der Beduine – der »Vater«, nicht der »Sohn der Wüste« – ebenso wie der noble Wilde im Allgemeinen, ein Missstand ist, der durch die Zivilisation abgestellt werden muss. Doch die Rasse hat hohe und ehrenwerte Qualitäten, und, wie das alte Sprichwort sagt, die Welt würde sie nicht gerne untergehen sehen.

Vielleicht könnte das reine Blut der Wildnis zu gutem Zweck der städtischen Bevölkerung eingeflößt werden, ebenso wie ihren Pferden.

Von 'Abd el-Nabi geführt, inspizierten wir das Wadi 'Aynúnah peinlich genau. Wie das sinaitische Wadi Gharandal, ist es ein typisches Tal, genau wie seine Siedlung eine typische Bergbaustadt ist. Ich erklärte Herrn Marie den Unterschied zwischen der volkstümlichen Vorstellung von smaragdgrünen Inseln im Sandmeer und der wirklichen Oase, nämlich einer mit großen Palmen gesäumten, ständig fließenden Quelle. Diese Nullah soll aus einer Entfernung von drei Tagesmärschen kommen, und wie wir hinterher erfuhren, nimmt sie eine Vielzahl von kleinen Wasserläufen auf, die sich nach Süden hin bis zur Wasserscheide des Wadi Scharmá erstrecken. Die Quelle, welche die muldenförmigen Brunnen aus dem Untergrund speist, liegt nahe beim Zugang. Sie ist eindeutig arabisch – das heißt, warm und medizinisch mit dem angenehmen Geschmack von Alaun und dem malerischen Farbton von Schwefel. Sie erinnerte mich stark an die »abgestandenen« und verpesteten Palmyra-Wasserlöcher. Wie diese trübt sie sich silberfarben ein und lagert einen Überzug von Kalkkarbonat auf dem stinkenden Schlamm ab, der die Kanäle säumt. Die Beduinen erklären, das Wasser sei nach dem des Nils das Beste in der Welt – eine beliebte volkstümliche Prahlerei. Die Soldaten sagten von 'Aynúnah: »Seine Luft ist die Luft des Paradieses: Sein Wasser ist das Wasser der Hölle«! Was das Klima betrifft, hatten sie recht. Die Atmosphäre war angenehm lieblich duftend und kühl, sogar, als das Quecksilberthermometer einhundert Grad (F) in den Häusern von Kairo anzeigte.

Wie ich bereits erwähnt habe, wird das Wasser von 'Aynúnah wegen seiner Menge an Riedgras und Binsen die »Quelle der Schilfrohre« genannt. Die Binsen, das arabische Simár, werden geschnitten und in Bündeln nach Suez geschickt, um daraus Matten herzustellen. Sie bilden ein Dickicht und verhindern jeglichen Zugang zu den Quellen. Ein kleines Stück oberhalb der Quelle findet man Wasser, indem man etwa achtzehn Zoll tief die üblichen Themail (Löcher) gräbt. Unter dem Tor versickert es und fließt, angeblich abhängig von den Gezeiten, unregelmäßig. Nach schweren Regenfällen muss sich über die ganze Strecke ein wütender Sturzbach dahinwälzen, aber in der heißen Jahreszeit kann es – obschon es niemals ganz austrocknet – die etwa drei Meilen entfernte Wadi-Mündung nicht erreichen.

Daher ist 'Aynúnah eine Station für den Hadsch, der von El-Muwayláh aus an der Küste entlangzieht und die Mündungen der Wadis überquert, aber nicht ihre Dattelgärten aufsucht. Die verbreitetste Vegetation ist die Palme, die am besten dort gedeiht, wo ihre Füße im Wasser und ihr Kopf im Feuer des Himmels sind: Es gibt zwei Arten, die Dattel und die aufgrund ihrer zahlreichen Zweige außergewöhnliche thebanische Dattel. Die Erstgenannte wird barbarisch vernachlässigt, niemals beschnitten noch bestäubt, obwohl hier und dort ein Schilfrohrzaun um einige auserlesenere Exemplare herum angelegt ist.

Die Bodenflächen, welche einen Garten von Irem abgeben könnten, sind mit den verdorrten Überresten von Stämmen und Wedeln bestreut, während, schlimmer noch, viele von den noch stehenden Stümpfen bloße »Totschläger« sind. Die Sümpfe sind bevölkert mit Kaulquappen und Fröschchen, mit Schlangen und mit kleinen Frischwasser-Landmuscheln, der in Arabien gewöhnlichen Melanopsis acicularis von Férussac. Im kühlen Schatten und während der dunklen Stunden sind Fliegen und Mücken so lästig, dass Reisende immer im sonnigen Freien unter den Bäumen lagern.

Wir erforschten das obere Tal von 'Aynúnah oberhalb der Brennöfen, die leicht in zwanzig Minuten zu erreichen sind. Dort fanden wir verschiedene Metalle, insbesondere silberhaltigen Bleiglanz im Quarz. Die Wände sind an vielen Stellen von eruptiven Gangstöcken, Adern und Gängen aus dunkelgrünen porphyrhaltigen Einschlüssen gesäumt und durchzogen – welche die niedrigere plutonische Formation eines roten syenitähnlichen Granits abtrennt und ablöst. Wir quälten uns auch über die zerklüftete Ebene zur rechten Wand des Wadis, einer Abfolge von gähnenden Felsschluchten und zerklüfteten Wasserscheiden, welche Sálih, unser Führer, »El-Dschebel« (den Berg) nannte und welche erklärte, warum die Altvorderen eine Felstrasse herausgeschlagen hatten, um auf glatteres Terrain zu stoßen.

In den Vertiefungen fanden wir das gleichermaßen von Pferd und Kamel geschätzte Kabah (Aristida oder Wüstengras) mit fedriger Spitze, welches nahe des Meeresstrandes in Bündeln für die Ausfuhr gesammelt wird. Die Beduinen aßen gierig die kleine grüne warzige Schote von einer milchigen Pflanze, die sie als Dschurá bezeichneten und welche die Soldaten Khíyár el-Barr (Wüstengurke) nannten. Wilder Sauerklee von überraschender Größe und dem auffallend beißenden Geruch sprießt aus den Felsspalten und belieferte uns mehr als einmal mit einem Anti-Skorbut-Gericht.

Die Oberfläche der glatteren Böden bestand aus Granitkies, welcher in einer dünnen Schicht der gleichen Formation auflag, und die Steinsplitter waren allgemein aus Petrosilex, Porphyr, Diorit, Peridot und feldspathaltigem Material zusammengesetzt. Wir sahen wenig von den Basalten und Chloriten, welche weiter nördlich ins Auge fallen. Quarz erschien in verschiedenen Formen: Die Hyalite werfen nichts ab; die gewöhnlichen und die wächsernen Sorten zeigten an den Bruchflächen kleine Einschlüsse von Pyriten, mit einer Spur von Gold, welches in Linien angeordnet war. Wir hatten nur Zeit, um die Kieselsteine zu brechen, wie wir sie trafen, jedoch nicht, um die Adern zu ihrem Ursprung zu verfolgen; aber die Entdeckung erklärte uns die Verwendung der in den Fels in 'Aynúnah eingeschnittenen Mörser.

Unser Spaziergang endete bei einer Kette von bemerkenswerten Pfeilern an der rechten Wand, etwa ein Viertel der

Entfernung zwischen dem Wasser und dem nächsten Berg. Das Material ist aus tonartigem Mergel wie die Klippen der tatsächlichen Küste, auf einer regelmäßigen und waagerechten Grundlinie von braunem Grus bedeckt, dem Sand der Wüste, einer jungen Formation, die noch wächst, da die Sandkörner allmählich durch Tau und Regen zusammenbacken. Diese sich scharf vor der leeren Ebene erhebenden Pfeiler verdeutlichen das Ausmaß der Abtragung, welche um sie herum stattgefunden hat. Wir folgten auch der Hadsch-Route nach Norden, wo sie, sich seewärts der Felsenküste windend, in einem Bogen landeinwärts nach Nordosten zwischen dem Zahd-Berg ('Aynúnah) und dem »Tayyibat-Ism«-Block abbiegt.

Am 7. April trottete – mit Sayyid Abd el-Rahím an der Spitze – die Karawane unter Scheich Hasan El-'Ukbi heran. Herr Clarke war auf die »Nase« gestürzt, sein Tier war zu einem unvermuteten Galopp losgerannt: Auf einem Maultier hätte er sich den Hals gebrochen, so aber waren nur Hand und Arm aufgeschürft. Der alte Hadschi wetterte *Bid'dak taktul-ni!*, »Deine Kunst erweist sich als Tod für mich«, als er zu den Zelten watschelte, und er war ohne eine gehörige Ration Bier nicht ins Leben zurückzuholen. Die Offiziere hatten fünfzig Kamele gemietet, für die wir zwölf Piaster pro Tag zahlen mussten, bei einem Umtauschkurs von nur achtzehn bis zwanzig Piaster pro Dollar. Als ich feststellte, dass die Huwaytát nicht in der Gesellschaft der Beni 'Ukbah reisen würden, entließ ich die Letzteren mit Bakhschisch (fünf Dollar) und einem Geschenk von Cavendish, und gab ihnen zugleich eine positive Beurteilung für den Kommandanten von Fort El-Muwayláh mit. Der übereifrige Beamte stellte mehrere von ihnen sofort unter Arrest und entließ sie erst, als ihm ein Dromedarbote den gebieterischen Befehl dazu überbrachte. In Hinblick auf künftige Kontingente war es nicht mein Wunsch, diesen Männern einen Grund zur Klage zu geben; sie sind der einzige Stamm, der Reisende in das ferne Innere bringen kann, da er keine Blutfehden mit seinen Nachbarn hat.

Scheich 'Abd el-Nabi brach sofort auf, um die erforderlichen Transportmittel, einundvierzig Kamele und zehn Dromedare, zu beschaffen. Letztere kosteten in diesem Gebiet maximal fünfzehn Napoleons. Wir verbrachten den 8. April damit, unsere müden Reisenden, die zwei Tage auf dem Marsch gewesen waren, ausruhen zu lassen, sowie damit, Steine zu zermahlen, Sandproben zu waschen und Informationen über das Land einzuholen. Ich gedachte zunächst, direkt zur nächsten Karawanenstation Magháir Schu'ayb loszumarschieren, wo Hadschi Wali aller Wahrscheinlichkeit nach den goldhaltigen Sand gefunden hatte. Herr Marie äußerte indessen triftige Gründe, wenigstens bis zum Zahd-Berg im Wadi weiterzuziehen und die Stelle zu ermitteln, von wo der Quarz kommt. Ich entschloss mich deshalb, die Karawane zu teilen und in 'Aynúnah meinen alten Freund, dessen Gegenwart jetzt nicht gebraucht wurde, zurückzulassen, desgleichen zehn Soldaten unter dem Befehl von Leutnant Abd el-Kárim sowie Marius, den Koch, der zwar ein bereitwilliger Bursche, aber ganz ungeeignet für Wüstenreisen war.

Am 9. April brachen wir unter den normalen Schwierigkeiten einer ersten Marschstrecke auf. Es war 6 Uhr früh, bevor ich den Masch'ab, das Zepter der ägyptischen und assyrischen Könige mit den Hieroglyphen und Keilschriftzeichen, in die Hand nehmen konnte. Der Masch'ab ist ein Gebrauchsgegenstand, der Tausende von Jahren überdauerte und in Midian noch seine alte Bedeutung innehat, nämlich den despotischen Básch-Kafilah, den Karawanenführer, aus der vielköpfigen Schar herauszuheben. Das Wetter hatte sich geändert und ein Khamsín-Wind (Schirokko), der die Woche über anhielt, hatte eingesetzt. Wir näherten uns indessen den Bergen und hatten nicht unter Hitze zu leiden. Die Sonne brannte zwischen 10 Uhr vormittags und 4 Uhr nachmittags recht kräftig, aber die Morgen, die Abende und die Nächte waren herrlich.

Das größte der Dromedare, ein guter Traber, aber ein ruppiges altes Biest, war für mich reserviert. Es schien von syrischem

Blut zu sein, ganz anders als die vom Rest der Gesellschaft gerittene, magere und leichte Rasse, und am dritten Tag erfuhr ich, dass es bei den Beni Ma'ázah »geklaut« worden war. Wir zogen die linke Wand des Wadis 'Aynúnah hinauf, dessen »Tor« – von der Vegetation unzugänglich gemacht und von Rinnsalen zerschnitten – nur jeweils einem Fußgänger den Durchgang erlaubt. Nach einer kurzen Kluft senkte sich der Pfad in eines seiner Seitenwadis ab, dem Wadi Umm el Nírán (Mutter der Feuer), und führte uns somit um das Hindernis herum.

Der obere Teil von 'Aynúnah zeigt durch seine vereinzelte Vegetation, dass es knapp unter der Oberfläche Wasser geben muss. Viele der größeren Bäume waren gefällt und zu Holzkohle verarbeitet worden. Die überlebenden Bäume waren hauptsächlich Dorn-Palmen, Capparideae und Samur (Inga unguis), deren Dornen, wie bei der afrikanischen Akazie-Fistel in Paaren angeordnet, alles außer den stärksten Stiefeln oder der ledernen Sohle eines altgedienten Beduinen durchstechen. Auf dem sandigen Abschnitt wuchs der Cucumis prophetarum (Jonahs Kürbis) mit dem warzigen gelben Apfel und die glatten Bälle der echten Koloquinte. Die Beduinen höhlen diesen bitteren Apfel aus und füllen ihn über Nacht mit saurer Milch, die sie am Morgen trinken. Ich habe den Trunk nie versucht, aber kann mir leicht vorstellen, dass er wie die Kroton-Nuss der Goldküste potenzstärkend ist.

Ein großer Pilz, der den Sand des Wadis durchstößt, wurde ebenfalls an zahlreichen Stellen gefunden; aber nirgends konnten wir etwas über den weißen Trüffel erfahren, der nach nassen Wintern so reichlich in der Wüste von Palmyra und in der Großen Syrischen Wüste wächst. Als wir weiter vordrangen, sahen wir zu unserer nicht geringen Überraschung, dass der Quarz immer seltener vorkam, bis er schließlich ganz verschwand, und wir fanden bis zum nächsten Tag die Ursache hierfür nicht heraus.

Unsere Richtung lief nordwärts auf einen großen Einschnitt im 'Aynúnah-Berg zu, und nach einem langsamen Marsch von vier Stunden, in dessen Verlauf wir vierzehn Meilen zurücklegten, erreichten wir das Zeltlager-Areal an der Mündung des nach seiner ausgezeichneten Quelle benannten Wadis el-Morák. Die Beduinen erklärten, dass sie auf der anderen Seite des Bergstocks – hoch oben und zwölf Stunden Fußmarsch entfernt – »Afrán« (Brennöfen) und einen großen gemauerten Brunnen gesehen hätten. Diese Männer übertreiben zwar, aber sie erfinden nicht. Ich zeigte einem von ihnen ein Stückchen Quarz, und er erzählte mir sogleich, dass ganze Hügel dieses »weißen Steines« in südöstlicher Richtung zu finden seien. Weil ich völliges Vertrauen in das »sichere Auge« des Beduinen sowohl für das Sammeln von Mineralien wie auch Pflanzen hatte, schickte ich ihn mit einem Versprechen auf Belohnung los. Er brach auf einem rabiaten kleinen Dromedar auf, das während des Marsches bei jedem Anziehen des Halfters über die Trödelei »zu fluchen und zu schimpfen« beliebte. Er kam innerhalb von sieben Stunden zurück und brachte, wie er sagte, Proben von jedem Teil des Hügels mit. Dies bestimmte unsere Richtung für den nächsten Tag.

Am Abend erforschten wir die Felsschlucht, deren rechte Wand Spuren von einem Damm und Stufen zeigte. Glücklicherweise findet der Geologe – anders als der Botaniker – alles, was er sucht, im Tal, ohne dass es erforderlich wäre, den Berg zu besteigen. Der niedrigere Teil des Dschebel el-Zahd ist aus Graniten und Syeniten zusammengesetzt, der obere aus entsprechendem roten Porphyr – daher seine bemerkenswert gerundeten Konturen. Der gleiche Stein bildet das Rückgrat von Edom, der mit dem neuen roten Sandstein bedeckt ist – eine außerordentlich vielsagende Tatsache. Jeder Kieselstein, den wir zerbrachen, enthielt mehr oder weniger Metall; wir fügten Antimon[16] zu unserer Liste hinzu, und wir fanden dunkel gefärbte Turmaline. Ich erinnerte mich,

16 Das für die Augen der alten Ägypter benutzte Mineral wurde »Mas Mut« genannt und wurde von den Schasu (Beduinen von Madi – Midian) und von Pitschu hergebracht.

dass die »Kimberley Diamantmine« in Südafrika von einem nichtdiamanthaltigen Porphyr oder Grünstein umgeben ist, aber wir hatten weder Zeit noch Vorräte übrig für etwas, das abseits unseres Weges lag. Der Pentateuch erwähnt den Diamanten (Exod. XXVIII. 18 und XXXIX. 11)[17] und weist auf seine einschneidende Eigenschaft hin, und der Talmud bewahrt eine Überlieferung, dass Jethros Stab aus der Königin der Steine bestand. Herr John Maundeville spricht vom Land des Hiob (Kap. XIV) und erzählt uns, dass die »Diamanten aus Arabien nicht so gut sind, (wie jene aus Indien): Sie sind brauner und weicher«.

Einer aus der Gesellschaft erwarb einmal den Spitznamen »Abú Nátrún« (Vater des Salpeters). Er hatte die Beduinen von Salpeter sprechen hören, und von einem abendlichen Bummel brachte er einige Bruchstücke eines braunen und verkrusteten Lehms zurück; als er ihn gebührend berochen und gekostet hatte, tippte er auf eine Mischung aus Salz und Ammoniak. Leider bestanden wir darauf, die Stelle in Augenschein zu nehmen: Und laut war das Gelächter, als sie sich als ein Halteplatz für Kamele entpuppte. Ich nehme an, dass die Wüstenluft unsere ausgelassene Laune verursachte: Es war die fröhlichste Reise, die ich je machte. Das winzigste Stückchen von »Wut« reichte, und »Abú Nátrún« versorgte uns für viele Tage mit schallendem Gelächter.

Diese wilde Felsschlucht ist ein ausgezeichnetes Studienobjekt für *il-bello-orrido*, das wilde Malerische: eine dunkle und schroffe Spalte in der Gebirgsflanke, rot und rötlich mit schwarzen Einschlüssen und dunklen Adern darüber und unten mit einem grässlichen Weiß gestreift. Dieser Wasser-

17 Sowohl in dem ersten als auch im zweiten Zitat wird das Hebräische durch die Septuaginta íaspis übersetzt, *jaspis* durch die Vulgata, »demant (Begehren, Forderung?)« durch die deutsche Bibelübersetzung, und »Diamant« durch die autorisierte englische Bibelversion. Professor Maskelyne vom Britischen Museum erklärte mir, dass das Schneiden mit Diamanten den Klassikern unbekannt war.

fleck zeigt die gewaltige Eile eines siedenden, tosenden »Sayl« (reißenden Stromes), welcher sich nach schweren Regenfällen klaftertief dahinwälzen muss und die riesigsten Felsblöcke herumwirbelt und hinunterspült, als ob sie Kieselsteine wären. Das hier scharf geneigte, dort senkrecht abfallende Bett ist bedeckt mit gigantischen Blöcken und aufgerissenen und verwitterten »Hartköpfen« aus den haushohen Wänden. Ab und zu überquerten wir das kristallklare Bächlein, das sich unter der Oberfläche kräuselte und auf dem untersten Abschnitt entblößt es seinen jungfräulichen Charme auf einem Bett aus reinstem goldenen Sand. Die reinste Karikatur eines Schafspfades steigt im Zickzack die rechte Seite hoch zur Quelle, wo drei Palmen wachsen sollen. Wir fanden das Wasser besser schmeckend – oder vielmehr: weniger schlecht schmeckend – als das von 'Aynúnah, wobei seine Auswirkungen aber noch schmerzlicher waren. Ein Bad in einem von Wasserpflanzen, Fröschen und Kaulquappen freien Felsbassin tröstete uns über den Verlust des »Hamáms« hinweg, den wir für uns an der letzten Station gegraben hatten.

Während dieser ersten Marschetappe sahen wir kein Wild, die einzige Ausnahme war ein kleiner Hase mit Ohren so lang wie der »Esel-Hase« der westlichen Vereinigten Staaten. Es gab indessen Losung der Hyäne, des Stachelschweins und des Igels, während die Schakale und die Füchse für sich selbst häufig Wohnhöhlen gegraben hatten. Danach sahen wir jeden Tag Gruppen von Gazellen, gewöhnlich drei bis fünf Tiere, mit großen erschrockenen Augen und eselartigen Ohren, offensichtlich das Produkt rassetypischer Umsicht – ein Leben im ewigen Zustand innerer Anspannung. Ein schönes Exemplar folgte einem Burschen ins Zeltlager und ließ sich wie ein Hund zu seinen Füßen nieder. In einer schlimmen Stunde wurde es von einem der Offiziere gekauft; es reiste in einem Käfig auf dem Kamelrücken, und als es dem Tode nah war, wurde ihm die Kehle durchgeschnitten, um als Wildbraten zu dienen. Wie können Menschen solche Kannibalen sein und zahme Tiere essen? Drei andere junge Tiere wurden aus Scharm Zibá an Bord genommen; eines starb, und der Rest wurde sicher in Suez an Land gebracht.

Vögel waren nahe der Küste so selten, dass wir jedes Mal innehielten, wenn die Stille von einem verirrten Ruf unterbrochen wurde. Die Araber erzählten uns, dass sie den Zelten in das Innere gefolgt waren, wo Regenwasser noch reichlich vorhanden war. Einige wurden an den Wasserlöchern gefunden, insbesondere die gelben und die weißen und schwarzen Bachstelzen und verschiedene Arten von Meisen. Alle waren zu zahm und anhänglich, um geschossen zu werden; überdies war gerade Nistzeit – *Yasawwú bayt*, »Sie bauen ihre Häuser«, wie die Leute sagten. Sandhuhnschwärme flogen vor Sonnenuntergang ihren Weg zum Wasser. Ich schieße niemals den schönen Katá, nachdem er mein Leben in Somaliland bewahrt hat. Die in Ägypten so geläufige nadelschwänzige Art ist hier anscheinend selten. Wir scheuchten Wachteln auf, aber kein Rebhühner; wir sahen Falken, aber keine Geier und Krähen; Wir machten Mehlschwalben aus, aber keinen einzigen Sperling. Auf den steinigen Abschnitten waren Wiedehopfe (hudhud), Schopflerchen und leuchtend gefärbte Eichelhäher, und die blaue Felstaube lebte in den Höhlen der 'Aynúnah-Klippen. Unsere dunklen Stunden wurden durch den kuckucksähnlichen Schrei eines Ziegenmelkers belebt, aber wir hörten niemals die Eule, welche so unangenehm einen guten Freund auf Korfu angriff. Der grüne Merops (Aegyptius) jagte Fliegen über den Tälern. Die Schwalben waren bereits flügge, und im frühen Mai, als wir nördlich von Alexandria dampften, wurden wir von müden Schwärmen begleitet, die sich für die Nacht niederließen, wo immer sie einen Sims finden konnten. Die Küste wimmelte von weißen Möwen, die über die Wellen hinglitten, während Kormorane, die wie Bleilote herabstürzten, sich auf bestimmte Gegenden beschränkten. Die sumpfigen Wadimündungen beheimateten den schneeweißen Reisvogel; der »Vater eines (langen) Halses« wird niemals getötet, weil er den Fellachen begleitet und Insekten frisst.

Wir fanden den »Waran« oder das echte Chamäleon und die große, unter dem allgemeinen Namen Zabb bekannte libysche Eidechse, neben vielen kleineren Arten. Zwei Schlangen wurden von Hadschi Wali in den Gewässern von 'Aynúnah getötet, aber die in der Wüste so häufige Hornviper konnten wir nicht entdecken. Am Morgen war der Boden mit gelben Heuschrecken bedeckt, dazu mit vielen Arten von braunen Grashüpfern; insbesondere die große, dunkle ledrige Art Dschemal el-Yáhúd (Juden-Kamel) genoss die Sonne. Ich steckte eine feine Spinne (Lycosa) in eine Flasche. Von den Arabern wird sie Abú Schabak (Vater eines Netzes) genannt und ist Gegenstand ebenso vieler Erzählungen wie die Tarantel oder die gelbe und schwarze Anansi der Goldküste. Die Schmetterlinge waren, mit Ausnahme einer in der Nähe von El-Muwayláh gesichteten schokoladenfarbenen Art, alle weiß. Große Hornissen (Zabur) wurden in der Wildnis gesehen, und die Fliegen in Scharmá wurden von den Offizieren mit jenen der Schillúk- und Dinka-Länder verglichen (Tsetsefliegen?), die Pferde und Vieh töten. Exemplare von Käfern, Heuschrecken, Ameisen, Zecken, Kamelzecken und anderer reichlich vorhandener Kriechtiere, wurden zum Britischen Museum geschickt.

Kapitel VII

Midian und die Midianiter

Das Land Midian ist seinen Bewohnern noch immer als »Arz Madyan« bekannt. Diese Form entspricht der von Madian der autorisierten Bibelübersetzung. Nach Norden ist es von El-'Akabat el-Misríyyah oder der ägyptischen Stufe (29° 29' nördlicher Breite) begrenzt, gegenüber El-'Akabat el-Schámíyyah, der von der Damaskus-Karawanenroute durchzogenen syrischen Stufe, ein ähnlicher Pass 60 Meilen nordöstlich. Die Erstgenannte gibt einer befestigten Ortschaft ihren Namen, welche hauptsächlich während der Pilgersaison besucht wird: Es war der Geburtsort von Lukmán, dem Weisen (Propheten), der absurderweise Esop genannt worden ist. All meine Informanten stimmten überein, dass El-Muwayláh (27° 39' nördlicher Breite) der südlichste Punkt von Madyan Proper (dem eigentlichen Madyan – d. Ü.) ist, und dies ist ein Argument zugunsten jener, die das »kleine Salz« mit dem Ptolemäischen Modiana oder Modouna gleichsetzen würden.

Weiter nördlich von Midian Proper (dem eigentlichen Midian) beginnt das gewaltige Wadi el-'Arabah, welches wohl den elanitischen Zweig mit dem Rumpf des Roten Meeres verbindet. Südwärts trennen es die Länder der Balíyy, der Dschuhaynah und anderer Beduinen von El-Hedschas ab, dem heiligen Land der Muslime, dessen Grenze auf 25° 55' nördlicher Breite von dem großen Wadi Hamz gebildet wird. Die östliche Grenze ist noch unerforscht, und wir hörten von Ruinen weit im Inneren. Die Hauptbeschäftigung des nächsten Winters wird sein, die gold- und silberhaltigen Vorkommen zu ihren Quellen im Osten zu verfolgen. Westwärts grenzt es an den elanitischen Einschnitt des Roten Meeres, aber im modernen Sprachgebrauch erstreckt es sich nicht bis zur gegenüberliegenden Küste, der Sinai-Halbinsel, wo die alten Midianiter zweifellos lebten. Als Beduinen wären sie weit und ausgedehnt gewandert. Der Name ihrer Heimat wäre ungewiss und ihr Gebiet würde sich je nach ihrer zahlenmäßigen Stärke und der Wehrhaftigkeit ihrer Nachbarn ausdehnen oder schrumpfen.

Daher ist die allgemeine Bemerkung moderner Geographen zutreffend, nämlich, dass es schwierig sei, die präzisen Grenzen von Midian festzulegen. Folglich, ebenfalls, wie Rabbi Joseph Schwarz anmerkt, finden wir midianitische Horden um Gaza (Richter VI, 4), in Moab (Numeri XXV, 6), im Amoriter-Land (Josua XIII, 21) und in Edom, insbesondere in Rekem (Petra). Aber es gibt keinen Grund für die von den Übersetzern und Kartenzeichnern des Josephus eingeführten verschiedenen Verbesserungen, welche zwei Midians zulassen. Er erklärt (Antiq. II, 11), dass »Moses, als er floh, nach Madian-Stadt an den Küsten des Roten Meeres kam, wobei er ihren Namen von Medan, Sohn des Abraham, nahm«. Aber er unterscheidet das Volk nicht von dem madianitischen, das das Land östlich des Sinus Asphaltites und südöstlich des Reuben-Stammes in Besitz hatte.

Das Land und die Stadt Midian hatten deshalb, und haben auch heute noch, den gleichen Namen, wie es einer allgemeinen Praxis in diesem Teil des Orients entspricht. »El-Schám«, Syrien und Damaskus, und »El-Misr« (Masr), Ägypten und Kairo, legen Zeugnis davon ab. Es ist offenbar aus seiner eigenen Sprache hergeleitet und bedeutet auf Hebräisch: Streit, Zank, ein streitsüchtigen Volk oder eine Rasse, die um den Besitz eines Landes kämpft, das gleichfalls von Asiaten und Afrikanern (Ägyptern) begehrt wurde.

Sowohl Midian als auch »Madyan« indessen werden durch das Wort »Mádi« dargestellt, das in vielen hieroglyphischen Texten vorkommt. Der Plural wäre Mádí-án oder Mádíná, und der Begriff ist barbarisch und bedeutungslos. Somit würde es an Pitschu – nicht Pit-schu (Petraea) –, das Land der Schasu

(Hyksos), angrenzen, und Aduma, Edom, Idumaea, Khálú (Khárú), d. h. einer lange um Minzalah sesshaften Mischbevölkerungen phönizischen Ursprunges.

Daher sagt eine Inschrift von Ramses III.: »Ich veranlasste Zerstörung des Sa'ar von den Stämmen der Schasu«, wobei Sa'ar mit dem hebräischen Berg (Seir) korrespondieren würde und die Schasu mit den Beduinen, die Aduma bewohnten.

Es darf nicht mit Ta-neter[18] verwechselt werden, dabei handelt es sich um das Gebiet der Götter, das »Heilige Land«, das Osiris und Isis aussandte, das Land, das an den Eingang des Roten Meeres sowohl in Asien wie auch in Afrika grenzt, welches ältere Gelehrte der Sinai-Halbinsel zuweisen und welches, Professor Leo Reinisch zufolge, »seit der sechsten Dynastie zu Ägypten gehörte und es mit den edlen Metallen belieferte«.

»Midian« ist von den klassischen Autoren Griechenlands und Roms völlig ignoriert worden, obwohl es häufig in den heiligen Büchern der Hebräer sowie im Talmud und in rabbinischen Schriften vorkommt, und schließlich erscheint es wieder in der Form »Madyan« – bei den arabischen Geographen des Mittelalters ebenso wie in der Sprache der gegenwärtigen Besitzer.

Obwohl die klassischen Schriftsteller das Wort Midian nie verwendeten, haben sie umfangreiche Bemerkungen über die midianitische Region hinterlassen bzw. über Nabathaea und Nabataea, wie sie es nannten. Der Erste – und nicht am wenigsten Befriedigende – ist Agatharchides von Knidos (130 v. Chr.), dessen Beschreibung des Erythräischen Meeres von dem Sizilianer bewahrt worden ist, von dem Plinius sagte, *Primus apud Graecos desiit nugare Diodorus*, und von Photius, dem literarischen Patriarchen.

Kap. 87: Dieser Platz »ist eine Stelle, welche die Menschen Nessa nannten, und dieses Nessa liegt nahe eines außerge-

18 »Ta-neter«, indessen, ist ein umstrittener Begriff. Einige wenden ihn auf Phönizien an und andere auf Babylonien.

wöhnlich gut bewaldeten Vorgebirges (Ras Mohammed?). Von dort erstreckt sich eine gerade Linie (nordwärts?) zu der Petra genannten (Stadt) und nach Palaisténa, wohin die Gerrhaioi und die Minaioi und all die in der Nachbarschaft wohnenden Araber von dem oberen Land Weihrauch und Bündel von wohlriechenden Dingen bringen.«

Kap. 88: »Nach dem Laianítischen Golf (El-'Akabah), um den herum die (nabatäischen?) Araber siedeln, ist das Land der Buthemánen[19], welches ausgedehnt und eben ist, gut bewässert und geheimnisvoll: Nichts ist indessen dort kultiviert außer Medica (Luzerne, Klee, Plinius XVI, 43), und Lotospflanzen (melilotus, Plin. XXI, 63), welche die Größe eines Mannes erlangen. Aufgrund dieses Wuchses gibt es viele wilde Kamele (?), viele Scharen von Hirschen und Antilopen (A. dorcas?), auch viele Schafherden und endlose Herden von Rindern und Maultieren. Diese Geschenke der Natur werden begleitet von der Plage, dass der Boden Unmengen von Löwen, Wölfen und Panthern (?) ernährt und deshalb das, was das Glück des Landes ausmacht, seinen Bewohnern gleichzeitig Unglück bringt.«

Kap. 89: »Nach den nächsten Küsten gibt es einen Golf, der mindestens 500 Stadien[20] tief landeinwärts verläuft. Jene, die um ihn herum leben, werden die Batmizomaneís genannt, und sie sind Jäger von wilden Tieren.«

Kap. 90: »Jenseits dieser Region sind drei Inseln, die viele Häfen bilden. Die erste ist der Isis geweiht, während die zweite und dritte Soukabuá (Sucabya) und Saludó (Salydo) genannt werden. Alle sind unbewohnt und von den Olivenbäumen

19 Die »Thimanei« von Plinius (VI, 32), die den Nabataei folgen: Sie sind möglicherweise die Bene Teman der Heiligen Schrift.

20 Bei Ptolemäus entsprechen 500 Stadien einem Breitengrad: Hier ist der Grad wahrscheinlich 600 Stadien. Gemessen von der östlichen Begrenzung des 'Akabah-Tores, kann der Boden der 'Aynúnah-Bucht um vierzig Meilen landeinwärts reichen, aber nicht mehr. Die Batmizomaneís sind die Banizomenes von Diodorus.

beschattet, welche in diesen Teilen wachsen und den unseren nicht ähneln.«[21]

Kap. 91: »Nachdem man diese Inseln passiert hat, erstreckt sich ein langes und steiniges Ufer, das Land der Thamoudeni-Araber. Für 1000 Stadien (d. h. von El-Muwayláh nach El-Widschh) ist die Küste für Lotsen sehr beschwerlich, da es keinen sicheren Hafen gibt, keinen Ankerplatz, keine Bucht und keinen Zufluchtsort, keine künstliche Mole, die dem Seefahrer in seiner Not Zuflucht gewähren könnte.«

Der Autor, der jetzt südwärts an Midian vorbeigefahren ist, beschreibt den goldenen Sand der Débai[22]-Region, desgleichen die Kieselsteine des von den Alilaîoi gehaltenen Landes und die Kasandreís (oder Gasandenses, die Beni Ghassán). Schließlich erreicht er die Kárbai (Carbae des oberen Khaulán) und die Sabaíoi (Sabaei) von El-Jemen. Diodorus (III, 42–44) bewahrt andere Details von Agatharchides, etwa das Massaker an den Maraníta durch die Garindaneís, während die Erstgenannten gerade dabei waren, den Göttern des Hains ihre siebenjährige Kamel-Hekatombe zu opfern. Er erwähnt auch, dass die begeisterten Anhänger etwas heilkräftiges Wasser aus der Quelle mitnahmen, genauso wie die Pilger jetzt das Wasser des Jordan, Zem-Zem und aus Lourdes aufbewahren. Er warnt Seefahrer, dass es wenige Häfen an dieser Nordwestküste Arabiens gibt, aufgrund vorstoßender hoher Berge, die mit einer Vielfalt von Farben geschmückt den Reisenden ein herrliches Schauspiel bieten. »Auf der Weiterfahrt kommst du zum Laianítischen Golf; ihn säumen viele Dörfer der Araber, die sie Nabataíoi nennen. Diese Männer besitzen nicht nur einen großen Teil des Küstenlandes, sie dehnen sich auch weit in das Innere aus,

21 Alle Inselchen, außer Umm Maksúr, sind jetzt baumlos. Für eine Zusammenfassung ihrer Namen, vgl. Kap. XII. Die »Oliven-Bäume« der klassischen Schriftsteller an der ostafrikanischen Küste sind Mangroven.

22 Dieser Stammesname wird generell von dem arabischen »Dahab«, Gold, hergeleitet. Für andere Besonderheiten bezüglich der Metall verarbeitenden Stämme, vgl. Kap. IX.

denn das Gebiet ist dicht besiedelt und sehr fruchtbar. Früher lebten sie entsprechend den Regeln der Gerechtigkeit und gaben sich mit ihren Schafherden und Tierherden zufrieden, aber als die alexandrinischen Könige den Golf für Händler schiffbar gemacht hatten, malträtierten sie schiffbrüchige Seeleute und rüsteten darüber hinaus leichte Piratenschiffe aus, sie raubten Seefahrer aus und eiferten den grausamen und ruchlosen Sitten der im Pontischen Taurus siedelnden Stämme nach. Schließlich wurden sie auf hoher See von Vierruderern angegriffen, und sie erhielten wohlverdiente Bestrafung.«

Nachdem er die an Medica und Lotosblumen reichen Ebenen beschrieben hatte, den Überfluss an Wild (einschließlich wilder Kamele) und die wilden Tiere, geht Diodorus zur »Bucht der paradoxen Natur« über – dem harmlosen und ehrbaren ’Aynúnah –, mit dem er absonderliche Schrecken verbindet. Nach dem Abschnitt wilder Küste schließlich setzt er uns im Land der Débai, der Alilaîoi und der Gasandeis ab, wo die Reinheit des Goldes (khrusòs-ápuros) kein Ausschmelzen erfordert.

Strabo (XVI, 4, 18), der augenscheinlich aus den gleichen Quellen schöpft, erwähnt den Aelanitischen Golf und Nabataea, ein dicht besiedeltes Land; er erzählt uns die Geschichte der Piraten und lässt sie Flöße benutzen; weiter südlich, gegenüber der gut bewaldeten Ebene, platziert er die Insel Dia (Tírán?). Der Ebene schließen sich drei Wüsteninseln, ein steiniger Strand, eine raue Küste und die »paradoxe Bucht« an, von deren erdichteten Schrecken keiner ausgelassen wird.

Jeder Leser der Thora und von Josephus’ »Targum« weiß, dass Abraham nach Sarahs Tod (ca. 1860 v. Chr.) von Keturah, der »vorübergehenden (Nebenfrau)« (Genesis XXV, 1) mehrere Söhne hatte, der vierte war Median oder Medán. Der Letztere wiederum wurde der Vater von fünf Söhnen: Ephah, Hefer (’Efer), Hanoch (Hanúkh), Abidah und Eldaah, die in hebräischer Überlieferung die Vorfahren der Midianiter und ihrer Pentarchie (Fünf-Männer-Herrschaft) verkörpern.

Das Land muss oft besetzt worden sein, da es sich damals im Jahr 1491 v. Chr. begab, dass Moses, der Sanftmütigste unter den Männern, einen Ägypter erschlug und aus dem Angesicht des Pharaos über die östliche Wüste floh – wahrscheinlich, weil alle zivilisierten Straßen für ihn ausgeschlossen waren. Er wählte als Asyl das Land Midian, einen Teil des östlichen Landes (Genesis XXV, 6). Als er sich um die Mittagszeit Midian-Stadt näherte, setzte er sich nahe eines Brunnens nieder, wo die sieben jungfräulichen Töchter (die Muslime sagen zwei) des örtlichen Rabbis oder Priesters Raguel, dessen Familienname Yetro (Jethro) war, die Aufsicht über die Herden hatten und kamen, um ihnen zu trinken zu geben.[23] Sie wurden von den Schäfern vertrieben, die das Wasser brauchten, und durch den künftigen Gesetzesgeber vor Beleidigung geschützt. Die Mädchen erzählten die Geschichte ihrem Vater; der Priesterfürst schickte sie aus, den Fremden herzubringen, adoptierte ihn als Sohn, und gab ihm unter der Bedingung, acht bis zehn Jahre lang Dienst zu leisten, Zipporah als Frau, die die Araber Saffúrah nennen und von der sie annehmen, sie sei die Älteste gewesen. Diese Verbindung erregte in Moses' Verwandtschaft (Numeri XII, 1) Anstoß, weil sie eine Kúschiyah[24] war. Von ihr hatte er zwei Söhne, Gerscham, »ein Fremder dort«, und Eliezer oder »El (Allah) ist meine Hilfe«. Moses wurde die Aufsicht über die Herden anvertraut, eine der Quellen patriarchalischen Reichtums, und die Vision des brennenden Busches (Exodus III) ereignete sich, als er sie auf die »linke Seite der Wüste führte, und zu Horeb kam«, d. h. zu dem Berg Sinai und der Wüste.

23 Die Tradition des »Brunnens von Jethros Töchtern«, aus welchem »Moses die Herden von Schu'ayb tränkte, wurde von den mittelalterlichen arabischen Geographen bewahrt, aber anscheinend ist sie unter den Maknáwi oder modernen Midianitern ausgestorben.

24 Ein Cuschite (Kuschite), nicht »ein Äthiopier«. Die alte Sitte war, »Kusch« mit *Aethiopia super Egyptum* zu übersetzen, das Nubien und das Abessinien der heutigen Zeit. In Habakuk (III, 7) »Cuschan«, das Land, ist augenscheinlich eine genaue Entsprechung von Midian in der gleichen Strophe, möglicherweise ein allgemeinerer Begriff.

Hier nun sehen wir, dass die Hebräer Midian über die Sinai-Halbinsel hinaus ausdehnten – eine während vieler Jahre bewahrte Überlieferung. In dem etwa A. D. 180 beendeten Antoninus-Reiseführer ist die Stadt Pharan Teil von Midian. Antoninus Martyr (Itin. Kap. XL) sagt über die gleiche Stelle: *Ipsa terra est Midianitarum, et habitantes in ipsa civitate: dicitur quia ex familia Jethro soceri Moysis descendunt* (d. h., die achtzig Leibeigenen und ihre Haushalte). Eusebius (um 340 gestorben) ordnet »Rephidim«, wo die Amalekiter geschlagen wurden (Exod. XVII, 1) und Horeb Pharan sowie den »Har ha-Elohim« (Gottesberg, ebenda. XVIII, 5) dem Land Midian zu. Aber, wie Dr. Richard Lepsius anmerkt, »obwohl Moses mit Jethro in Midian lebte, bietet diese Tatsache keinen Grund dafür, den Gesetzesberg in Midian zu platzieren, da dies nirgendwo gesagt wird«. Schließlich spricht Burchard oder Brocardus, der Dominikaner, im Jahr des Herrn 1232 von den *Gens Midianitarum, qui nunc Beduini et Turonioni* (d. h. von Tor) *dicuntur*.

Der Talmud von Babylon spielt – wie ich von dem Professor und stellvertretenden Rabbi Moïse Tedeschi aus Triest informiert wurde – wie folgt auf die Existenz einer midianitischen Armee in Ägypten an: »Drei von ihnen wurden (vom Pharao in) den Rat berufen. Balaam riet zum Ertränken (der neugeborenen männlichen Kinder) und bezahlte dafür mit seinem Leben (Numeri, XXXI, 5). Ayyub (Hiob) war weder dafür noch dagegen und wurde mit Entzündungen von Kopf bis Fuß bedeckt. Yetro (Jethro) opponierte dagegen, und als sein Rat abgelehnt wurde, gab er seinen Posten auf und floh; aus diesem Grund wurden seine Nachkommen Mitglieder des Sanhedrins.«

Im sogenannten Mittelalter entstand ein merkwürdiger rabbinischer und sprachwissenschaftlicher Streit bezüglich der Flucht von Moses. Maimonides, der Jude, der Christen lehrte, die Offenbarung im Licht des Verstandes zu lesen, entschied, dass Midian fern von Ägypten sei. Er entnahm dies aus den

Wörtern »Va-yescheb«, welche er »und er ruhte sich selbst aus« (d. h. nach einer langen Reise) zu übersetzen vorschlug. Ben Esdra andererseits blieb dabei, dass Midian in der Nähe Ägyptens liegt.

Wir sind jetzt in der Lage, mit einiger Exaktheit die Grenzen des Größeren Midian im weitesten Sinne des Wortes festzulegen. Es wurde im Westen vom Golf von Suez begrenzt, im Osten von den Beduinenstämmen, genannt die Ismaeliten, die Keturiter sowie mit vielen anderen Namen, und nach Süden vom Grenztal El-Hedschas'. Der Theorie Professor Palmers aber muss ich mich völlig widersetzen, die »Midian mit den umfangreichen Ruinen von El Midáyen gleichsetzen würde, einer Station auf dem Darb el-Hadsch zwischen Damaskus und Mekka, eine Drei-Tage-Entfernung von der letztgenannten Stadt«, sodass es sich bis tief ins moderne El-Hedschas hinein erstrecken würde. Aus den zuvor angeführten Gründen war die nördliche Grenze immer vage und ungewiss. Sie verschob sich beträchtlich, als der Scheich oder König von Edom, Hadad ben Bedad, »Midian auf dem Feld von Moab schlug« (Gen. XXXVI, 35). Überdies finden wir nach dem Exodus die obere Grenze »auf dieser Jordan-Seite nahe bei Jericho (Numeri XXII, 1–4). Folglich erstreckte sich die Grenze damals sogar bis nördlich vom Arnon-Fluss (Wadi Modschib), dem großen Abgrund, der Moab in zwei Teile zerschneidet und in das mittelöstliche Ufer des Toten Meeres mündet.

Das Land wird von jüdischen Schriftstellern als heiß, sandig und stellenweise wüstenhaft beschrieben: Ungeachtet dessen ist es überreich an Schafen, Ziegen, Hirschen (Gazellen?) und besonders an Kamelen, welche für Karawanen benötigt wurden – zum Beispiel diejenigen, welche durch Sichem hindurchzogen (Genesis XXXVIII, 28) und Waren zwischen Gilead und Ägypten beförderten. M. J. Salvador erklärt, dass »die vielen Söhne Abrahams von Keturah und seinen anderen Frauen Letoukhim (Metallhandwerker), Assourim (Händler) und Leoumím (Oberhäupter von Stämmen und Völkern) wurden: Zu dem Letztgenannten gehörte Midian, die Nation, welche die östlichen Küsten des Roten Meeres bewohnte.« Wie durch die erste Khedivische Expedition bewiesen wurde, enthielt Midian eine große sesshafte und gewerbliche Bevölkerung, sowie eine Nomadenrasse.

Während der Wanderungen der Kinder Israels, als Moses eine Familie von Sklaven zu einer Nation von Kriegern und Eroberern formte, und insbesondere während des »Feldlagers neben dem Roten Meer« wurden die Midianiter, in Angst vor den Mengen, die ihre Weiden einnahmen, feindlich gegen ihre entfernten Verwandten. Der Stamm war damals anscheinend eine Pentarchie unter fünf Königen oder Scheichen, und Josephus zufolge (Antiq. IV, 7, § 1) gab der zweite, Recem oder Rekem, der »auffallendsten Stadt unter den Arabern einen Namen, bis zu unserer Zeit unter jedem König Arecema (Arekema = El-Rekem) und von den Griechen Petra genannt«. Herr Vita Zelman aus Triest behauptet, dass der Stamm von Ältesten regiert wurde, und meint, dass es eine Art von Republik mit Oberhäuptern nach Art der Araber war. Die Midianiter schlossen sich den Moabitern an, ihren Verwandten und nördlichen Nachbarn, um das »aus Ägypten kommende Volk« (Numeri, XXII, 5) zu bekämpfen, und ihre Ältesten, »mit den Belohnungen der Prophezeiung in ihren Händen« (ebenda 7), gingen zu Balaam, damit er »Jakob verfluchen und Israel trotzen« könne. Dem Talmud zufolge weigerten sich viele der Ältesten sich diesem Vorgehen anzuschließen und erflehten Ohnmacht nach den wunderbaren Werken von Jethros Schwiegersohn. Der Prophet riet den Midianitern, ihre prächtig gekleideten Töchter zu schicken und dem hebräischen Feldlager die verführende Anbetung von Baalpeor (Belphegor) anzubieten. Dies stimmt mit Strabo überein, der die Nabatäer die Sonne anbeten lässt. Josephus (Kriege, IV, 6) gibt einen langen und detaillierten Bericht von der Art, in der die Arbeit der Abkehr ausgeführt wurde. Die durch die schönen Frauen angedeuteten besonderen »Ehren der Gastfreundschaft« sind einigen der arabischen Stämme nicht unbekannt, und in Zentralafrika war dieser Gastritus, wenn er es jetzt nicht noch ist, die allgemeine Regel. Als die Wanderer in Schittim hielten (ebenda, XXV, 1.), überfiel sie eine Plage, weil sie sich vor fremden Göttern verneigt und für sich selbst fremde Frauen genommen hatten. Sie wurde durch den simplen Ausweg eines Massakers aufgehalten. Der Tod von Zimri, dem simeonitischen Oberhaupt, wird besonders hervorgehoben, möglicherweise, weil er Moses offen einen Tyrannen genannt hatte, der die Männer der »Süße des Lebens beraubt hatte – der Freiheit«. Man stellte fest, dass er mit einer »midianitischen Frau«, Kozbi, der Tochter des Scheichs Súr (Zúr), zusammenlebte, und beide Missetäter wurden durch den jugendlichen Phinehas, Sohn des Priesters Eleazar, erschlagen.

Daraufhin ergingen die tödlichen Befehle an Moses, »den Herrn an Midian zu rächen: Verfluche die Midianiter und erschlage sie«. Damit begann der erste Midianitische Krieg (1452 v. Chr.), dessen Schrecken nicht besser erzählt werden können als in der fürchterlichen Sprache des Originals (Numeri, XXXI):

Und Yahveh (Jehovah) befahl Mosheh (Moses), und sprach, Übe Rache für die Bene-Israel an den Midianyím (Midianitern), und danach sollst du zu deinem Volk versammelt werden (Bibel: Vätern).

Da redete Mose mit dem Volk und sprach, Ho! Rüstet unter euch Leute zum Kampf gegen die Midianiter, und lass sie gegen Midian gehen (Bibel: die die Rache des HERRN an den Midianitern vollstrecken), und räche Yahveh in Midian.

Und sie nahmen aus den Tausendschaften Israels je tausend eines Stammes, zwölftausend Mann, gerüstet zum Kampf.

Und Mose schickte sie mit Fínihás (Phínehas) ben Ele'azar, dem Sohn des Kohen (Priesters) in den Krieg, eintausend von jedem Stamm[25]*, mit den heiligen Geräten und den zu blasenden Kriegstrompeten (gab er)*

25 Eine so kleine Streitmacht wie 12000 Männer würde nahe legen, dass nur ein Teil des midianitischen Gebietes in der Nähe des Toten Meer angegriffen wurde; möglicherweise war es eine nicht Jethro unterstehende

in seine Hand. (Bibel: ... und er hatte die heiligen Geräte und die Kriegstrompeten in seiner Hand).

Und sie zogen aus zum Kampf gegen Midian, wie Yahveh Mose geboten hatte, und sie töteten alles, was männlich war.

Samt diesen Erschlagenen töteten sie auch die Könige von Midian, nämlich Evi und Rekem und Súr (Zúr) und Húr und Rebá, die fünf Könige von Midian: Auch Bala'am ben Be'or, den Sohn Beors, töteten sie mit dem Schwert.

Und die Bene-Isráel (Israeliten) nahmen gefangen alle Frauen von Midian (der Midianiter) und ihre Kinder, all ihr Vieh und all ihre Habe (Herden) und alle ihre Güter raubten sie.

Und all ihre Städte, wo sie wohnten, und alle ihre Zeltdörfer verbrannten sie mit Feuer.

Und sie nahmen allen Raub und alles, was zu nehmen war, Menschen und Vieh. Und brachten's zu Mose und zu Ele'azar, dem Priester, und zu der Gemeinde der Bene-Isráel, nämlich die Gefangenen und das genommene Vieh und das geraubte Gut, ins Lager auf den 'Araboth (Ebenen) von Moab, welche im Yardan (Jordan-Tal) nahe Yeriho (Jericho) sind. Und Mose und Ele'azar, der Priester, und alle Fürsten der Gemeinde gingen ihnen entgegen, hinaus vor das Lager.

Und Mose wurde zornig über die Hauptleute des Gastgebers, die Hauptleute über tausend und über hundert, die aus dem Feldzug kamen.

Und Mose sprach zu ihnen: Warum habt ihr alle Frauen leben lassen? Siehe, haben nicht diese die Bene-Isráel durch Bala'am Rat abwendig gemacht, dass sie sich versündigen an Yahveh (dem HERRN) durch den Fe'ur (Peor) (Bibel: Baal-Peor), sodass der Gemeinde von Yahveh (dem HERRN) eine Plage widerfuhr?

So tötet nun alles, was männlich ist unter den Kindern, und alle Frauen, die nicht mehr Jungfrau sind; aber alle Mädchen, die unberührt sind, die lasst für euch leben.

Und lagert euch draußen vor dem Lager sieben Tage, alle, die jemanden getötet oder die Erschlagenen angerührt haben, dass ihr euch entsündigt am dritten und am siebenten Tag samt denen, die ihr gefangen genommen habt.

Auch alle Kleider und alles Lederzeug und alle Arbeit aus Ziegenhaar (Bibel: Pelzwerk) und alle hölzernen Geräte sollt ihr entsündigen. Und Ele'azar, der Priester, sprach zu dem Kriegsvolk, das in den Kampf gezogen war: Dies ist das Gesetz (Torah), das Yahveh (der HERR) dem Mose geboten hat:

Rasse, die Theist (Exodus, XVIII.), und sicherlich wie ihre Nachbarn aus Moab Verehrer von Baalpeor oder Belphegor.

Das Gold, das Silber, das Kupfer, das Eisen, das Zinn und das Blei, und alles, was Feuer verträgt, sollt ihr durchs Feuer gehen lassen, so wird es rein: nur dass es mit dem Reinigungswasser entsündigt werde.

Aber alles, was Feuer nicht verträgt, sollt ihr durchs Wasser gehen lassen.

Und ihr sollt eure Kleider waschen am siebenten Tage, so werdet ihr rein. Danach sollt ihr ins Lager kommen.

Und Yahveh redete mit Mose und sprach:

Nimm die gesamte Beute an Menschen und Vieh, die weggeführt wurde, auf, du und der Priester Ele'azar und die Häupter der Sippen der Gemeinde.

Und gib die eine Hälfte denen, die in den Kampf gezogen sind und die Schlacht geschlagen haben, und die andere Hälfte der ganzen Gemeinde.

Du sollst aber für Yahveh (den HERRN) als Abgabe erheben von den Kriegsleuten, die in den Kampf gezogen waren, je eins von fünfhundert, an Menschen, Rindern, Eseln und Schafen.

Von ihrer Hälfte sollst du sie entheben und dem Priester Ele'azar geben als Opfergabe für Yahveh (den HERRN).

Aber von der Hälfte der Bene-Isráels sollst du je eins von fünfzig erheben, an Menschen, Rindern, Eseln und Schafen und von allem Vieh, und sollst sie den Levíyyím (Leviten) geben, die den Dienst versehen an der Wohnung (Tabernakel – Stiftshütte der Juden) von Yahveh (des HERRN).

Und Mose und der Priester Ele'azar taten, wie Yahveh (der HERR) Mose geboten hatte.

Und es betrug Beute, so viel am Leben geblieben war von dem, was das Kriegsvolk erbeutet hatte: 675 000 Schafe, 72 000 Rinder, 61 000 Esel[26]*, an Menschen aber 32 000 Mädchen, die nicht von Männern berührt waren.*

Und die Hälfte, die denen gehörte, die in den Kampf gezogen war, betrug 337 500 Schafe; davon waren Abgabe für Yahveh (für den HERRN) 675 Schafe.

Desgleichen 36 000 Rinder, davon waren Abgabe für Yahveh (Yahvehs Tribut) 72.

Desgleichen 30 500 Esel, davon waren Abgabe für Yahveh (Bibel: den HERRN) 61.

26 Pferde und Maultiere, die bei den klassischen Autoren gefunden werden, sind hier nicht erwähnt: Die Schafe sind, wie jetzt, die zahlreicheren; die Ziegen erscheinen nicht, und der Esel wurde damals wie gegenwärtig benutzt. Die Weiden müssen in alten Tagen weit besser gewesen sein: Das moderne Land würde niemals 72 000 Köpfe schwarzen Viehes ernähren.

Desgleichen 16 000 Menschen, davon waren Abgabe für den HERRN 32 Personen.

Und Mose gab diese Abgabe als Opfergabe für Yahveh (den HERRN) dem Priester Ele'azar, wie ihm Yahveh geboten hatte.

Aber die andere Hälfte, die Mose für die Bene-Isráel (Israeliten) absonderte von dem Anteil der Kriegsleute, nämlich die Hälfte, die der Gemeinde zukam, betrug auch

337 000 Schafe,
36 000 Rinder,
30 500 Esel,
und 16 000 Menschen.

Und Mose nahm von dieser Hälfte der Bene Isráel (Israeliten) je eins von fünfzig, sowohl vom Vieh als von den Menschen, und gab's den Levíyyím (Leviten), die den Dienst am Tabernakel (Stiftshütte, Wohnung) von Yahveh (des HERRN) versahen, wie Yahveh es Mose geboten hatte.

Und es traten an Moses heran die Anführer der Tausendschaften des Kriegsvolks des Gastgebers, die Hauptleute über tausend und über hundert, und sprachen zu ihm: Wir, deine Knechte, haben die Summe der Kriegsleute aufgenommen, die unter unserm Befehl standen, und es fehlt nicht einer.

Darum bringen wir Yahveh (dem HERRN) als einen Kurbán (Gabe, Opfergabe), was jeder gefunden hat an goldenem Gerät, Ketten, Armgeschmeide, Ringen, Ohrringen und Spangen, um für uns Sühne zu schaffen vor dem Angesicht von Yahveh (vor dem HERRN).

Und Mose samt dem Priester Ele'azar nahm von ihnen das Gold, allerlei Geschmeide.

Und alles Gold, das die Hauptleute über tausend und über hundert als Opfergabe für Yahveh (den HERRN) darbrachten, wog 16 750 Lot (Schekel).[27] *(Aber von den Kriegsleuten hatte jeder nur für sich selber Beute gemacht.)*

Und Mose und der Priester Ele'azar nahmen das Gold von den Hauptleuten über tausend und über hundert und brachten es in die Stiftshütte der Gemeinde als ein Andenken für die Bene-Isráel (Israeliten) vor dem Angesicht Yahvehs (Bibel: und brachten es in die Stiftshütte, damit es dazu diene, dass der HERR gnädig der Israeliten gedenke).

27 Der Gold-Schekel ist augenscheinlich ein Gewicht. Diese Zeilen legen nahe, dass die Midianiter Metallschmiede unter sich hatten, und, falls dem so war, hätten sie alle anderen bekannten Handwerke gehabt. Der silberne Schekel, welchen Luther mit »Silberling« übersetzt, war ungefähr 1 Schilling 6 Pence wert.

Es dauerte lange, bis ein arabischer Stamm sich von solch einem Schlag erholen konnte. Wir können indessen gerechterweise annehmen, dass, wenn alle männlichen Bewohner an der nördlichen Grenze erschlagen wurden, die Nomadenfamilien im Sinai und anderswo entkamen.

Nach einem Niedergang von zwei Jahrhunderten erlangten die Midianiter wieder Macht, und ihre Unterdrückung der Israeliten oder eher ihre Rache an ihren schrecklichen Blutsverwandten endete im zweiten Midianitischen Krieg (1249 v. Chr.). Ich möchte hier aus den malerischen Seiten Dekan Stanleys eine Beschreibung dieser Tragödie entlehnen, welche, in hebräischer Schrift, sich in das Ertrinken der Ägypter und die Zerstörung von Sanheribs Heerscharen einreiht.

»Die nächste Schlacht war von einer sehr anderen Art, und von einer dieser Schlachten kann der gegenwärtige Anblick der Ebene (Esdraëlon) ein klareres Bild geben. Niemand in gegenwärtigen Tagen hat diese Ebene passiert, ohne von den Angriffen der beduinischen Araber zu hören oder zu sehen, wie sie von der benachbarten Wüste hineinströmen. Hierhin und dorthin neben dem Brunnenrand oder unter den Büschen der Berge können ihre Zelte oder ihre wilden Gestalten überall gesehen werden, der Schrecken gleichermaßen für friedliche Dorfbewohner und den schutzlosen Reisenden. Das, was wir jetzt in einem kleinen Maßstab sehen, ist aber eine kleine Darstellung einer großen Heimsuchung, die noch Jahrhunderte danach im Gedächtnis des jüdischen Volkes fortlebte; die Invasion, nicht der zivilisierten Nationen Assyriens oder Ägyptens oder der kanaanitischen Städte, sondern der wilden Bevölkerung der Wüste selbst, ›der Midianiter, der Amalekiter und der Kinder des Ostens.‹[28] Sie kamen mit allen Begleiterscheinungen des beduinischen Lebens herab, ›mit ihrem Vieh, ihren Zelten und ihren Kamelen; sie kamen herab und ›lagerten‹ sich gegen die Israeliten, nachdem ›Israel gesät hatte‹, und ›zerstörten das Wachstum der Erde‹ und alles Vieh [in der Küstenebene]‹, bis sie nach Gaza kamen wie

28 Die Kinder des Ostens waren die Bene Kedem. Plinius' Worte sind: »Scythopolis, früher Nysa genannt, von der Amme von Dionysius, welche dort begraben worden ist«, ihr gegenwärtiger Name wird von der skythischen Kolonie hergeleitet, die dort errichtet wurde.

Heuschrecken in riesigen Mengen, sowohl sie als auch ihre Kamele waren ohne Zahl (Richter VI, 3, 4, 5).[29] *Der genaue Anblick und das Betragen ihrer Scheiche sind für uns bewahrt. Die zwei geringeren Oberhäupter (Sari oder ›Fürsten‹, wie sie in unserer Version genannt werden), in ihren Bezeichnungen Oreb*[30] *und Zeeb, ›der Rabe‹ und ›der Wolf‹, gegenwärtig merkwürdige Gegenteile des Titels des ›Leoparden‹, der jetzt ihrem modernen Nachfolger, Abd-el-Aziz, Oberhaupt der Beduinen jenseits des Jordans, gegeben wird. Die zwei höheren Scheiche oder ›Könige‹, (Melekai) Zebah und Zalmunna, ritten auf Dromedaren, selbst farbenprächtig mit scharlachroten Umhängen gekleidet und halbmondförmigem Schmuck und goldenen Ohrringen (Richter, VIII, 21–26), ihre Dromedare mit Zierden und Ketten wie sie selbst, und wie in äußerer Erscheinung, so in dem hohen Geist und hoher Haltung, welche sie in ihrer letzten Stunde zeigten, repräsentierten sie wahrlich die Araber, die bis zum gegenwärtigen Tag die gleichen Gebiete durchstreifen.*

Solch ein Einfall verursachte bei den Israeliten unter ihren gewöhnlichen Kriegen einen ähnlichen Eindruck wie die Invasion der Hunnen unter den vergleichsweise zivilisierten Invasionen der germanischen Stämme. Sie flohen in ihre Gebirgsfestungen und Höhlen als dem einzigen Zufluchtort; sogar der Weizen von den Hochlandtälern von Manasseh musste vor den habgierigen Plünderern verborgen werden (Richter, VI, 11). Das ganze Land war folglich zum ersten Mal in den Händen der Araber. Aber es war in der Ebene von Esdraëlon, als damals die Kinder der Wüste ihre Hauptquartiere aufschlugen. In dem Tal von Jezreel (Richter, VI, 33), das heißt im zentralen östlichen Zweig der Ebene, den langen Abstieg zum Jordan beherrschend und deshalb auf ihren eigenen östlichen Wüsten, ›lagen sie entlang des ganzen Wadis wie Heuschrecken in Mengen‹, und ihre ›Kamele‹ – ungewohnter Anblick

29 Von einem anderen Nomadeneinfall zu einer späteren Zeit sind wenige Spuren geblieben – derjenige der Skythen oder der Nomaden des Nordens, in der Herrschaftszeit von König Josiah, bekannt nur durch die kurze Nachricht bei Herodot, und die Anspielungen in den Schriften von Zephaniah und Jeremiah. Eine dieser wenigen Spuren zeigt indessen, dass sie sich wie ihre Vorgänger und Nachfolger in der Ebene von Esdraëlon niederließen. Von daher leitete wahrscheinlich Bethshan am Fuß des Berges Gilboa seinen griechischen Namen Scythopolis ab (Plinius, V, 18).

30 Smith's Dictionary of the Bible (siehe unter Midian) übersetzt »Oreb« mit der »Rabe« oder korrekter: »Krähe«. Das Wort ist etymologisch das gleiche wie das arabische Ghuráb, welches, angewandt auf ein Beduinen-Oberhaupt, bestimmt einen Raben bezeichnen würde.

in den Weidegebieten Palästinas – waren ohne Zahl wie Sand am Meer‹ auf dem breiten Rand der Bucht von Acre (Akko?). Wie bei der Invasion von Sisera, so wie jetzt, waren die nächsten Stämme jene, die zuerst durch ein Gespür für ihre gemeinsame Gefahr in Bewegung geraten waren. Der Nobelste aus dem Manasseh-Stamm – einer, dessen Erscheinung ›wie der Sohn eines Königs‹ war und dessen Brüder, bereits ruchlos von den wilden Angreifern auf den benachbarten Höhen von Tabor erschlagen, jeder wie die Kinder von Königen‹ waren – wurde mit der Aufgabe betraut, die Kräfte seiner Landsleute zu sammeln. Alle Manasseh waren mit ihm und auf der anderen Seite der Ebene kamen Zebulun und Naphtali und sogar die zögernden Ascher, um sich ihm anzuschließen (Richter, VI, 31). Auf dem Abhang des Berges Gilboa hatten sich die Israeliten neben einer Quelle gelagert, möglicherweise die gleiche wie diejenige anderswo (erstes Buch Samuel, XXIX), die ›Quelle von Jezreel‹ genannt, aber hier, aus der gut bekannten Probe, durch welche Gideon den Mut der Armee prüfte, der ›Brunnen des Zitterns‹ genannt.[31]

Auf der nördlichen Seite des Tales, aber anscheinend tiefer unten in dem Abstieg in Richtung des Jordan, von einer jener leichten Erhöhungen, welche für die ganze Ebene charakteristisch sind, wurde das Heer der Midianiter ausgebreitet. Es war Nacht, als von der Bergseite Gideon

31 Richter VII, 1. »Die Quelle (falsch übersetzt mit ›Brunnen‹) von Harod«, in offensichtlicher Anspielung auf die Wiederholung des gleichen Wortes in Vers 3: »Wer immer ängstlich und zitternd ist«. Der moderne Name der Quelle ist 'Ain Dschalud, die »Quelle von Goliath«. Dies kann – laut Richter – vielleicht von einer unklaren Erinnerung an die Philister-Schlacht in der Zeit Davids herrühren, aber entstand wahrscheinlicher aus der im sechsten Jahrhundert verbreiteten falschen Tradition, dass dies der Schauplatz von Davids Kampf mit Goliath war (Ritter, »Jordanien«, S. 416). Schwartz (164) vermutet genial, dass es eine Erinnerung an einen älteren Namen ist, der dem ganzen Berg beigelegt wird, und dies erklärt den Schrei von Gideon (VII, 3), »wer immer ängstlich und furchtsam ist, lass ihn umkehren und rechtzeitig vom Berg Gilead abreisen«. Aber wir können entweder annehmen, dass Gilead dort eine Verfälschung von – was auf Hebräisch ihm stark ähnelt – »Gilboa« ist, oder dass es der Kriegsschrei der Manasseh – östlichen wie westlichen – war und dass demnach »Berg Gilead« als eine allgemeine Bezeichnung für den ganzen Stamm benutzt wurde (Ewald, Geschichte, 2. Auflage II – 500). Josephus (Ant. V, 6) erklärt die Prüfung, dass jene, die auf ihre Knien niedersanken und so tranken, Männer von Mut waren, aber all jene, die stürmisch tranken, es aus Angst vor dem Feind taten.

und sein Diener (Phurah) zu dem gewaltigen Feldlager hinabstiegen.[32] *Alle entlang des Tales, innerhalb und rund um die Zelte, die Tausende von Arabern lagen in Schlaf gehüllt oder ruhten auf dem Beutegut des Tages, und ihre unzähligen Kamele lagerten sich für die Nacht in tiefer Ruhe rund um sie herum. Einer der Schläfer schreckte aus seinem tiefen Schlummer auf und erzählte seinen Kameraden seinen Traum – ein charakteristischer und ausdrucksvoller Traum für einen Beduinen, selbst ohne seine schreckliche Auslegung –, dass ein Kuchen aus Gerstenbrot von jenen reichen Kornfeldern, jenen zahlreichen ausgedroschen Fluren der friedvollen Bewohner in das Zeltlager von Midian gerollt würde und ein Zelt umstieß und es überrollte, sodass es längs auf dem Boden lag (Richter, VII, 13). Von diesem guten Omen wieder beruhigt, kam Gideon zu seinen dreihundert treuen Anhängern zurück, die Trompeten wurden geblasen, die Fackeln loderten stark, der Ruf von Israel, immer schrecklich, immer wie ›der Schrei eines Königs‹ (Numeri, XXIII, 21), brach durch die Stille der mitternächtlichen Luft, und die Schläfer sprangen von dem Ruheplatz auf und rannten hierhin und dorthin mit entsetzten, für die arabische Rasse so eigentümlichen ›Schreien‹ (Richter, VII, 21).*

›Und der Herr schaffte, dass im ganzen Heerlager eines jeden Schwert gegen den anderen (Kameraden) war, und das Heer floh blindlings den Abstieg des Jordan hinunter, zu den als das ›Akazienhaus‹ (Beth-Schittah) und die ›Grenze‹ der ›Wiese des Tanzes‹ (Abel-Meholah) bei Tabbat (Richter, VII, 22) bekannten Stellen. Diese Stellen waren im Jordantal, wie ihre Namen andeuten, unter den Bergen von Ephraim.[33] *Zu den Ephraimiten wurden deshalb Boten geschickt, um die nördlichen*

---

32 Es ist aus der Folge und aus der Konversation mit Zebah und Zalmunna (VIII, 18) offensichtlich, dass Gideon den Dialekt der Midianiter verstand, welcher, wie Hebräisch, ein roher nördlicher Zweig der großen und glänzenden arabischen Familie war. Josephus indessen (ebenda) spricht von der Vielfalt der Sprache, die viele Midianiter dazu veranlasste, mit den Schwertern übereinander herzufallen. Der Grammatiker Yákút behauptet in El-Mu'dscham, dass es ein südarabischer Dialekt aus Midian ist. Herr Vita Zelman, welcher aus den Namen der Oberhäupter Schlüsse zieht, meint, die Sprache müsse wie die hebräische des Zeitabschnitts assyrisch gewesen sein. Während meines kurzen Besuches hatte ich kaum Zeit, um nachzuforschen, ob die Maknáwí irgendwelche, den Stämmen fremde Ausdrücke bewahrt hatten: Sie schienen die halbfellachische und halbbeduinische Zunge ihrer Nachbarn zu sprechen.

33 Die »Akazie« (Schittah) wird nie auf den Bergen gefunden; die »Wiese« (Abel) ist für die Regenströme des Jordan eigentümlich. Abel-Meholah muss in der Nähe des Flusses gewesen sein, welcher mit Zartan oder Zererath und Bethshean benannt ist (erstes Buch Könige, VII, 46). Abel bedeutet hauptsächlich wie Ernte-Gras nass zu sein, welches niemals

Furten des Jordan bei Bethbarah zu unterbrechen. Dort fand der zweite Konflikt statt, und Oreb und Zeeb wurden ergriffen und dem Schwert überantwortet, der eine auf einem Stein, der andere auf einer Weinpresse. Die zwei höher gestellten Scheiche, Zebah und Zalmunna, hatten bereits passiert, ehe die Ephraimiten erschienen waren; Gideon, der jetzt die Furten von dem Schauplatz seines früheren Sieges aus erreichte, verfolgte sie deshalb in das östliche Territorium seines eigenen Manasseh-Stammes. Das erste Dorf, das er im Jordan-Tal erreichte, war dasjenige, welches nach den ›Hütten von Jakobs altem Feldlager‹ den Namen Succoth trug (Genesis, XXXIII, 17). Das nächste, weiter oben auf den Hügeln, mit seinem hohen Beobachtungsturm, war dasjenige, welches nach der Vision des gleichen Patriarchen den Namen Peniel trug, das ›Gesicht Gottes‹. Weiter oben in der östlichen Wüste – unter ihren eigenen beduinischen Landsleuten ›sich in Zelten aufhaltend‹ – war das Heer von Zebah und Zalmunna ›sicher‹, als Gideon über sie hereinbrach. Hier vervollständigte ein dritter Sieg die Eroberung. Die zwei Oberhäupter wurden gefangen und erschlagen; der Turm von Peniel wurde zerstört: Und die Fürsten der Succoth wurden mit den dornigen Zweigen der Akazien-Haine ihres eigenen Tales gegeißelt (Richter, VIII, 16).

Dieser Erfolg war vielleicht das größte je durch die Waffen Israels erhaltene Zeichen; wenigstens dasjenige, das am meisten im Gedächtnis der Leute fortlebte. Der ›Brunnen‹ von Gideons Feldlager, der Stein und die Weinpresse, die den Tod der zwei midianitischen Oberhäupter bezeugten, wurden nach den damals erhaltenen Namen benannt: Und der Psalmist und die Propheten erwähnten lange danach mit Jubel den Sturz von ›Oreb und Zeeb, von Zebah und Zalmunna, die sagten, lasst uns für uns selbst die Weiden Gottes in Besitz nehmen – das Brechen des ›Stabes des Unterdrückers wie an dem Tag von Midian‹ (Buch Jesaja, IX, 4; deutsche Bibelübersetzung: Denn du hast ihr drückendes Joch und den Stecken ihres Treibers zerbrochen wie am Tage Midians). Gideon selbst war dadurch in fast königlichen Status erhoben worden, und die Einrichtung einer erblichen Monarchie durch ihn und seine Familie wäre fast erwartet worden.«

Wir können hinzufügen, dass der Schlachtruf »Das Schwert des Herrn und Gideons« über lange Generationen verewigt worden ist und sogar den Bürgerkriegen des puritanischen Englands einen ihm eigenen Schrecken hinzugefügt hat.

---

auf baumbewachsene Länder und Wasser-Wiesen wie Abel-maim (von Wassern), Abel Ceramim (von Weingärten) etc. angewandt wird.

Nach der mitleidlosen Vernichtung von »einhundertundzwanzigtausend Männern, die das Schwert gezogen hatten« und fünfzehntausend mehr, erhoben die Midianiter ihre Häupter nicht mehr. In der Tat wurden sie aus der hebräischen Geschichte ausgeblendet und dienen nur als Hinweise auf die Dichter und die Propheten.

Für die Erforscher der Bergbaustädte von Midian ist der interessanteste Teil der Geschichte die Menge und die Vielfalt der durch das Land produzierten Metalle – Gold, Silber, Kupfer, Zinn und Blei (Numeri, XXXI, 22). Ein Teil der von Moses gemachten Beute, »Gefäße von Gold, Ketten und Armbänder, Ringe, Ohrringe und Tabletts« (ebenda, 50); und goldene Ohrringe, welche 1700 Schekel wogen, zusammen mit Schmuck, Halsketten, purpurroten Gewändern und Ketten für die Hälse der Kamele, wurde zweifellos durch Handel erlangt. »Midianitische Händler« (um 1729 v. Chr.) zogen Josef aus der Grube und verkauften ihn für zwanzig Silberstücke an die »Ismaeliter« (Genenis, XXXVII, 28), ihre Blutsverwandten.[34] Aber die Entdeckung der späteren Bergbaueinrichtungen und der noch unausgebeuteten kostbaren Metalle zeigt eine weitere und einheimische Quelle für Reichtum.

Unter Trajan (98–117 v. Chr.) teilt das Land Midian wahrscheinlich die Schicksale von Edom oder Idumaea, welches nach seiner Eroberung durch A. Cornelius Palma zu einer besonderen Provinz mit dem Titel von *Palestina Tertia seu Salutaris* erhoben wurde. Dieser Epoche würde ich die Errichtung 'Aynúnahs zurechnen, welches wahrscheinlich durch die Unruhen und die dem frühesten politischen Aufstand des El-Islam folgenden Uneinigkeiten zerstört wurde. Die anderen Ruinen in Makná, Scharmá und Wadi Tiryam zeigen durch ihren minderwertigeren Stil eine barbarische Besetzung –

34 »Denn sie« (die Midianiter) hatten »goldene Ohrringe, weil sie Ismaeliten« waren, (Richter VIII, 24). Deshalb gehörten die Midianiter und die Ismaeliten beide zu den Bene-Kedem oder »Leuten des Ostens« – Beduinen und Zeltbewohner.

möglicherweise der Nabat, christlicher Araber – an, die den Boden bis zur muslimischen Eroberung innehatten. Schließlich kam der Beduine, der das Land auf das reduzierte, was es jetzt ist: das Gräuel der Verwüstung, die an die Stelle der »Fettheit der Erde« trat.

Kapitel VIII

Von 'Ayn El-Morák zum Weißen Berg:
Die Inschrift und die Nabatäer

Die Karawane begann am zweiten Tag, Gestalt und Ordnung anzunehmen. Zwischen drei und vier Uhr morgens rief ich Antonin, den Küchenjungen, herbei, neben den Beduinenscheichen und den Oberhäuptern der einheimischen Gesellschaft Tee und Kaffee für sechs fertigzumachen: Die Letzteren hatten auch ihr eigenes Gebräu, welches weit besser als unseres war.[35] Wir, die Europäer, die zu Fuß aufbrachen, untersuchten das Land sorgfältig, während im Lager noch das Durcheinander des Packens und Aufladens herrschte. Nach einer Stunde oder zwei kamen die Kamele herauf, und wir ritten zur nächsten Station. Das Frühstück, über Nacht zubereitet, wurde etwa 11 Uhr vormittags auf einem Tuch unter irgendeinem Dornbaum ausgebreitet. Wir nahmen gewöhnlich einen gehörigen Schluck Laban (saure Kamelmilch) zu uns, und wir streckten unsere zivilisierten Vorräte mit dem Hammelfleisch der Huwaytát, das – dank des wohlriechenden Schíh (absinthium), des balsamartigen Za'tar (Thyme, Th. Serpyllum) und anderer duftender Kräuter der Wüste, von denen sich die Tiere ernähren – einen unübertrefflichen Geschmack hat und zu dieser Jahreszeit sogar besser mundet als das grasfressende Wildbret zu Hause.

Während der Hitze des Tages ruhten wir aus. Das Schlafen, sowohl in der Nacht wie bei Tag, fällt in diesen hoch elektrisierten Gebieten erstaunlich leicht, trotz der Einfachheit und

35 Der Gischr (Kischr oder Kaffeeschale) ist hier unbekannt: Er wird universell um Aden im westlichen Jemen und in Sana'á getrunken, und ein heutiger Reisender vergleicht ihn mit der früher unter dem Namen von »twist« (Drehung, Drall) in England getrunkenen Mischung aus Kaffee und Tee.

Reinlichkeit des »Nufúz«, des weichen Sandes, den der Araber so sehr genießt. Am Nachmittag nahmen wir unsere Arbeit wieder auf, kletterten, forschten und sammelten Proben, welche die Soldaten in Taschen und Körben trugen, während die ägyptischen Offiziere ihre Skizzen und Pläne anfertigten. Wir speisten bei Sonnenuntergang und verbrachten den Abend und den Teil der Nacht in Plauderei mit den Beduinen und sammelten die sehr spärlichen Informationen, die sie liefern konnten.

Als wir am 10. April um 5 Uhr früh in der kühlen und starken Gebirgsluft aufbrachen, schlugen wir aus Südosten eine Richtung auf den Weißen Berg zu ein und umgingen den zum Meer gelegenen Fuß des Dschebels el-Zahd, dessen östliche Höhen die 6090 Fuß auf der Karte jetzt rechtfertigen. Von hier aus konnten wir auch das Wadi zwischen den zwei Massiven Dschebel 'Arawwah im Norden und Síg im Süden ausmachen. Vom Meer aus hatten beide wie eine einzige Mauer ausgesehen.

Alsbald stießen wir auf eine neuere Formation, Sandsteinkies; in diesem fremden Land zeigte jedes Wadi eine Veränderung. Nach einem einstündigen Spaziergang erreichten wir das Tal El-Khim (für Khiyam, Zelte), wir fanden seine Sohle mit etwas gestreift, was schwarzer Sand zu sein schien. Die zum Testen fortgeschaffte Menge war bemerkenswert schwer. Ich erwartete Schmirgel, Herr Marie tippte auf Zinnoxid; wie es sich herausstellte, handelte es sich um fast reines Bleichlorid. Das Vorkommen von Quarz – vielfach weiß, bisweilen auch rosa, mit einem schönen Anteil an Hyalin, welches wie üblich erzarm war – nahm wie der Granit zu und wurde, die Stelle von Porphyr einnehmend, immer reichlicher. An vielen Stellen lagen gewaltige verwitterte und abgerundete Blöcke verstreut, wie Krümel, die von den Tischen der Giganten herabgefallen waren.

Wir überquerten den oberen Teil des Wadis 'Aynúnah und stiegen das breite und sich windende Wadi Intaysch hinauf,

das von einem großen Bruchstück eckigen Quarzes markiert wurde. Hier und dort lagen Gräber, die denjenigen der Beduinen glichen, allerdings in größerem Maßstab.

Die Leute behaupteten indessen, dass sie christlich seien, und auf halbem Wege entdeckte Herr Clarke einen »beschriebenen Stein«, einen Block aus rotem Porphyr, dem gleichen Material, welches die von Seetzen im Jemen kopierten himyaritischen Inschriften trug. Er zeigt zwei Kreuze, und in diesem Punkt ähnelt er sehr den drei von Dr. Wallin in schlecht geformten Charakteren kopierten Inschriften. Er fand sie nahe eines Friedhofs des Ma'ázah-Stammes, auf dem seit alten Zeiten ihre Scheiche und andere Persönlichkeiten von Rang begraben wurden.

»Auf andere Steinen waren plumpe Darstellungen verschiedener Tiere wie Kamele, Schafe und Hunde eingraviert, wahrscheinlich das Werk von beduinischen Schäfern.«

Der beschriebene Stein wurde triumphierend weggetragen und Seiner Hoheit, dem Vizekönig, überreicht, nachdem er ausgiebig fotografiert worden war, und Kopien wurden an

Einige der gefundenen Inschriften

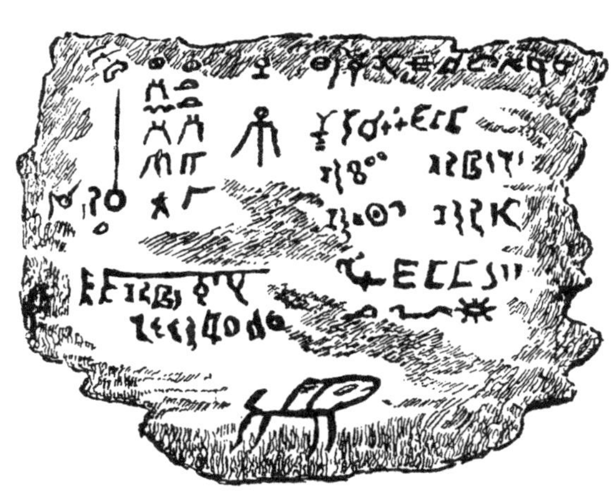

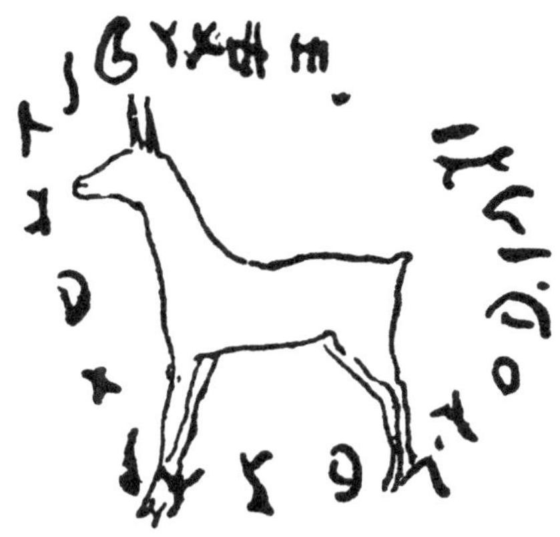

Professor Sprenger in Bern gesandt, der sie an Dr. Loth in Leipzig weitergab, an Herrn C. Knight Watson in Burlington House und an Professor Socin in Basel. Der Letztere nahm freundlicherweise die Gelegenheit wahr, sie an die Herren Euting (berühmter Semitist), Nöldeke (Arabisch-Gelehrter) und Geldemeister in Bonn (Orientalist) zu senden; alle vier stimmten überein, dass mehr Material erforderlich sei, bevor die Inschrift entziffert werden könne. Professor Socin war der Meinung, dass das umgekehrte E (Ǝ) eher griechisch als nabatäisch sei, und dass die Ligatur OƎ ein Ǝ sein könnte, mit der nabatäischen Form des Míno (m), während das häufige Auftauchen des Cupido-Bogens oder umgekehrten Sigmas den Verdacht erweckt, dass es kein Káf (K) sein kann. Könnte es nicht ein M sein?

Herr Clarke erinnerte sich sogleich daran, dass er, als wir von El-Muwayláh nach 'Aynúnah losritten, etwas in dieser Art bemerkt habe, während wir das Wadi Scharmá durchquerten; da er aber nicht auf Inschriften vorbereitet war, hatte er versäumt, sie sicherzustellen. Diese kleine Aufgabe wurde ordnungsgemäß der Sorge von Sayyid Abd el-Rahím anvertraut. Der Beduine sprach auch von einer »Inschrift« ähnlich unserer in den Bergen, östlich der Marschrichtung, und so groß wie ein Haus – woraus ich auf ein Grabmal schließen würde. Nach meiner Rückkehr schickte mir Professor Sprenger den folgenden Auszug aus dem Dschehan-Numá von Hádschi Khalífah 1069 A. H. (= A. D. 1658): »Nahe Midian sind Alwáh (Tafeln? oder Felsfassaden?) mit Inschriften bedeckt, welche die Namen alter Könige enthalten«; er ist aber nicht in der Lage zu sagen, ob Makná oder die Siedlung El-Bada' (das Madiáma des Ptolemäus, jetzt Magháir Schu'ayb), etwa sieben Meilen nach Osten, gemeint ist. Zudem verfügte er über Notizen von einem schmalen Tal zwischen Madyan und El-'Akabah, in dessen abschüssigen Steinmauern sich eine Nische im Stein befindet, die interessante Überreste enthalten könnte.

Die linke Wand des Wadis Intaysch zeigte Adern aus blendend weißem Quarz, einige davon waren vor Kurzem herausgebrochen worden. Dies konnte kaum von unserem gestrigen Boten getan worden sein. Bald darauf erschien zur Rechten ein Hügelchen aus der gleichen Substanz, das sich unerwartet aus der kleinen und durch Wind und Wetter gelb gefärbten Fläche erhob. Schließlich sichteten wir den Dschebel el-Abyaz (Weißer Berg), auch Dschebel Maru genannt, und nachdem wir uns am südlichen Fuß entlanggewunden hatten, lagerten wir auf der Ebene oder eher der Talmündung El-Maka'dah, um eine Pause einzulegen. Hier war alles trocken, und wir gruben vergeblich eine etwa sechs Fuß tiefe Grube. Die Beduinen erklärten aber, dass Wasser zwischen den Hügeln nur eine Stunde Fußmarsch entfernt zu finden sei. Ich lag unter einer Akazie, genoss den Atem der Wüste und fragte mich, was aus meinen Begleitern geworden war – so bis 11 Uhr vormittags, als ich hörte, dass ihr Führer ein »ghaschím« (Johnny Raw) war. Ein Suchtrupp wurde mit Wasser und Proviant losgeschickt, um sie ins Lager zu führen. Sie hatten sich verirrt und das Weiseste getan, was sie tun konnten: Sie hatten sich niedergesetzt, bis ihre Abwesenheit bemerkt wurde, und in der Zwischenzeit sorgfältig ihre Flasche Wein geleert.

Während des Nachmittags bestiegen wir den Weißen Berg, der sich ungefähr 350 Fuß über die angrenzende Ebene erhebt. Der Sockel besteht hauptsächlich aus grauem Granit, mit dicken Adern von Quarz durchsetzt. Letzterer tritt am Gipfel zutage und bildet einen regelrechten Pilzhut. Während Herr Marie unten blieb, stieg ich hinauf und sah mich genau um. Etwa ein halbes Dutzend ähnlicher Bergspitzen aus Quarz punktierten die niedrigeren Landstriche zwischen unserem kleinen Hügel und dem Dschebel Uschschah im Osten, und in Richtung Meer blickend, war es leicht, mittels mehrerer Inseln die Position festzulegen. Nach dem Bau dessen, was in Syrien als »Kákúr« (Steinmann, Landmarke) bekannt ist, stieg ich gerade hinab, als Herr Marie ausrief, dass er eine Entdeckung gemacht habe. Von Osten nach Westen streichend, anderthalb bis zu zwei Yards breit und sich deutlich von der Quarzmasse abhebend, fand sich eine Ader, die wir unverzüglich *Le Grand Filon* (den großen Erzgang) tauften. Sie durchzog deutlich das ganze Hügelchen und ähnelte aus der Entfernung Porphyr, während viel davon einen pfauenfarbenen Schimmer wie der silberhaltige Bleiglanz der Silberstaaten in Nordamerika hatte. Das große Gewicht ließ auf einen hohen Metallanteil schließen, und ein Teil davon war augenscheinlich bearbeitet worden.

Bei unserer Rückkehr nach Kairo wurden sogleich Proben des *Grand Filon* einer Untersuchung durch Gastinel-Bey unterzogen, der mit der »voie humide« (feuchten Methode) arbeitete, während Herr Marie die trockene Behandlungsweise bevorzugte. Letzterer schmolz und kupellierte sein Bruchstück in der üblichen Art.[36] Es erwies sich als eine hochgradig gemischte Formation, die etwa zehn Metalle enthielt – vor allem titanhaltiges Eisen mit einer bestimmten Menge an Wolfram oder Tungsten; der Anteil von Eisenoxid betrug etwa 86,50 Prozent und der von Kupfer 3,40; hinzu kam eine Spur von Silber (1/1000 im trockenen Verfahren), wobei Letzteres Herrn Gastinel zufolge außer im Laboratorium nicht leicht trennbar ist. Andererseits erklärt Oberst Middleton, der große Erfahrung in diesen Dingen besitzt, dass der Prozess einfach sei – es handle sich darum, das Erz zu zerstückeln, zu rösten, zu pulverisieren und den Vorgang mit Salmiak oder gewöhnlichem Salz zu beschleunigen.

Nach meiner Rückkehr nach Kairo schlug ich dem Vizekönig vor, mit einer Abteilung von Ingenieuren und einer Last von Schießbaumwolle oder Dynamit sofort damit zu beginnen, aus der Ader tonnenschwere Brocken herauszu-

36 Für 25 Gramm Erz benutzte er als Flussmittel: Litharge (100 Gramm), Sodakarbonat und Boraxkarbonat (jeweils 40 g) und Nitrat von Pottasche (2 g). Das Zeug war bereitwillig geschmolzen, aber die Kupellation war unvollkommen.

sprengen und als Ganzes zur Hauptstadt zu transportieren, um der Welt eine Probe des midianitischen Metalls zu zeigen. Aber am 24. April brach der Russisch-Türkische Krieg aus – mit den üblichen außergewöhnlichen Requisitionen an Männern und Geld aus dem unglücklichen Ägypten. Ich fühlte, dass mein eigentlicher Platz auf meinem Posten war, und das heiße Wetter schritt schnell voran. Das Projekt blieb deshalb bis November in der Schwebe, als wir annahmen, dass der Feldzug nicht mehr länger die öffentliche Aufmerksamkeit in Anspruch nehmen würde.

Nachdem wir aus einer anderen Richtung – wo wir Zeichen von einer befestigten Straße gefunden hatten – ins Lager zurückgekehrt waren, genossen wir einen angenehmen Abend, wobei wir über die vielversprechende große Erzader sprachen und die einzigartigen Schönheiten des Himmels, dessen tiefblaues, kristallenes Gewölbe durch seine Reinheit und Heiterkeit doppelte Weite gewann. Niemals erschien das Abendrot, das Tierkreislicht, obwohl es jeden Abend klar sichtbar war, so brillant; es wechselte von Purpurrot und Indigo zu Gold und Rosa und schließlich zu einem blassen Meergrün. Es zeichnete sich so scharf ab, dass der Scheitelpunkt der Pyramide den Horizont zu berühren schien.

Eine Höhe von mehr als eintausend Fuß hatte uns über die dichteren Dünste der Küste gebracht. In Richtung Meer zeigten sich die Sterne – glühende rote Funken wie entfernte Schiffslampen oder Leuchttürme – genau auf der Linie, wo Luft und Wasser aufeinandertreffen. Landeinwärts erhoben sich die dunstigen Riesen, wie in einer Rüstung aus poliertem Stahl, über dem gewaltigen Vorhang des Bollwerks – verzauberte Wächter, welche die geheimnisvollen Regionen des Orients beschützen, bis sich alsbald die Schatten verdichteten und wir nichts als eine Armee in grässlicher Schlachtordnung aufgestellter grauer Phantome hinter uns sahen.

Vor Einbruch der Dunkelheit bemerkten wir eine außergewöhnliche Stimmung im Zeltlager: Die Kamele waren alle zusammengetrieben, angebunden und angepflockt, während sich die Anzahl der Feuer sehr verringert hatte. Bald darauf verschwand Scheich Abd el-Nabi leise und ohne ein Wort der Warnung. In der Absicht, die Pässe des Weißen Berges zu besetzen, woher seine Erbfeinde, die Ma'ázah, gewöhnlich in voller Stärke auf die Ebene hervorbrechen, führte er viele seiner fröhlichen Männer an. Dies wurde uns durch den Gouverneur von El-Muwayláh mitgeteilt, der sich am Vorabend der Karawane angeschlossen hatte. Wir trafen sofort unsere Vorbereitungen. Gewehre und Revolver wurden auf den Tisch gelegt, und meine Karabiner-Pistole schien endlich eine Chance zu haben, sich auszuzeichnen. Meine zwei Reisegefährten hielten bis Mitternacht Wache und ermahnten die Patrouille, »eins, zwei, drei, vier« auszurufen, wenn sie zu Ende ging; ich selbst übernahm die Morgenwache. Der Alarm führte zu nichts, und das war nicht zu bedauern. Zeitlebens hätte ich es bereut, eine schwache Reisegesellschaft in zwei geteilt zu haben, wenn ich auch nur einen Mann verloren hätte. Aber nicht eine Silbe war uns über die Möglichkeit solch eines Abenteuers zugeflüstert worden, und es schien auf den ersten Blick unmöglich, dass ein Stamm, der mit Ägypten und Syrien Handel treibt, eine Abteilung von Regierungstruppen attackieren sollte.

Sayyíd 'Abd el-Rahím erklärte die Schwierigkeit durch die Bemerkung, dass die Beduinen keinen Verstand hätten und alles und jeden bei jeder Gelegenheit angriffen. Überdies seien sie schadenfroh wie Kinder oder Affen und stets zum Streiten aufgelegt wie die fahrenden Ritter und alten Raubritter. Der Angriff hätte natürlich den Huwaytát gegolten, nicht uns; bei solchen Gelegenheiten aber erwartet der wilde Mann von jenen, die er beschützt, dass sie auch ihn beschützen – es ist eine Frage der Ehre.

Dieser aufrührerische Stamm, ebenfalls zur Hälfte Fellachen und von ägyptischer Abstammung, kann etwa 5000 Männer zusammenbringen. Seine Heimat liegt östlich der Huwaytát und erstreckt sich nach Norden bis El-Arísch, landeinwärts etwa vier bis fünf Tagesritte mit dem Dromedar, wenigstens 120 geographische Meilen in die Hismá oder Region des Roten Sandes hinein. Sie sind in ebenso viele Klans unterteilt wie ihre westlichen Nachbarn, und sie unterstehen zwei großen Scheichen, Mohammed bin 'Atíyyah und Ibn Hurmás, beide in der Hismá. Ihr Reichtum besteht aus Kamelen und Eseln, Schafen und Ziegen, mit etwa einem Dutzend für die Ma'ireh gehaltenen Pferden, oder aus Raubgut – der Mangel an Weideland verhindert die Züchtung dieses Tieres. Die von den klassischen Autoren erwähnten Maultiere sind heute in Midian gänzlich unbekannt. Es sollte keine Schwierigkeit sein, dieses Volk zu handhaben, da sie mit El-Arísch und mit El-Muzayríb über den Haurán Handel treiben; und sie werden nicht aufhören, Reisende zu plagen, bis man ihre Oberhäupter veranlasst, sich in Kairo niederzulassen. Wir sahen nicht einen der Stammesleute, aber ihre Feinde erzählten uns, dass sie reine Beduinen seien, die niemals ihre Gesichter tätowieren.

Ich möchte dieses Kapitel mit einigen Notizen über die Nabatäer beschließen, die, wie wir gesehen haben, dem Land Midian ihren Stempel aufgedrückt haben – einem kleinen, in ihren ausgedehnten Besitzungen eingeschlossenem Fleck, dessen Überreste die Überlieferung des Volkes stützen, dass die alten Städte die »Ruinen der Nazarener« seien. Die häufige Erwähnung dieses äußerst bedeutsamen Volksstamms durch die klassischen Autoren, sowohl in der Lyrik als auch in der Prosa, hat ungeachtet der zeitlichen und räumlichen Entfernung dessen Andenken sogar in der gewöhnlichen modernen Literatur Europas bewahrt. Camoëns (Lusiade, I. 84) meint mit nabatäisch –

Já o raio Apollineo visitava /
Os Montes Nabatheo accendido[37] –

37 »Schon beleuchtete Apollos Morgenstrahl / die nabatäischen Hügel mit sengendem Licht«.

einfach »östlich«: Damit folgt er Ovid (Met. I. 61) –

> *Eurus ad Auroram Nabathaeaque regna recessit /*
> *Persidaque et radiis juga subdita matutinis.*

Und in Ostarabien, insbesondere um El-Hasá herum, singt das Volk noch »Nabati Verse«. Ich darf hier anmerken, dass, so wie »Midian« und die »Midianiter« in der sogenannten profanen Literatur unbekannt sind, »Nabathaea« und seine »Nabatäer« durch die heiligen oder kanonischen Bücher beinahe gänzlich ignoriert werden. Das Wort ist vom heiligen Hieronymus und den Kommentatoren aus *primogenitus Ismaelis,* Nabajoth oder Nebajoth, ihrem »Symbol« (Nabaïóth, Genesis, XXV, 13, und I Chron. I, 29, »Nebaioth«) abgeleitet worden.

So verwendete man – nach Art der Juden – augenscheinlich einen sogenannten biblischen Namen für einen Volksstamm, der viel älter als Abraham, Noah und der hebräische »Adam« selbst war. Der verstorbene Herr de Quatremère, von dem alsbald mehr zu berichten sein wird, fand die alte Nation nicht in den Nábit (Nebajoth) der Araber, sondern in Nabat, Nabít (Plur. Anbát) oder Nabatu (Heb.); dieser Ausdruck entspricht dem, was wir volkstümlich unter »semitisch« verstehen.

Nach Diodorus, der in den Tagen der ersten Kaiser schrieb, waren die Nabatäer am Älanitischen Meerbusen beheimatet, während Agatharchides (*De Mari Erythraeo*) das Land am oberen Ende des Golfes beschreibt und doch die Nabataioi nicht erwähnt. Strabo sagt kategorisch (XVI, 2, § 34) »Die Idumäer sind Nabatäer«, und im gleichen Buch (4, § 21) legt er das folgende Detail dar: »Die Nabatäer und die Sabäer, oberhalb Syriens gelegen, sind das erste Volk, das Arabia Felix[38] besitzt.

38 Dieser Abschnitt, unter vielen anderen, warnt uns, das ptolemäische und klassische »Arabia Felix« nicht, wie es oft getan worden ist, mit der verhältnismäßig kleinen Provinz El-Jemen im südlichen Arabien zu verwechseln. Die Griechen und Römer kannten nur das Land zwischen Ägypten und dem Persischen Golf, einschließlich Syriens und der Linie des Euphrats, während sie den Begriff »Araber« ebenso vage verwendeten wie wir. 1. Arabia Petraea war die Provinz um Petra herum, welche nicht

Es war ihre häufige Gewohnheit, dieses Land zu überrennen, bevor die Römer seine Herren wurden, aber gegenwärtig sind sowohl sie als auch die Syrer den Römern untertan.« Nachdem er Petra, die Hauptstadt, beschrieben hat, gibt er in den Worten seines philosophischen Freundes Athenodorus, einem Augenzeugen, einen Bericht über die unglückselige Expedition unter dem bedauernswerten Gallus, die entsandt wurde, »um die Araber zu unterwerfen«. Die Nabatäer hatten ihre Kooperation versprochen und stellten eintausend Mann unter Sylläus. Dieser verräterische Minister des Königs Obodas von Petra, der ein vollständiges Scheitern mit dementsprechendem Verlust an Menschenleben verursacht hatte, wurde in Rom enthauptet.

Strabo zufolge wird »Petra, das ausgezeichnete Gesetze hat, immer von einem Herrscher königlichen Geblüts regiert; sein Minister, der einer der Gefährten ist, wird deshalb Bruder genannt. Klugerweise lieben die Nabatäer es, Besitz anzusammeln: Die Gemeinschaft bestraft einen Bürger, der verschwendet hat, und belohnt den, der sein Vermögen vergrößert hat. Sie haben wenige Sklaven und werden größtenteils von ihren Verwandten bedient oder sie bedienen sich gegenseitig oder jeder ist sein eigener Diener. Diese Sitte erstreckt sich auch auf ihre Monarchen, die so sehr um die Gunst des Volkes werben, dass sie bisweilen ihren Untergebenen aufwarten. Diese *reguli* müssen regelmäßig Bericht erstatten über die Verwaltung des Volkes und unterliegen außerdem eingehenden Überprüfungen ihres Privatlebens.

Die Bürger essen ihre Mahlzeiten in privaten Gesellschaften, die aus dreizehn Personen bestehen, aber der König gibt

---

steiniger als jede ihrer Nachbarn ist. 2. Deserta war die Große Syrische Wüste, die Nordwestverlängerung der zentralen Wüste, aber Ptolemäus zufolge noch bevölkert. 3. Eudaemon oder Felix (Jemen oder Teman), das Land, welches sich südlich El-'Akabahs erstreckt, war deshalb ein vager Begriff, welcher sich besonders auf Midian bezieht und den Rest der Halbinsel umfasst.

viele öffentliche Gastmähler in großen Gebäuden. Bei jeder Abendmahlzeit sind zwei Musiker anwesend, und kein Gast trinkt mehr als elf Becher voll aus verschiedenen Gefäßen, jedes aus Gold. Sie verschmähen Tuniken, sie tragen Gürtel[39] um die Lenden und laufen in Sandalen. Die königliche Kleidung ist die gleiche, aber ihre Farbe ist purpurrot.

Die Häuser sind prächtig und aus Stein, und die Städte erfordern keine Stadtmauern. Ein großer Teil des Landes ist fruchtbar; da es indessen keine Oliven gibt, wird deren Platz in der Mühle durch das Sesamkorn ersetzt. Die Schafe haben weiße Felle, die Ochsen sind groß, aber das Land produziert keine Pferde. Letztere werden durch Kamele ersetzt, welche die gleiche Art von Arbeit verrichten.

Einige Handelsgüter werden gänzlich ins Land eingeführt: Bei anderen Artikeln verhält es sich nicht so, da es sich um einheimische Produkte wie Gold und Silber und vielerlei Gewürze handelt. Aber Messing (Kupfer) und Eisen[40], purpurrote Kleidungsstücke, Styrax, echter Safran und Costus (oder weißer Zimt), Skulpturen, Gemälde und Statuen werden nicht im Land gefunden.

Für die Nabatäer sind die Körper der Toten nichts Besseres als Dünger, gemäß den Worten von Heraclitus, ›tote Körper sind eher geeignet, als Dung hinausgeworfen zu werden‹; weswegen sie sogar ihre Könige neben Misthaufen begraben. Sie verehren den Sonnengott – sabäischer ›Sonnenkult‹ –, und sie erbauen ihm einen Altar auf einem Hausdach, vergießen Trankopfer und verbrennen jeden Tag Weihrauch auf ihm.«

Plinius beschränkt sich auf die Nennung der den Nabataei benachbarten Völker (V, 12, und VI. 32): Er berichtet auch

39 Offensichtlich das Lendentuch, eine primitive Form des Kilts; das Pilgergewand und die Schukkeh der modernen Araber, ein Wort, welches sich bis in das Herz von Afrika ausgebreitet hat.

40 Wie wir gesehen haben, ist Eisen sehr häufig, und Kupfer findet sich ebenfalls überreichlich in den Felsen von Midian. Beide Metalle werden in Numeri XXXI. 22 erwähnt.

von der hoch geachteten Art der Teuchites (ein Andropogon), einer süß riechenden Pflanze, und preist sie als eine magenstärkende Substanz und als Heilmittel bei vielen Erkrankungen.

Pomponius Mela weiß nichts über Nabatäa und die Nabatäer zu sagen. Josephus (Ant. I, 12, § 4) erklärt, dass das Land sich vom Euphrat zum Roten Meer erstreckt und von den zwölf Söhnen Ismaels eingenommen wurde, der ihm den Namen Nabatena gab. Es würde deshalb an Ägypten und Petraea grenzen und die Wüsten und die Hochländer enthalten, die sich ostwärts bis zum Persischen Golf ausdehnen. Überdies nennt er die Bewohner des Landes Nebajoth »Araber«.

Die alten klassischen Wörterbücher und Reiseführer beschränken sich auf die Mitteilung, dass die Nabatäer umherziehende ismaelitische Hirten waren, eine gemischte Rasse aus Arabern und Edomitern, die ursprünglich im Westen und Nordwesten durch die Moabiter und die Edomiter in Schranken gehalten wurden; dass sie sich infolgedessen westwärts auf den Sinai ausdehnten und dass ihre Heimat schließlich mit dem gesamten Gebiet von Arabia Petraea beiderseits des Älanitischen Meerbusens gleichgesetzt wurde, ebenso wie mit der Bergregion des »zerklüfteten« Seir, wo sie um das dritte Jahrhundert v. Chr. ihre Hauptstadt Petra errichteten; dass sich diese Hirten zu einer Nation von Händlern entwickelten, deren Hauptquartier zwischen Ägypten und Syrien auf dem Fernhandelsweg nach »Babylon«, einem Zentrum des Handels mit den Sabäern Südarabiens und den Bewohnern von Gerrha am Persischen Golf (Strabo, XVI, 3, § 4–5), ihnen absolute Vorherrschaft im Handel des Orients sicherte, bevor er zum Niltal umgeleitet wurde[41], und ihnen ermöglichte, eine Überlandroute für den Indienhandel zu errichten; dass diese älteste Route sich von Leukè Komé (El-Haurán, 25° 6' 0" nördlicher

41 Die erste der vielen Überlandrouten führte von Indien den Euphrat aufwärts, mit einem Abzweig von Indien nach Hadramaut, und von dort weiter per Karawane. Die zweite ging über Leukè Komé und Ghazzeh (Gaza), und die dritte verlief durch Ägypten.

Breite), ihrem südlichsten Hafen im Roten Meer, zum mittelmeerischen Rhinocolura erstreckte; dass Nabatäa deshalb eine mächtige Monarchie wurde, sich mit den Juden nach der Babylonischen Gefangenschaft verbündend in der Lage war den Angriffen der gräkosyrischen Könige zu widerstehen; dass unter Caligula (37–41 n. Chr.), obwohl Rom nominell untertan, in Damaskus ein Ethnarch mit Namen Aretas der König der Nabatäer genannt wurde; dass sie unter Augustus Hilfstruppen mit Aelius Gallus schickten; dass in der Herrschaftszeit Trajans ihr Hauptgebiet, Arabia Petraea, in den Rang einer römischen Provinz erhoben wurde (105–107 n. Chr.) ; und schließlich, dass vom vierten Jahrhundert bis zur muslimischen Eroberung die Provinz Teil von Palästina war und die Diözese eines Metropoliten, dessen Bischofssitz in der »Felsenstadt von Edom« (Petra) war. Folglich wurden die Nabatäer zunächst zu einem Beduinen- oder ismaelitischen Stamm von Arabia Petraea, dann zu einem sesshaften und Handel treibenden Volk und schließlich zu zivilisierten christlichen Arabern gemacht.

Ferner erwähnen wir die der Vergessenheit anheimgefallenen Forschungen des beklagenswerten Etienne Marc de Quatremère bezüglich der Abstammung der Nabatäer von Nebajoth, die lange vor den Tagen des heiligen Hieronymus (Comm. in Gen. XX, 13, und XXV, 13) akzeptiert wurde – während sie der modernen Welt eine gewaltige und völlig neuartige Perspektive des Ursprungs, der rassischen Verwandtschaften, der Sprachen, der Religion und der Geschichte der Nabat eröffnete, wie wir sie jetzt nennen sollten. Er war von der Tatsache beeindruckt worden, dass El-Mas'údi (Kitab el-Tanbih) und andere renommierte Autoren – anstatt die phantastischen Nachkommen des Nebajoth unter ihr eigenes Volk einzureihen und sie wie die Griechen und Römer »Araber« zu nennen – sie formell den Aramäern[42] oder der

42 »Aram«, das die Griechen als Syrien, Suria, und Soria wiedergaben, bedeutet die »Hochländer«, im Gegensatz zu Kanaan (Kan'án), die Tieflande, die sich bis nach Babylonien erstrecken.

paläosyrischen Familie zuordneten und sie sogar zu den primitiven und einheimischen Besitzern des gewaltigen Gebietes machten, das sich bis dorthin und darüber hinaus erstreckt: also Syrien und Assyrien, Bayn el-Nahrayn (Mesopotamien), El-Irák (Chaldäa) und Babylonien eingeschlossen. Bald darauf fanden die französischen Gelehrten ein fragmentarisches arabisches Manuskript in der Kaiserlichen Bibliothek von Paris, welches de Quatremères Eindrücke bestätigte.

Das Fragment erwies sich als eine arabische Version des *Falâhat el-Nabatíyyah*, einer Abhandlung über nabatäische Landwirtschaft. Zwei Bücher von ursprünglich neun umfassend, enthielt es ungefähr 600 Seiten in arabischer Schrift. Die Themen waren ein astronomischer Kalender, der ebenso exakt wie eindrucksvoll war, und eine gelehrte und präzise Nomenklatur der Flora, insbesondere von kultivierten Pflanzen, die niemals in den dürren Wüsten von Arabia Petraea blühten. Der Übersetzer war der wohlbekannte Ahmed ibn Abibikr aus Kassín, der den Beinamen »Ibn Wahschíyyah« trägt und dessen Genealogie seine chaldäische Abstammung zeigt: ein muslimischer Albertus Magnus des dritten Jahrhunderts (Hidschrí – circa 904 n. Chr.). Er diktierte seine Arbeit einem Lieblingsschüler, Abu Tálib el-Zayyát (der Ölmann).

De Quatremère anerkannte die Behauptung von Ibn Wahschíyyah, der die »Nabat« mit den Assyrern im allgemeinen Sinn des Wortes gleichsetzte. Er fand in ihnen die ältere Volksgruppe der großen aramäischen Familie, der Bewohner von Babylon vor den Chaldäern, und den Urhebern landwirtschaftlicher Tätigkeiten, von natürlicher und künstlicher Magie, von der Astronomie und der Engelskunde, von der Medizin und allgemein von den Wissenschaften, welche die Welt den Letzteren zugeschrieben hat. Ihm zufolge waren sie seit grauer Vorzeit in Mesopotamien etabliert und behaupteten sich unter den aufeinanderfolgenden Dynastien von Ninive und Babylon. Dort gediehen sie und sammelten Reichtum an, und sie kultivierten nicht nur fleißig den Boden, sondern auch die Welt des Verstandes. Sie schufen eine stark mit dem Geist ihres Volksstamms durchdrungene Literatur, insbesondere philosophische und astrologische, pantheistische und abergläubische – tatsächlich chaldäische Literatur.

Unter diesen Umständen war es nur folgerichtig, dass ein Teil der Bevölkerung sich Kunst und Handel widmete; aber aus heute unbekannten Gründen wurden weit entfernte, mit dem Mutterland verbundene Gründungen errichtet. Eine von diesen war Petra, dessen Ruinen, wie jeder Reisende bemerkt hat, sich in hohem Maße von der Architektur der semitischen Rasse unterscheiden. Hierher transportierten die Nabat ihre Künste und Wissenschaften, ihre Literatur und ihre Werke, die ihre arabischen Nachfolger der Übersetzung für würdig erachteten.

Das Fragment über »nabatäische Landwirtschaft« ist ein einzigartiger ursprünglicher Rest einer Literatur, die den Stempel des mächtigen Babylons trägt. Innere Gründe ließen Quatremère darauf schließen, dass es zur glorreichsten Epoche des chaldäischen Reiches gehört, der Herrschaft von Nebukadnezar (circa 600 v. Chr.), der allerdings nicht erwähnt wird. Die französischen Gelehrten glaubten, dass es möglich sein würde, das ganze Manuskript wiederzufinden, und sein breiter Überblick über die Religion und die Sprache ist heute allgemein akzeptiert. Die Münzen der nabatäischen Könige wurden zuerst von jenem höflichen und freigebigen Gelehrten beschrieben, dem verstorbenen Duc de Luynes, der in seiner wertvollen Broschüre verschiedene Tatsachen anführte, um den Namen von »Nabat« zu beweisen und die Theorie zu bestätigen, dass die mysteriöse Volksgruppe chaldäoaramäischen Ursprunges war. Schon El-Mas'údi hatte angegeben, dass »sich die Nabít (von den Syrern) nur in einer kleinen Anzahl von Schriftzeichen unterscheiden, aber die Grundlage der Sprache die gleiche ist«. Caussin de Perceval glaubt, dass die ursprüngliche Sprache Chaldäisch gewesen sei und die moderne ein verdorbenes Arabisch.

Diese Studie wurde vom gelehrten Herrn Chwolson, Professor für orientalische Sprachen in St. Petersburg, näher erläutert, der den Anspruch der Nabat unterstützt, zu den interessantesten Völkern des Altertums zu gehören. Ihm zufolge bestehen die Überreste ihrer Literatur aus vier Arbeiten: 1. Das Buch der nabatäischen Landwirtschaft (welches zuvor bereits erwähnt wurde); 2. Das Buch der Gifte; 3. Die Genethlialogica von Tenkelúschá aus Babylon und 4. Das Buch der Aufspaltung alias der Geheimnisse von Sonne und Mond. Ibn Wahschíyyah, der arabische Übersetzer, informiert uns, dass die Nr. 1 von El-Zaghrít (Dagh-ríth) begonnen, von El-Yanbúschád fortgesetzt und durch El-Kusámí (Kuthámi) vervollständigt wurde.

M. Chwolson missachtet die internen Daten und setzt als Lebenszeit des Ersteren etwa 2500 Jahre v. Chr. an, des Zweiten etwa drei oder vier Jahrhunderte später und des Letzteren, den er für das Haupt des Trios hält, während Ibn Wahschíyyah ihn als wenig mehr als den Herausgeber betrachtet, würde er ins dreizehnte Jahrhundert v. Chr. einordnen. Zu diesem Datum gelangte er durch die Erwähnung einer kanaanitischen Dynastie im Buch, welche er und Bunsen in Übereinstimmung mit der fünften oder arabischen Linie von Berosus identifizieren: neun Könige, die 245 Jahre, von 1521–1276 v. Chr. herrschten. Darüber hinaus vermutete er, dass jene Könige die geheimnisvollen Hyksos waren. Spätere Kommentatoren haben »schreckliche innere Schwierigkeiten« angemerkt, wie die Erwähnung von Namen in der nabatäischen Literatur, welche jenen von Adam (Adami), Seth, (Ischitá), Enoch (Anuhá), Noah, Schem, Nimrod (Namroda) und Abraham recht ähnlich sehen, und das Auftauchen verfälschter hellenischer Wörter wie Armísa (Hermes); Agathadímun (Agathodämon) und Yúnán (Ionier, Griechen). Herr Chwolson gesteht sogar selbst, dass die von den Patriarchen erzählten Ereignisse aus den hebräischen Schriften entlehnt worden zu sein scheinen – oder sogar von den späteren Juden, dies allerdings unter der wichtigen Einschränkung, dass viel der Hand des Übersetzers geschuldet sein kann. Ich beobachte überdies, dass sowohl heilige als auch profane Autoren ihre Informationen aus den gleichen Quellen geschöpft haben können, und dies wird in der Tat durch die Flutlegenden des sogenannten Izdubar oder Nimrod (2000 v. Chr.) mehr als wahrscheinlich, ebenso durch den Mythos von der Erschaffung der Welt in sechs Zeitabschnitten, jeder von Tausenden von Jahren oder einem Tag, welcher in Ägypten und der Gesamtheit des westlichen Asiens allgemein bekannt gewesen zu sein scheint. Von den anderen offensichtlichen Beweisen modernen Denkens, die entdeckt worden sind – wie etwa die Gegenstände der nabatäischen Literatur, sowohl die wissenschaftlichen als auch die industriellen – entsprechen keine denjenigen von den Ariern und der semitischen Welt gewöhnlich ausgewählten und legen die Frage nahe, ob das Werk nicht mehrere Jahrhunderte nach dem Beginn unserer Zeitrechnung datiert werden sollte. Ich möchte weiter bemerken, dass nicht nur arabische Übersetzer sich beträchtliche Freiheiten bei ihren Autoren erlauben, wie die semitischen Versionen der heiligen Bücher der Hindus, die zahlreiche Beispiele von Paraphrase und Einfügung liefern, sondern dass auch die nabatäische, völlig unarabische Behandlung vieler Themen, insbesondere von Geschichte, die Literatur eines völlig anderen Volksstamms nahelegt.

Wenn die erschreckenden Ergebnisse der Herren de Quatremère und Chwolson anerkannt werden sollten, machen uns die vier Nabati-Bücher mit einer großen unbekannten Nation der grauesten Vorzeit bekannt, deren Zivilisation für die Griechen das war, was die der Letzteren für uns ist, und sie beweisen, dass die sorgfältige Behandlung von Wissenschaft wenigstens so alt ist wie die ältesten Monumente Ägyptens. Die Gelehrten protestieren natürlich dagegen, solche radikalen Neuerungen anzunehmen, und sie werden eine Beurteilung mindestens so lange aufschieben, bis einige der Keilschrifttexte der Welt unterbreitet sind. Der ersten Schritt ist gemacht

Nabatäisches Alphabet

worden. Schon hören wir, dass dieses Ninive die »Beobachtungen des Bel« geliefert hat, eine Abhandlung in sechzig Büchern, welche aus dem siebzehnten Jahrhundert v. Chr. datiert und die Sterne beschreibt, wie sie 2540 Jahre vor unserer Zeitrechnung standen, als Alpha Draconis der Polarstern war. Aber finden wir uns heute damit ab, die Theorie zu akzeptieren, dass die Nabat von Chaldäa das gleiche Volk wie die Nabatäer von Arabia Petraea sind.

Es ist vorgeschlagen worden, dass Nebajoth, einer der »Söhne der Konkubinen«, dessen frühe Geschichte im Dunklen bleibt, nach dem Osten gereist sein könnte, woher sein Großvater Abraham kam, Mischehen mit den Chaldäern eingegangen und der Ahnherr einer gemischten Rasse geworden sei – der Nabat. Aber dies ist eine echte Rückentwicklung zu den mittelalterlichen Theorien, welche die Hebräer zu den »ehrwürdigen Vorfahren von Griechen und Lateinern« machten, die Vorfahren der Juden zu den Ahnen der Menschheit, und den Pentateuch zur Grundlage von aller Literatur, den Ursprüngen aller authentischen Geschichte und zum Schrein der frühesten Offenbarung – und so weiter. »Alláhu a'alam«! (Gott ist allwissend! – d. Ü.) wie die Muslime sagen.

Die folgenden acht Besonderheiten des nabatäischen Alphabets wurden mir durch die Liebenswürdigkeit eines alten Freundes, W. S. W. Vaux, Sekretär der Königlichen Asiatischen Gesellschaft, beschafft: Sie sind kopiert aus Herrn François Lenormant, *Essai sur la Propagation de l'Alphabet Phénicien dans l'Ancien Monde*, Paris 1872. Von diesem wertvollen Werk ist ein Band in zwei Teilen in Zeitabständen von drei Jahren veröffentlicht worden.

Kapitel IX

Wie das Gold in Midian gefunden wurde:
Die Goldminen von Arabien

Die Leser meiner »Pilgerfahrt« mögen einige angenehme Erinnerungen an einen gutmütig-derben und herzlichen Hadschi Wali Alioghlú Arslánoghlú bewahren, meinen Nachbarn im Wakálat (Karawanserei) Siláhdár und den Gefährten meiner Mußestunden, während ich meine Reisevorbereitungen nach El-Hedschas traf.

Als ich mich 1854 von ihm trennte, war er ein in Kairo Handel treibender persischer Untertan. Er wurde dann ein russischer Simsár (Makler) in Zagázig. Hier lebte er mit seinen Frauen und seinen Kindern so behaglich, wie es ein zweiundachtzig Sommer zählender Mann nur erwarten kann, als ich über ihn herfiel und ihn leibhaftig in die arabische Wildnis entführte.

Es begab sich so, dass Hadschi Wali während der kalten Jahreszeit von 1849, als er gerade von seiner zweiten Pilgerfahrt zurückkehrte, durch den Willen Allahs geleitet auf Gold stieß. Am zweiten oder dritten März – sein ansonsten bewundernswertes Gedächtnis kann nämlich nicht jede Kleinigkeit behalten – tauschten er und sein Reisegefährte Ákil Effendi aus Alexandria ihre Kamele gegen Esel und gingen der Karawane voraus. Er stieg unterwegs ab, um auszuruhen, und ging auf die rechte Straßenseite zu, wo ein einzelner Baum wuchs, und setzte sich darunter.

Nach seiner Beschreibung zeigte die Stelle zur Linken (Westen) einen rundlichen Berg oder Hügel, entwässert durch zwei Wadis zum Meer (von El-'Akabah); auf der rechten Seite befand sich ein Tor, das auf gewisse Weise demjenigen von Wadi 'Aynúnah ähnelte, ein ausgetrockneter Wasserlauf zwischen zwei hochragenden schroffen Felsen. In der groben

Skizze, die er aus dem Gedächtnis zeichnete, platziert er im Norden »Ischmah« und meinte damit eine Stelle, wo leicht nach Wasser gegraben werden kann. Aber es gibt kein solches Wort im Arabischen, und es ist eine offensichtliche Verwechslung mit dem Dschebel »Tayyibat Ism« der Landkarten. Als er das Flussbett funkeln sah – zweifellos mit dem Glimmer, welcher sich für so viele Schicksale in Brasilien, in Kalifornien und in Australien als fatal erwiesen hat –, schaufelte er mit beiden Händen eine Probe des Sandes auf, schnürte sie in sein Kopftuch und verstaute sie in seiner Pilgerkiste; dann schloss er sich wieder seinen Reisegefährten an und ging im Namen Allahs seiner Wege nach El-'Akabah.

Nachdem er in Alexandria angekommen war, zeigte Hadschi Wali, der nicht zu den oberflächlichen Stämmen des Südens gehört, seinen Fund einem Schíschnádschi (Markscheider). Dieser zerstieß den Sand in einem Mörser, mischte ihn mit Wasser und produzierte mithilfe von Quecksilber in seiner Gegenwart ein Stückchen Gold etwa von der Größe eines halben Weizenkorns. Das Stückchen wog ein Kamh oder den vierten Teil eines Dirhams.

Der Hadschi, der nun überzeugt war, sein Glück gemacht zu haben, unterbreitete die Angelegenheit seinem Freund Háfiz Bey, der als Vorsteher des alexandrinischen Zollhauses amtierte. Der alte Marinekapitän berichtete die Begebenheit Hasan Pascha Monastirli, dem Steward des damals regierenden Abbas Pascha. Dieser hohe Offizier schickte nach dem Schíschnádschi und inspizierte das Krümelchen des wertvollen Metalls. Nach kurzer Untersuchung bemerkte er schroff: »Dies ist nicht das, was Ägypten braucht; sein Gold ist sein eigener Boden: Seine Ernten sind sein Gold.« In der Tat zitierte er ein altes Gesetz unter den Türken, dass Landwirtschaft der »rote Schwefel« und der »Stein der Weisen« der Welt ist. Die ruhige und vernünftige Bemerkung wurde von dem Zollhaus-Beamten an Hadschi Wali weitergetragen; der erklärte, dass er daraufhin aufgehört habe, über die Entdeckung nachzudenken. Nicht so der Schíschnádschi. Der Unglückliche brach sofort zur Suche nach der Stelle auf, und einige Zeit später erfuhr seine Familie von seinem Tod – wahrscheinlich war er von den Beduinen ermordet worden.

Dies wurde Hadschi Wali von seinem alten Begleiter Akil Effendi erzählt, der vor ungefähr zwei Jahren in Alexandria verstarb. Andererseits gestand der Hadschi aber einmal, dass es eine Übereinkunft zwischen dem Schíschnádschi und ihm selbst gegeben habe, und ich bin zutiefst überzeugt, dass er in allen Richtungen und bereits seit 1849 versucht hat, Geld aus seinem Fund zu schlagen.

Ich habe Grund zu der Annahme, dass das Goldwaschen in El-Muwayláh niemals vergessen worden ist, dass es im Geheimen getan worden ist und dass es Männern, die angeblich mit Holzkohle handelten, ein großes Vermögen eingebracht hat. Einige der alten Leute in Suez erklären noch, dass die Arbeiten Jahre zuvor aufgegeben wurden, weil das Produkt nicht die Ausgaben deckte – und dies ist genau das, was im Ausland von einer reichen Fundstelle verbreitet würde. Überdies erzählte mir unser Führer 'Abd el-Nabi von den Huwaytát, als ich nach Kupfer und anderen Metallen fragte, freimütig, dass wir uns an die Älteren wenden müssten, den Graubärten des Stammes. Er fügte hinzu, dass sie »tammá'ín« waren (Männer von Gier), die sich kaum gratis von dem Geheimnis trennen würden.

Im Jahr 1853, als Hadschi Wali und ich im Wakálah schnell Freunde wurden, spazierte er eines Tages in mein Zimmer. Mit viel Geheimniskrämerei zeigte er mir eine kleine Probe des Sandes, wahrscheinlich denjenigen, welcher unter dem Kies lag. Getreu orientalischer Gewohnheit hatte er vorsorglich sogar vor seinem Freund und Vertrauten, dem gierigen Schíschnádschi, einen Teil zurückgehalten. Ich untersuchte den Sand mit einer Stanley-Lupe und sah winzige Goldpunkte, während mein vollständiges Vertrauen in die Ehrenhaftigkeit und Aufrichtigkeit des Mannes den Verdacht verbaten, dass er das Zeug »gepfeffert« haben könnte, indem er Gold-Feilspäne darunter mischte.

Er zeigte auch seine Zuversicht in weitere Entdeckungen, indem er vorschlug, dass wir beide wie arme Pilger in Lumpen gekleidet zu Fuß zu der Stelle reisen und das Metall auswaschen sollten – die Demonstration von Armut sei notwendig, um die Beduinen zu täuschen, die sofort wild würden, sobald sie das Wort »Dahab« (Gold) hörten. Ich erinnere mich, ihn gefragt zu haben, warum wir nicht als Effendis gehen könnten, er als Händler und sein Begleiter als Arzt, und er antwortete mir, dass wir nicht ohne eine größere Truppe zu Fuß gehen könnten. Da wurde mir klar, dass sein Vorhaben aussichtslos war: dass wir zwar zwei, drei Pfund Metall sammeln könnten – aber dass wir vermutlich mit durchgeschnittenen Kehlen enden würden.

Die Idee jedoch hatte sich fest in seinem Geist verwurzelt. Ich appellierte an den englischen Konsul in Kairo – sein Name tut nichts zur Sache – und bat ihn, die Angelegenheit seiner Hoheit Abbas Pascha vorzutragen. Dieser – ein Muster seiner unfreundlichen Klasse – gab sich mit der Erklärung zufrieden, dass seiner »weisen« Meinung nach »Gold zu gewöhnlich geworden« sei. Hierin war er nicht der Einzige. Die gleiche Antwort erhielt ich von einem Außenminister, nachdem ich angeboten hatte, einige sehr wertvolle Grabungen an der Westküste Afrikas zu erschließen – wenn er mich zum Gouverneur ernennen, mich mit der Hälfte eines westindischen Regiments unterstützen und lokale Angelegenheiten nicht allzu neugierig untersuchen würde. Es ist unmöglich, solche Männer zu verstehen: Sie gehen zur Kindheit unserer Rasse zurück, wo selbst der Weise den unerträglichsten Blödsinn wie *aurum irrepertum et melius situm*[43] äußern konnte.

43 Plinius (VI, 31) sagt von einer Babytaceischen Stadt am Tigris: »Hier, an dem einzigen Platz in der Welt, ist das in Abscheu gehaltene Gold; die Leute sammeln es zusammen und begraben es in der Erde, dass es für niemanden von Nutzen sein kann.« Ich könnte noch ein anderes und

Durch diesen zweiten Misserfolg angewidert, nutzte Hadschi Wali den Sand, wie er mir erzählte, um einen Brief zu bestäuben, und ich brach nach Arabien auf: Von hier erstreckten sich meine Wanderungen nach Ostafrika, auf die Krim, wieder nach Ostafrika, nach Zentralafrika, nach Südamerika, nach Westafrika, nach Brasilien und nach Syrien. Für beinahe ein Vierteljahrhundert behielt ich mein Geheimnis für mich. Während der Herrschaft von Abbas Pascha und unter der Verwaltung des rückschrittlichen Arzt-Konsuls würde nichts getan werden. Sein Nachfolger Said Pascha wurde völlig von der großartigen Idee des Kanals der zwei Meere in Beschlag genommen und war zu oft die Beute eines dominierenden Willens.

Schließlich wurde im Jahr 1863 Seine Hoheit Ismail Pascha Vizekönig von Ägypten, und die lang ersehnte Gelegenheit war da. Mein alter Freund Hugh Thurburn, dessen beklagenswerter Tod sich am 7. Februar 1877 ereignete, spürte durch fleißige Erkundigungen im Khan Khalíl und in den anderen Basaren von Kairo schließlich Hadschi Wali auf. Er schrieb an mich, dass ein sehr alter Mann dieses Namens, etwa sechzehn Stone (= 6,35 kg) wiegend und jetzt ein russischer Untertan, in Neu-Bubastis lebe.

Bald darauf begann England, die vornehmste Rolle bei der Reform und der Entwicklung Ägyptens und der Ägypter zu spielen. Dies war augenscheinlich der Moment zu handeln, und da ich kein Verächter des nach gallischer Meinung so unangenehmen »Opportunismus« bin, handelte ich dem-

---

modernes Beispiel von Misologie (Vernunfthass) anführen: Überall an der Ostküste von Guinea wurde das kostbare Metall vom Medizinmann »in Fetisch« gesetzt (1860–65), und wenn man im Jahr 1865 einem Schwarzen nahe des Volta einen Sovereign (Goldmünze) angeboten hat, dann spuckte er darauf und warf ihn zu Boden. Anm. des Herausgebers: Das Zitat stammt, entstellt, aus Horaz, carmen 3, 3, 49: »aurum, irrepertum et sic melius situm cum terra celat,spernere fortior« – »Besser ist es, das Gold gering zu schätzen, das nicht gefunden wird und besser da liegt, wenn die Erde es verhüllt.«

entsprechend. Mit meiner Frau aus einem Winter in Westindien zurückkehrend (1875–76), reiste ich durch Zagázig, wo ich Herrn J. C. J. Clarke, Telegrapheningenieur und Direktor des Telegraphenamtes, nach wenigen Minuten Konversation auf die Spur ansetzte, welcher er clever und geduldig nachging. Eine lange Korrespondenz folgte.

Der Hadschi zeigte sich trotz seiner Jahre und angeblichen Gebrechlichkeiten besorgter über die Angelegenheit, als zu erwarten gewesen war: Er hat vier kleine Kinder, und ein fünftes war unterwegs. Mit der ihm eigenen Zähigkeit hatte er wahrscheinlich viele Jahre lang sein Bestes getan, um seine Entdeckung zu verkaufen, und der Misserfolg hatte nur seinen Appetit gesteigert. Er erzählte meinem Agenten, Herrn Clarke, dass er aus Alexandria einen Plan des Platzes herbeiholen würde, auf dem der fragliche Baum gekennzeichnet sei. Aber er zögerte dies so lange hinaus, dass sein scharfsinniger Begleiter ihn verdächtigte, mit zwei seltsamen Türken gemeinsame Sache zu machen, die im Begriff standen, mit der Hadsch-Karawane im November 1876 aufzubrechen.

Vor der örtlichen Regierung war unser Geheimnis sicher. Wie für einen Orientalen üblich, fürchtete er aber, dass Druck auf ihn ausgeübt werden und seine persönliche Anwesenheit gefordert werden könnte, und hier hatte er recht. Nach seiner Rückkehr wurde er dafür, dass er sein Geheimniss Franken anvertraut hatte, schrecklich »eingeschüchtert« und belästigt. Er wurde allenthalben ein alter Narr genannt, und seine Freunde lachten über seinen ehrwürdigen Bart – wäre er ein Ägypter gewesen, wäre er vielleicht nicht so glimpflich davongekommen.

Aber kehren wir zu den Vorbereitungen zurück. Nach fünfmonatigen Unterredungen hatte es schließlich den Anschein, dass kein Plan existierte, aber dass ein in Türkisch verfasster Brief gewisse kurze Notizen über die Straße enthielt. Nachdem er sich durch das Vorzeigen dieses Dokumentes selbst kompromittiert hatte, wurde Hadschi Wali sehr nervös. Er hatte wahrscheinlich beabsichtigt, seine Entdeckung nach dem alten Prinzip des Spatzes in der Hand an mich zu verkaufen. Schließlich durchreiste ich – wie wir gesehen haben – am 20. März Zagázig und nahm meinen alten, durchaus nicht abgeneigten Freund mit. Seine anschließenden Abenteuer finden sich auf den folgenden Seiten.

Midian wird von der hebräischen Heiligen Schrift nicht in das goldhaltige Arabien eingeschlossen. Doch hat es das kostbare Metall augenscheinlich im Überfluss geliefert, und es verdient einen Platz unter den Bergbaugebieten, welche in alter Zeit die Halbinsel zum Land der Glückseligkeit machten. Die folgende Notiz enthält die gelehrte und erschöpfende Besprechung Sprengers der in der arabischen Literatur erwähnten Stellen und Goldbergwerke. Seine Länge wird kaum beanstandet werden, da wir in populären Arbeiten (z. B. Smith's Dictionary of the Bible, siehe unter »Ophír«) »die Mutmaßung finden, dass ungeachtet aller alten Autoritäten zu dem Gegenstand, Gold niemals wirklich weder in Arabien noch auf irgendeiner Insel an seinen Küsten existierte«. Ich habe unter die goldhaltigen Plätze die umstrittene Passage im Deuteronomium eingeschlossen (I, 1.): »Dies sind die Worte, welche Moses zu ganz Israel sprach, jenseits des Jordan in der Wüste, im Jordantal gegenüber dem Yamm Suph (Meer von Unkräutern, Rotes Meer? Oder Sirbonischer See?), zwischen Paran und Tophel sowie Laban und Hazeroth und Dizahab.« Das letztere Wort ist in der Septuaginta als *katachrúsea* wiedergegeben (grch. reich an Gold), gemäß der Vulgata *ubi auri est plurinum*; und *Hazeroth, dove si trova moltissimo oro*, mit dem Glanz – *paese ricco pro miniere d'oro* in der Übersetzung von Abbate A. Martini (Venedig: D. Fracasso, 1835). Die autorisierte Bibelversion übersetzt statt »Hazeroth, wo es Gold« gibt, »Hazeroth und Dizahab«, verwandelt somit ein Beiwort in einen Eigennamen, was eine ungerechtfertigte Freiheit ist. Hazeroth, die »eingezäunten Gehege« eines Hirtenvolkes, wird mit »'Ayn Hadhirah«, der alten Mönchskolonie nordwestlich der Dschebel el-Samghi genannten Bergkette identifiziert, nahe dem östlichen Ufer der Sinaihalbinsel. Professor Palmer (»Desert of the Exodus«, I, 261) gibt eine Abbildung ihrer bezaubernden Landschaft.

Notiz

Sprengers alte Geographie, §§ 53–56

Par. 53. Sollen wir all diesen Berichten Glauben schenken, den bloßen Phantasien von Dichtern, insbesondere jenen, die vom Hafen Dzahabân handeln, (Dahabán, der Platz des Goldes), nur 500 Meilen von Berenike entfernt, wo Kaufleute Tauschhandel mit dem kostbaren Metall trieben? Hamdâny (Dschezírat el Arab, S. 260–67) überschreibt eines seiner Kapitel »Bergwerke von Yamáma und Diyâr-Raby'a, wo gegenwärtig die Oqayl (Ukayl) bin Ka'b« leben. Unter diesen Goldbergwerken schließt er eine Silbermine und noch ein Kupferbergwerk ein, beide nahe Schamâm (Hd. S. 260), zusammen mit den folgenden fünf Goldminen. 1. Al-Hasan, eine reiche Goldseife, anscheinend die gleiche wie Ahsan, auch nach ihrer Industrie Ma'din-al-Ahsan (Bergwerk von El-Ahsan) genannt: Es ist ein Dorf auf der nordwestlichen Straße des Yemûma, zwischen diesem Platz und Himà-Dharayya (die »Staatsdomänen von Dharyya«), und es wird von den Abû-Bakr beherrscht, einem Stamm, der sich von den Beni Kilâb herleitet. 2. Al-Hofayr (das kleine Goldbergwerk) in der 'Amâya-Region. 3. Thanyya (Byna?) der bâhilitischen Ibn 'Içam (Hd. 260). 4. Die Goldmine von Tiyâs und 5. diejenige von 'Aqyq ('Akík) im 'Oqayl-Land, nicht weit von Byscha-Yaqtzán entfernt. Die Letztere (Ym. zufolge. II. 826) ist das ertragreichste in ganz Arabien, und der Apostel Allahs sagte von ihm: »Das Land der 'Oqayl regnet Gold«.

Außer diesen fünf Plätzen notiert Hamdâny, ohne darauf einzugehen, welche Erze sie abbauen, sechs andere, nämlich

1. Al-Dhobayb. 2. Al-'Ausaga. 3. Das Bergwerk an der Bagdâd-Makka (Mekka) Straße, welches indessen das gleiche wie Nr. 6 sein kann, zwischen 'Omaq und Ofay'ya liegend. 4. Byscha in Yamâma, dem Mittelabschnitt des großen Baitius-Tales. 5. Al-Hogayra (Hudschayra) und 6. dasjenige der Banu Solaym, vier lange Tagesmärsche nordöstlich von Medina. Einige behaupten, dass die Letzteren Silber, andere sagen Eisen, abwerfen, aber der Rest der fünf waren bestimmt Goldbergwerke. Die Goldseifen von Al-Hasan, Al-'Ausaga und andere (in ihrer Nachbarschaft) liegen an oder nahe der Fernhandelsstraße, die den Persischen Golf mit Syrien verbindet, und somit in der Handelszone der Raamah (Raemitae) Kaufleute, die, Ezechiel zufolge (XXVI, 22), die Basare von Tyros »hauptsächlich mit Gewürzen, und mit kostbaren Steinen (Perlen?) und Gold innehatten«. Wir können glauben, dass sie Güter gegen das wertvolle Metall tauschten, während sie durch Nagd (El-Nedschd) marschierten.

Par. 54. Hamdâny beschränkt sich auf die Erwähnung von einigen Bergbauplätzen im Nagd, und sogar bei diesen sind seine Zahlen unvollständig. Bei Thachb (Sakhb) im Kilâb-Land wurden Gold und weiße 'Aqyq (Achate) gefunden (Ym. I, 920). Es gab auch eine Goldgrube bei Himà-Dharyya (Ym. II, 324), und noch eine bei Chazba (Khazbá), möglicherweise die gleiche wie das 'Aqyq-Goldbergwerk. Eine zweifelhafte Goldseife scheint in al-'Yçân (Ym. III, 753) gewesen zu sein und eine fünfte in Nâçi'a (Nási') zwischen Yamâma und Makka (Yard III, 190). Moqaddasy (El-Mukaddasi) sagt ausdrücklich (I, 101), dass es eine Goldgrube zwischen Yanb'o (Yanbú') und Marwa gibt, und Ya'quby (El-Ya'kúbi, S. 103) erwähnt eine weitere in Qaschm (Kaschm), nahe Tathlyth (Taslís). Diese Listen könnten sehr verlängert werden.

Meine Absicht indessen ist, aus arabischen Autoren heraus zu beweisen, dass Gold gegraben worden ist, nicht in Arabien allgemein, sondern insbesondere im Litus Hammaeum und in Chaulân (Khaulán). Leider gibt Hamdâny kein Kapitel über die Goldgruben Yamans (el-Jemens), obwohl der ganze Gegenstand seines Buches dieses Gebiet beschreiben sollte: Vielleicht liefert Iklyl (Iklíl) die Details. Er sagt (S. 211) indessen: »In Dhankân (Zankán) ist eine recht ergiebige Mine, und sein Tibr (nicht ausgeschmolzenes Gold) ist nicht schlecht« – was »ungewöhnlich gut« meint. Die den arabischen Geographen wohlbekannte Stelle liegt etwa zwei Stunden Fußmarsch südlich von Port Dzahabân und drei nördlich von Hamidha. Deshalb liegt sie gewiss auf dem Hammäanischen Ufer und darf nicht mit dem »Sancan« von Niebuhr verwechselt werden. In Dhankân kann der von Agartharkides erwähnte goldhaltige Strom gewesen sein. Ya'kúbi (El-Ya'kúi, S. 103) schließt sechs Stellen unter den Provinzen ein, die von der Makka-Regierung abhängig sind, und endet mit »dies ist die Meeresküste«. Als Erste kann 'Asuf gelesen werden, welche als »Goldbergwerk« qualifiziert wird, die Zweite ist Baysch, und die Vorletzte ist 'Athr.

Wir sind jetzt südwärts an die Grenzen des Chaulân-Gebietes gereist, wo wir indessen noch keine Goldbergwerke gefunden haben. »Wadi Baysch (Ym. zufolge I, 720) ist eine der Grafschaften (Mikhláf) des Yamans und enthält eine Anzahl von Bergwerken«. Die Wahrheit ist, dass es ein Wadi gibt, der Pison oder Pischon der Heiligen Schrift, und seine Hauptsiedlung wird wegen der häufigen Stürme, die sie plagen, Abû Torâb, »Vater des Staubes« (Staubloch) genannt. Gold ist hier nicht erwähnt, aber es wird von Arabern allgemein unter dem Wort »Ma'din« (Bergwerk) aufgefasst und ohne nähere Bestimmung benutzt. Und auch wenn der Geograph auf aufgegebene Werke hindeutet, können wir annehmen, dass dort Bohrlöcher und Schächte auf der Suche nach dem kostbaren Metall hineingetrieben worden waren. Um dieses Gebiet korrekt zu platzieren, müssen wir Niebuhrs Attuiê auf 17° 36' nördlicher Breite suchen; es stimmt mit dem zuvor erwähnten Wadi 'Itwad überein.

Mahall Aby Torâb, richtig al-Râha oder »der Ruheplatz« genannt, liegt etwa vier Stunden Marsch nördlich von 'Itwad, und folglich wo Niebuhr (Karte des Roten Meeres) den Dsjäbbel Nakâb (Dschebel el-Nukkáb) zeigt, den Knappenberg oder den Hügel der Bergarbeiter. Eine Anspielung auf solche Arbeiten kann in dem Namen »Al-Qayn« (Metallarbeiter) enthalten sein, welche (in Ym. IV, 219) eine Stadt ist, die nördlich von Aththar (oder Bayeh) Stadt liegt und zu ihr gehört; sie liegt am Eingang zum Yaman. Obwohl diese Angabe ihre Position nicht genau festlegt, muss Al-Qayn in der Nähe von Abû Torâb sein. Streng genommen gehören diese Goldbergwerke kaum zum Chaulân. Doch die Teilung ist nicht so scharf abgegrenzt, da Hamdâny sich selbst (S. 202) hütet, die Küste in diese Provinz einzuschließen. Die Tihámat (Tieflande) der Chaulâniten dringen von Abrân nahe Baysch (Hd. 125) an die Meeresküste und an das Ufer von Umm-Gahdam vor.

Im eigentlichen Chaulân ist die Stelle, wo das zweite Buch der Chronik (3.6), von Salomons Tempel sprechend, sagt: »Das Gold war das Gold aus Parvaim.« Die Araber nennen es Farwa, und wir finden (Ym. IV, 147) eine Wegstunde davon entfernt ein Bergwerk. Demgemäß wurde festgestellt: »Al-Qofá'a« ist im Ça'da-Gebiet oder, genauer gesagt, in der Chaulân-Provinz des Yamans: Es wird von den Banû Ma'mar b. Zorara b. Chaulân bewohnt, »und an dieser Stelle ist ein Goldbergwerk«. Hamdânys Text ist verfälscht, wo er sagt (201): Al-Foqâ'a (sic!) ist eine Markt-Stadt (dort ist) das Bergwerk von Lahra; oder, wie die Aussage auch gelesen werden kann: Al-Foqâ'a ist eine Markt-Stadt und ein Bergwerk der Horra.

Die Stelle dieses Farwa-Goldbergwerks kann offensichtlich mit genügender Korrektheit angegeben werden. Hamdâny (82) bemerkt, dass Al-Chaçuf und Ça'da auf dem gleichen Breitengrad liegen (16° 35' oder eher 16° 30' nördlicher Breite), und das Erstere, am Golb (Dscholb)-Fluss liegend, wurde deshalb von Niebuhr nach dem Gholöb benannt. Wir steigen jetzt aus dem Tal herauf, und gleich nach dem höchsten Teil der Wasserscheide finden wir Al-Qofâ'a und Al-Bâr. Das Letztere war ein heidnisches Heiligtum, an welchem das Volk des Yamans betete. Eine weitere Gabelung des Golbs kommt aus dem Ras Golb, nahe Al-Kadd in Al-Qarfâ' oder den Hochländern des Chaulân (Hd. 130). Nachdem wir die Wasserscheide überquert hatten und den östlichen Abhang hinabgestiegen waren, kamen wir in das hydrographische Bassin des Wadis Nagran (Nedschrán). Diese Örtlichkeit (Hd. zufolge 148-49) enthält die Fiumara, die das westlich von Ça'da liegende Land entwässert, nämlich die Gewässer von 'Alâf, Al-Boqâ'a, Schi'b-Yr (Schi'ib-lr), Al-Hadâyiq, Farwa, No'man, Afqyn und Al-Aslâf. Von da nach Al-Faydh verlaufend, nach Al-Çahn (El-Sahn), nach … und nach Ca'da, nimmt das Tal vom letzten Punkt die Richtung nach Nagrân. No'man, Al-Maufir und Farwa (Hd. 200) bilden ein Gebiet mit einem im Winter reißenden Strom und artesischen Brunnen, aber ohne fließendes Wasser, außer in Al-'Oschscha (El-Uschschah, die Hütte?) und Al-Batn, wo es Bäche gibt.

Farwa und Al-Qofâ'a nehmen deshalb die gerade Linie ein, etwa achtzig (geographische) Meilen, welche Al-Chaçuf mit Ça'da verbinden. Von diesen zwei Plätzen liegt der erste über dem östlichen Abhang und der zweite nimmt den Kamm des westlichen Abhangs ein, während die Entfernung zwischen ihnen vielleicht eine Stunde Marsch nicht übersteigt. Es wird bemerkt werden, dass Hamdânys Wadis (Flussbetten) mit der Wasserscheide beginnen, ob ihre Brunnen dort sind oder nicht. Selbst wenn keine Goldbergwerke in Farwa existieren, die Erze von Al-Qofâ'a können seinen Namen entlehnt haben.

Ich muss auch die Gold-Waschungen in Çirwâh (Sirwáh) erwähnen, welche, Halévy zufolge, dem modernen Reisenden in Yaman, noch in Betrieb sind. Ein Teil dieser Stadt existierte in den Tagen von Hamdâny, der bemerkte, dass es in Größe (und Bedeutung) nicht mit den anderen alten Siedlungen konkurrieren konnte. Es liegt in Chaulân oder eher im oberen Chaulân, doch es wird nach einer bemerkenswerten Art (Iklyl, S.37, und Ym. II. 383) mit dem Qodhâ'itischen Chaulânites in Verbindung gebracht. Sa'd (im Iklyl As'ad) wohnte hier, und folglich würde es scheinen, der infrage kommende Stamm wanderte in die Mikhlaf Ça'da zurück. Diese Bemerkung geht so weit zurück, dass ihr Wert begründet werden muss, nicht auf die Verszeile eines verhältnismäßig modernen Dichters hin, sondern auf irgendeiner Inschrift in Çirwâh, die den Namens dieses Sa'd enthält, und solch ein Fund ist möglich. Wir können deshalb Çirwâh als eine Entwicklungsstufe des Volkes von Chavila (Havilah) auf dem Weg zu ihren späteren Siedlungen in Mikhlaf Ça'da betrachten. Überdies können wir festhalten, dass die gleiche Rasse dem oberen Chaulân seinen Namen gab, ein von ihren Nachfolgern akzeptierter Name, obwohl sie zu einer anderen Familie gehörten.

Par. 56. Agatharchides bemerkt, dass die in der Debai-Region gefundenen Nuggets (Goldklumpen) aus dem reinsten, ápyron genannten Metall bestehen, weil keine Reinigung durch Feuer erforderlich ist. Dieses Beiwort stimmt mit dem arabischen »Tibr« überein, ungeschmolzenes Gold oder Nugget-Gold, reiner als (aus den Sanden ausgewaschenes) Bach-Erz; Tibrá, welches ein Nugget (Klumpen) ist, während Dzahab (Dahab) der allgemeine Name des kostbaren Metalls ist. Der größere Teil des den Völkern des Altertums bekannten Goldes wurde aus ihren Reinmetallklumpen gewonnen, und einige von ihnen waren von riesiger Größe. Idrysy erzählt (I, 2), dass der König von Ghâna einen Klumpen als eine Seltenheit aufbewahrte, der dreißig Ratl wog (jede Ratl = 12 oz.). Es war indessen von afrikanischer, nicht von arabischer Herkunft.

Da die Griechen wahrscheinlich ihren eigenen Begriff für »Tibr« (Nugget-Gold) hatten, bin ich geneigt, das ápyron des Agatharchides als eine bastardisierte griechische Verfälschung eines semitischen Wortes zu betrachten. Hamdâny und Abûlfidâ (S. 157) unterscheiden das feinste Metall als »rotes Gold« (Dahab Ahmar), und die Perser nennen die davon hergestellten Münzen Dynár-i-surch (Surkh). Iklyl (VIII, 77) erzählt, dass in Dhahr die Leiche einer Frau gefunden wurde, deren Fußringe aus »rotem Gold« 100 Mithqâl (jedes 1½ Drachmen) wogen, und dieser Schatzfund war so alltäglich, um der feineren Art den volkstümlichen Namen »Grabgold« (Dahab Kubúrí) zu geben. Das gleiche Werk (S. 52) bemerkt auch, dass viele solche Grabhorte aus den Ruinen zwischen Gauf (El-Dschauf) und Mârib aufgestöbert wurden.

Bei Plinius (XXI, 2, § 66) beinhaltet *apyron* die Bedeutung von »rotem Gold«: *Helichrysos florem habit auro similem… Hoc coronare se Magi, si et unguenta sumantur ex auro, quod apyron vocant, ad gratiam quoque vitae gloriamque pertinere arbitrantur.* Wenn in dieser Passage *Magi* das Substantiv zu *vocant* ist, scheint das Beiwort *apyron* ein den Persern vertrauter Ausdruck zu sein, und auf jeden Fall kann es kaum vom Ophir-Gold unterschieden werden, welches synonym mit »feinem Gold« ist (Is. XXXI, 12).[44]

Eine Betrachtung über Gold in Arabien würde nicht vollständig sein, ohne ein paar Worte, welche die Lage von Ophir berühren, das so stark im englischen Gehirn verwurzelt ist, dass meine Entdeckungen in Midian sogleich den Ruf genossen, auf Ophir Licht gebracht zu haben. Dieser berühmte Markt ist an fast jeder goldhaltigen Stelle der alten und neuen Hemisphären gefunden worden. Lässt man solche augenscheinlichen Absurditäten wie Java und Sumatra, Malakka und die Molukken, Armenien, Ceylon und Peru außer Acht, sind die Hauptanspruchsteller jetzt vier: die zwei Sapphars, Soupara und das »Sofala, Ophir meinend« Miltons.

44 Anm. des Herausgebers: Das Zitat stammt, entstellt, aus Plinius dem Älteren, Naturalis historia, 21, 66: *heliochrysus florem habet auro similem … hoc coronare se Mage …* – »Die Goldranke hat eine dem Gold ähnliche Blüte … die Magier glauben, sich damit zu bekränzen, bedeute, wenn man auch noch Salben aus einem Goldgefäß, das sie gediegen nennen, dazunimmt, Beliebtheit im Leben und Ruhm«; *apyron* ist also gediegenes Gold, das, so verraten andere Pliniusstellen, nicht mit Feuer in Kontakt kommen muss, das also nicht mühevoll aus Erz herausgelöst werden muss.

Im südlichen Arabien gibt es zwei Städte ähnlichen Namens. Eine, im nördlichen Hadramaut, ist Dofar oder Dafar, Zafar, Zafari oder Tzafâr (Sprenger), anscheinend das *Oraculum Dianae* der klassischen Autoren. Die andere, von der angenommen wird, das Sephar der Genesis (X, 30) und die Hauptstadt der Sabäer zu sein, ist das Sapphar von Plinius (VI, 26), das Saphàr des Periplus (Kap. XXIII), das Supphàr des Ptolemäus (VI, 7), das Tápharos von Philostorgius (Hist. Eccles. III, 4, S. 478), das Táphra von Ammianus Marcellinus (lib. XXIII, 6, § 47), das Táphara des Stephanus, das Dophar von El-Idrísí, das Sifár oder Difár des Türken Hadschi Khalífah (Dschehánnumá), das Dsoffar oder Zafar von Seetzen (Monatliche Correspond. XXXVIII, S. 228) und das Tzafâr der Himyariten Sprengers. Niebuhr (Beschreibung Arabiens, S. 236–290), der die Stelle besuchte, platzierte es fünfzehn Wegstunden vom Meer, und nach El-Hamdání drei Tagesmärsche südlich von San'á und fast auf dem gleichen Längengrad.

Der nächste Anspruchsteller ist das Soúppara (Suppara), das Arrian (Periplus, Kap. 52) zwischen Barygaza (Baroch, Broach) und Kallíena polis, dem bekannten Kalyan (»das Wohlhabende«) hinter Bombay, positionierte. Es wird von Ptolemäus Soúpara genannt (VII, 1, § 6) und von El-Idrisi Soupara (I, 171), welches Benfey (I, 28) als »pulcrum-litus« (Supara) sinngemäß wiedergeben würde. Dieser berühmte alte Markt wird gewöhnlich mit Surat identifiziert, der Hauptstadt von Suraschtra, dem »guten Land«, dem »Land der Saura-Anbeter«. Viel ist über die Suppara-Ophir-Verbindung geschrieben worden, aber hier ist nicht die Stelle, um auf die Einzelheiten dieses Themas einzugehen.

Schließlich sollte »Sófala« im Mosambik-Kanal (20° 15' südlicher Breite) Safálah sein, »das Tiefliegende«, während »Safál« in Arabien noch auf Küstenebenen angewandt wird.

Es würde indessen – sinngemäß zumindest – nicht mit dem hebräischen Schephâlah übereinstimmen, wie Smiths Wörterbuch der Bibel zu denken scheint. In der Septuaginta wird Ophir zu Soúfir, Soufeír, Sôfir, Sôfeír, Sôpherá und Sófará'.

Ein fünfter und jüngerer Anspruchsteller auf die alten Ehren von Ophir wurde durch den verstorbenen Dr. Carl Mauch in der Form der südafrikanischen Ruinen von Zimbabye (20° 15' südlicher Breite) nach Hause gebracht. Dr. Beke bestreitet, dass die Ruinen tyroisraelitisch sind. Er nimmt an, dass die Stifter jene südlichen Araber waren, die als die Repräsentanten der biblischen Nationen Saba und Ophir in grauester Vorzeit Handel trieben und noch Siedlungen an der ostafrikanischen Küste innehaben. Er schlussfolgert deshalb:

»Die Gebäude in Zimbabye sind möglicherweise vom gleichen Alter wie die Städte von Baschan, welche ohne eine einzige Ausnahme während der sechs Jahrhunderte errichtet wurden, welche von der Zeit von Christus bis zum Zeitalter von Mahomet verstrichen.« Sprenger, den der pompöse Titel »Altes Ophir wieder entdeckt« auf Zimbabye angewandt äußerst schockiert hat, schrieb (S. 58) über Herrn Petermann, den weisen Mann Gothas, spottend, die folgende Tirade:

»Über die Identität der beiden gibt es nach Ansicht des Reisenden keinen Zweifel, da er die Ruinen eines Tempels wie desjenigen von Jerusalem fand, dazu Spuren von israelitischer Anbetung. Wahrscheinlich wurden die Psalmen auch dorthin geschickt, um gesungen zu werden, sobald sie komponiert waren, und vielleicht war Dr. Mauch nur zu spät gekommen, um ihre letzten Echos einzufangen.«

Sprenger, der offensichtlich annimmt, die Drei-Jahre-Reise sei eine bloße Übertreibung, würde das Land Ophir im südlichen Arabien positionieren. Er identifiziert es vielleicht mit Havilah oder Khaulán. Seetzen erklärt ähnlich, dass »Ophir«, welches »Reichtümer« (?) bedeutet, im modernen Jemen gesucht werden muss. Dr. Krapf fand Ophir bei den Áfer oder dem Danákil-Stamm, in Afrika El-Jemen gegenüberliegend; unglücklicherweise enthält das Land kein Gold.

Dr. Beke würde Ophir in der Nähe von Saba positionieren, und er ist seiner Theorie seit 1834 treu geblieben, als er seine *Origines Biblicae* veröffentlichte (S. 511). Dann setzte er Ophir nahe Opis in den Westen jener Stelle, wo das Erythräische Meer oder der alte Persische Golf beginnt, in die unmittelbare Nachbarschaft von Havilah (westlich von Bagdád) und Saba (südlich von Havilah). In einer nachfolgenden Veröffentlichung (»Die Quellen des Nils«. London: Madden, 1860), leitete er das »Gold von Ophir« von Ostafrika her. Seine feste Position ist, dass »die Erwähnung von Ophir in Zusammenhang mit (und zwischen) den zwei arabischen Ländern von Saba und Havilah (Genesis X, 28–29) ein überzeugender Grund dafür sein sollte, dass Ophir selbst in Arabien« war. Ich kann indessen nicht mit ihm übereinstimmen, wenn er sagt, »während des kurzen Zeitabschnittes[45] (der 250 durch den Roten-Meer-Handel erlebten Jahre) ist es nicht wahrscheinlich, dass die tyroisraelitischen Flotten ihre Reisen zur Ostküste Afrikas fortsetzten, auch wenn die Araber ihnen erlaubt hätten, sich in ihr Monopol einzumischen, und noch weniger, dass sie landeinwärts bis nach Zimbabye vorgedrungen sein sollten.« Beide Einwendungen sind schwach. Die Juden könnten mit den Africanoarabern Handel getrieben haben, und die binnenländische Reise wäre damals keine große Heldentat gewesen.

Ich ziehe die Meinung vor, dass die Bezeichnung »Ophir«, anstatt ein einzelner Markt zu sein, auf mehrere Länder anzuwenden ist: dass es das »Rote Land« bedeutet, ein Beiwort, welches für Ostafrika und Westindien gleichermaßen geeignet ist. Und dass, wenn die »Schiffe von Tarschisch und Ophir« erwähnt werden, dies der Hinweis auf große, für die gewalti-

45 Dies ist zwischen ca. 1014 v. Chr., als Salomon und Hiram die Ophir-Flotte ausstatteten, und 740 v. Chr., als Elath den Juden von Rexin, König von Syrien, entrissen wurde. Vgl. Kap. XII.

gen Wellen der stürmischen Meere des weitesten Westens und des fernsten Ostens gebauten Schiffe ist.[46]

In der Annahme, dass »Ophir«, das Rote Land, ein Oberbegriff ist und nicht auf ein einzelnes Emporium angewandt wurde, kommen wir erstens über die Schwierigkeit der Drei-Jahre-Reise hinweg, falls diese Zeitfestlegung in den drei Versionen der Episode nicht übertrieben worden ist. Und dies zweitens, obwohl ein Emporium in Jemen oder sogar eine Insel im Roten Meer, wie Eupolemus glaubte, Gold und Silber, Elfenbein und Pfauen angesammelt haben kann; doch das Wort Tukkíyyím im ersten Buch der Könige (10. 22) und Túkíyyím im zweiten Buch der Chronik (9. 21) ist augenscheinlich aus dem Tamil-Malayalam entlehnt worden. Aber dieser »Tokei« oder »Tókei« bedeutet mit dem ersten, jetzt kurzen, damals langen Vokal der »Vogel mit dem glänzenden Schwanz«. Um das Hindernis zu umgehen, haben bestimmte Theoretiker vorgeschlagen, den Truthahn in einen Papagei zu verwandeln – und auf diese Weise mit einem Bleistiftstrich die beinahe dreitausend Jahre alte Tradition wegzuwischen. Warum wollen Bibelgelehrte vergessen, dass es solche Dinge wie Talmuds und Targums gibt?

Der »Pfau«, der weder in Arabien noch in Afrika existiert, kann gerechterweise darauf schließen lassen, dass sich die Ophir-Reise bis zur Westküste von Indien ausdehnte. Aber wenn dies der Fall war – was sollte wahrscheinlicher gewesen sein als eine dreijährige, nach der mosambikischen Küste unternommenen Fahrt? Der phönizische Seemann, der die stürmische östliche See und die wilden Meere an der westlichen libyschen Küste erforschte, würde kaum vor den Gefahren von Zanzibar und dem Konkan zurückgeschreckt sein.

In einem am 18. Mai aus Wabern an mich adressierten Brief sagt der Autor der »Alten Geographie«: »Die Anerken-

46 Ich werde versuchen zu beweisen, dass die Stadt »Tarschisch« in der Bucht von Gibraltar gelegen war.

nung, eine Entdeckung gemacht zu haben, deren Ergebnisse nicht hoch genug eingeschätzt werden können, ist Ihnen zu verdanken. Ich denke indessen, dass Sie wie jetzt nur den ersten Schritt getan haben, und dass viel größere und gewinnbringendere Ergebnisse Sie im südlichen Arabien erwarten. Vergessen Sie nicht die alten Bergwerke in Dhankân, im Dsjäbbel al-Nukkâb, im Wadi Baysch und in Kufâ'ah oder Fukâ'ah. Vernachlässigen Sie nicht Mogaddasys Goldbergwerk von Marwa, nur vier Tage von Al-Higr entfernt auf der westlichen Straße nach Madyna: Weiter westlich von Marwa, auf dem Weg nach Haurâ, dem Hafen, können Sie vielleicht Kohle finden, und obwohl ich bezüglich ihrer Menge nicht zuversichtlich bin, würde es sich dennoch lohnen, währenddessen einen Versuch zu machen. Noch halte ich es für unmöglich, dass sich die Bergwerke von Nagd (Nedschd) als noch reicher als jene des südlichen Arabien erweisen können. Die Letzteren liegen indessen alle in der Nähe der Küste, und keines von ihnen erstreckt sich mehr als vierzig (englische) Meilen landeinwärts. Es ist das Interesse der Welt, Sie darin zu unterstützen, weitere Forschungen durchzuführen, und ich hoffe, dass Sie in ein paar Jahren in der Lage sein werden, volles Licht auf das Thema zu werfen.«

Im Gegensatz zu diesen nüchternen und vernünftigen Ansichten kann ich nicht umhin, den folgenden merkwürdigen Brief eines Herrn William Gosling an den Herausgeber des Jewish Chronicle and Hebrew Observer (Nr. 9, 25. März 1855) adressierten Brief zu zitieren, der mit »Gold und Silber in Palästina« überschrieben ist:

»Es ist jetzt mehr als drei Jahre her, seit ich die Ehre hatte, mich an den Earl von Shaftesbury bezüglich der Gold- und Silberbergwerke in Palästina zu wenden, und obwohl ich keine Gelegenheit hatte, irgendwelche praktischen geologischen Forschungen durchzuführen, bin ich dennoch nach eingehendem Studium zu dem Schluss gekommen, dass Gold und Silber im Land Israel reichlicher als in Australien und

Kalifornien sind. Denn ich finde geschrieben, dass ›Das Land auch voll von Silber und Gold ist, noch ist dort irgendein Ende von seinen Schätzen (Is. II, 7 Vgl. Deuteronomium VIII, 9, welches das Gelobte Land beschreibt, ›Dessen Steine eisern sind, und aus dessen Hügeln du Kupfererz hauen kannst‹) … Was wird damals die große Quelle der Anziehungskraft für die Juden gewesen sein, zum Land Palästina zurückzukehren? Ich antworte: die Entdeckung von Gold und Silber in den Hügeln ihres eigenen Landes, insbesondere denjenigen von Sidon und Sarepta, wo ich glaube, dass es in solchem Überfluss gefunden werden wird, dass es die in Australien und Kalifornien gemachten Entdeckungen in den Schatten stellen wird. Es freut mich daher festzustellen, dass die Bewohner von Sidon sich im Augenblick selbst in dieser Angelegenheit aufraffen (?). Meiner Meinung nach verhält es sich wie mit der kleinen Wolke von der Größe einer Männerhand, welche der Diener des Propheten Elijah sah und die der Vorbote üppigen Regens war. Deshalb wird es zu großen Entdeckungen kommen.«

Kapitel X

Die Rückkehr vom Weißen Berg nach El-Muwayláh über Wadi Scharma und Wadi Tiryam; Notizen über Botanik

Mit einem letzten Blick auf die große Erzader brachen wir am nächsten Morgen, dem 11. April, westwärts in Richtung des Erythräischen Meeres auf. Nichts könnte erfrischender sein als das Gefühl vollständiger Freiheit, das Atmen von grenzenloser Luft, das Gefühl, dass die Welt offen vor einem liegt. Der Sonnenaufgang war von herrlicher Wildheit, die Lichtstrahlen, durch die hochragende und zinnenförmige Himmelslinie der Bergwand in einzelne unabhängige Finger geteilt, zeichneten sich scharf im Osten ab und schmolzen dahin, bevor sie den Zenit erreichten.

Die von den Riesen der Erde getragenen großartig getönten festlichen Talare, zum Meer hin die *ora variis ornata coloribus*, welche sogar die Völker des Altertums, die sich um Landschaft wenig kümmerten, als ein *Mirificum praeternavigantibus Spectaculum* beschrieben, und die unendlichen Schatten und die Farbenspiele, welche die Gestalten des Bodens wie den Anblick der Wellen unstet machten – gaben den Morgenstunden ihren besonderen Reiz. Auch konnten wir es nicht unterlassen, die duftende Vegetation der Wüste zu bewundern, welche klein und zart ist und allerliebst wie diejenige von Island und die freie Luft mit ihrem großzügigen Duft erfüllt.

Nach vielen Halts, um zu »schürfen«, betraten wir den ebenen Boden des Wadis el-Maka'dah, das an der Station beginnt. Eine vierspännige Kutsche[47] könnte auf ihr entlangfahren, sie müsste nur die normalen Felsnasen und die Inselchen grau-

47 Ich hörte kürzlich von einem Würdenträger, der die Pilgerfahrt von Kairo aus in einer Kutsche durchführte. Alsbald wird es Wenham See-Eis auf der Hadsch-Straße geben, und die Tage von Hárún el-Raschíd werden wiederbelebt werden.

en Granits umgehen, die hier und dort zu weißem Gestein ausgewittert sind. Bald darauf verschwand dieser Felsen ganz, und wir sahen nichts außer Porphyrschutt, der von den hohen roten Mauern des Cañons gerutscht war.

Die Dromedare kamen nach einem Weg von fünfzig Minuten zu uns herauf, und jetzt beschlossen wir ihre Geschwindigkeit zu testen. Nachdem wir etwa neun Meilen gereist waren, wurde uns zur Linken die Mündung des Wadis Scharmá[48] gezeigt, welches das Ziel unseres Marsches war: Wir erfuhren alsbald, warum die Führer nicht die direkte Straße hinunter zur großen südlichen Gabelung nahmen, deren »Báb« (Tor) sich als wegen eines Sumpfes für Kamele unpassierbar erwiesen hat. Die Beduinen machten uns auf die rötlich-rosafarbenen Talwände aufmerksam und erzählten uns, dass das gleiche Material die Oberfläche der Hismá bildete.

Bald danach erreichten wir die zum Meer gerichtete Lücke des Wadis el-Maka'dah und fühlten endlich wieder die köstlichen Golfbrisen voll in unseren Gesichtern. Diese Lücke in der Felsküste, wie üblich etwa 200 Meter breit, unterscheidet sich von ihren bewohnten Nachbarn dadurch, dass sie wasserlos ist. Infolgedessen gibt es keine Ruinen, und Dornbüsche nehmen die Stelle von Palmen ein. Hier standen wir fast dem südlichen Ende des langen Streifens der bewaldeten Insel »Umm Maksúr« gegenüber. Das Ufer war ganz in der Nähe, und uns wurde die Stelle gezeigt, wo die Araber ein grobes und sandiges Salz sammeln, wenn die Gewässer ausgetrocknet sind. Das niedrigere Bett der Fiumara ändert nach dem Austreten aus dem Tor von hier ab seinen Namen in Wadi Melláhah oder Salinas.

Wir schlängelten uns dann die seewärtige Seite des alten Kliffs entlang und passierten linker Hand eine gewundene und mit Steinen bedeckte zweite Lücke, oder eher Spalte, welche

48 »Scharm« bedeutet »Bucht« oder »Wasserlauf«, aber auch »Loch«, »Bresche« und »Spalte«. Der Haupthafen in Hadramaut wird auch Scharmá genannt.

die Mauer von der Spitze bis zum Boden zerteilt. Diese Felsschlucht hat augenscheinlich auch niemals Bewohner gehabt. Auf der rechten Seite lag ein kleiner Friedhof aus Beduinengräbern, über denen kein Mann eine Fátihah rezitierte. Und nach einem scharfen Trab von beinahe drei Stunden sichteten wir mit Vergnügen das lange und breite »Nakhil« (palmetum), das Wadi Scharmá mit seinen Datteln und Daums, Schilfgräsern, Riedgras und Binsen. Verräterisch klares und kristallhelles, aber sehr schwefelhaltiges Wasser floss in einem plätschernden Strom über die Sandfläche und bildete unter dem Zeltlager ein langes Bassin, wo alle Vögel der Nachbarschaft sich versammelten, um zu schwatzen und zu trinken. Ein Bad wurde sofort ausgehöhlt, und die Zelte wurden auf der erhobenen rechten Bank aufgeschlagen, jenseits der Reichweite der *mali culices*, der Mücken, der Moskitos und insbesondere der Fliegen, die hier, wie ich gehört habe, als giftig betrachtet werden.

Als die Luft sich ein wenig abgekühlt hatte, brachen Herr Clarke und 'Abd el-Nabi auf ihren Dromedaren auf, um den Restbestand von unserem Lager aus dem Wadi 'Aynúnah hinaufzubringen. Ich hatte beschlossen, dass wir bei der nächsten Station zusammentreffen und in einem einzigen Trupp auf El-Muwayláh zumarschieren sollten. Wir gingen dann weiter, um die »Häuser der Nazarener« zu inspizieren, die uns als größer und bedeutender als in den anderen Städten Midians beschrieben worden waren, während die lokale Eisenerzlagerstätte unter den Beduinen berühmt ist.

Die Felsplatte, auf der das Zelt stand, war eine Masse aus Schutt, Scherben von Töpferware, Metallschlacke und Ascheresten – in der Tat tierischen und pflanzlichen Dingen, die mit diesen salzhaltigen Ausblühungen bedeckt sind, welche gemeinhin mit alten Ruinen verbunden werden. Ein paar zum Graben eingeteilte Männer fanden nichts außer einem Skorpion. Wir gingen dann zu der Stelle, wo sich das Wadi teilt und ein langes flaches Uferland bildet. Dies war der Platz einer starken Festung mit in den Boden eingepassten Torangeln und mit dem üblichen komplizierten Eingang, hier anscheinend als langer Korridor angelegt. Er maß etwa 1900 Meter im Durchmesser, und die Planzeichnung beschäftigte die Leutnante Amir und Hasan bis zum Mittag des nächsten Tages. Sie spürten auch die Brennöfen auf, während ich Töpferware sammelte, aber keinerlei Glasbruchstück finden konnte. Die einzige andere bemerkenswerte Arbeit in der Altstadt war ein tiefer, offensichtlich künstlicher Einschnitt im weichen Felsen, der möglicherweise zum Metallwaschen benutzt wurde: Er erstreckte sich von den Ruinen zur nördlichen Wand des südlichen Flusses, wo die Wasser in einem dunklen, tiefen und düsteren Bassin ruhten, das nicht gerade zu einem Kopfsprung einlud.

Von da gingen wir das Wadi Scharmá hinauf, das seinen Namen zu Recht trägt, und fanden den feinen Palmenhain im gleichen verwahrlosten Zustand wie denjenigen des Wadis 'Aynúnah, während Spuren von Beduinenfeuern in der Form versengter Stämme zu sehen waren, teils noch aufrecht stehend, teils gefällt. Ein Sumpf verteidigt den oberen Teil des Inselchens, während das von Sumpf und Vegetation fast erstickte rechte Ufer kaum einen Fußweg bietet. Die hochragende und schwierige Felsküste – wie gewöhnlich auf Granit gegründet – ist aus normalen tropfsteinähnlichen versteinerten Korallen und Meandrinae zusammengesetzt. Das Material zeigt häufige Abdrücke der Venusmuschel, der Auster und anderer heutiger Muscheln sowie Stücke mit Einschlüssen von Kammmuscheln und kristallisiertem Kalkkarbonat, die schöne Vitrinenexemplare abgeben. Überall am unteren Teil erschien minderwertiges Eisenkarbonat in Massen. Dieses verdutzte uns etwas, denn die Zeichen von Bearbeitung waren umfangreich. Der weiße Stein war bloßgelegt worden, und doch – von welchem Wert könnte solches Metall gewesen sein? Der nächste Marsch lieferte zu unser aller Verlegenheit eine Erklärung.

Nichts würde leichter sein, als das Tal wie dasjenige von 'Aynúnah zu stauen und eine gute Wasserquelle für das Zermahlen der weniger wertvollen Ausbeute zu sichern. Der Stein, in dem Gold oder silberhaltiges Galena vorkommt, würde die Kosten des Transportes nach Suez lohnen.

Die Form der Dämme wird die Studie eines erfahrenen Ingenieurs erfordern. Zeitweilig muss die Wucht des reißenden Stroms enorm sein; aber da die Völker des Altertums bei solchen Arbeiten zweifellos Erfolg hatten, gibt es keinen Grund, warum wir modernen Menschen scheitern sollten. Die oberen Höhen des alten Seekliffs waren mit eisenhaltigem Staub und Porphyrbruchstücken bedeckt, die beide eine gleich intensive rote und weiße Färbung verursachen. Ich fragte Sálih, den Führer, ob irgendeine Siedlung oben gefunden werden würde. Er antwortete mit einem kategorischen »Nein« und entschuldigte sich sogleich, indem er seine Unwissenheit beteuerte.

Wir schwärmten durch eine vom Regen gespülte Rinne die recht steile Flanke der Felsklippe hinauf, und oben angekommen, stießen wir auf die Unterkünfte der Bergarbeiter. Die Stelle ist merkwürdig: eine Tragstütze oder Felszunge, die von Osten nach Westen verlaufend weit von der rechten Klippenmauer in das Wadi hineinragt, und durch einen fast senkrechten Abfall nach Norden geschützt. Die Häuser, hergestellt aus in Mörtel gebetteten groben Steinen, nahmen das Dach und die Spitze der Zunge ein. Wie in 'Aynúnah standen die Behausungen eng zusammen und waren kleiner als Hindú-Hütten.

Es war Nacht, bevor wir das Zeltlager erreichten, und Zeitmangel hinderte uns, die Meeresküste aufzusuchen, um in Erfahrung zu bringen, ob in Scharmá wie in 'Aynúnah und Tiryam die Siedlungen der Reichen in der Nähe des Meeres lagen. Der Spaziergang in großer Hitze und die Klettertour waren schlechte Vorbereitungen für die feuchte, nasskalte Luft des gut bewässerten Tales, wo wir à la belle étoile (unter freiem Himmel – d. Ü.) speisten.

Der nächste Marsch von Scharmá nach Wadi Tiryam begann mit einem Spaziergang von zweieinhalb Stunden über die Tihamat Madyan – die von der Natur zurückeroberte Küstenebene mit den normalen, sich ausbauchenden Streifen oder Wellen dunklen Steines, welche sich mit parallelen Linien von tiefem, lockerem und hell leuchtendem Sand abwechselten. Die Richtung war südlich, mit einer kleinen westlichen Abweichung. Nach etwa sechs Meilen durchquerten wir das ausgedehnte Wadi Nakhbár und sahen in einiger Entfernung landeinwärts die große Lücke des Wadis Kahlá: Es ist der obere Verlauf des Wadis Tiryam, dessen breites und zerklüftetes Bett ein wenig nördlich des Ras oder Vorgebirges ins Meer mündet. Das Letztere ist durch die hohen Sandhaufen gekennzeichnet, welche wir von der Sambúk aus gesehen hatten.

Nach vier Stunden langsamen Vormarsches, wobei wir dreizehn bis vierzehn Meilen zurücklegten, stießen wir auf eine unregelmäßige Einfriedung aus rohem Stein, welche eine breite Felsplatte an der rechten Wand der Fiumara beschützte. Sie verteidigte auch eine große Zisterne, die jener des Wadis 'Aynúnah sehr ähnelt, aber von minderwertigerer Konstruktion ist. Der Mörtel enthielt nur sehr wenig Backstein, und der Zement war von gröberer Beschaffenheit. In Erinnerung daran, dass die Hadsch-Straße durch die Frömmigkeit der Zubaydah Khátún und anderer in den alten Zeiten mit Zisternen ausgestattet worden war, redete ich den Beduinen ein, dass diese »hauz« oder eher Káriz (= Reservoir) eine davon sein könnte. Sie erklärten alle, dass es die Arbeit der Nasárá war, und die ägyptischen Offiziere entdeckten beim Anfertigen ihrer Pläne, dass es sich um das untere Ende eines Aquäduktes handelte, das dazu bestimmt war, die Meeressiedlung zu versorgen.

Wadi Tiryam, mit dem breitesten und tiefsten Strombett offensichtlich einer der bedeutsamsten Flecken, hat kein Flüsschen. Die Beduinen behaupten, dass während der letzten paar Jahre anscheinend grundlose Veränderungen stattgefunden haben, denn keiner von ihnen erinnerte sich an irgendwelche Erdstöße. Rüppell fand hier am 8. Juli 1826 einen sieben Fuß breiten und vier Zoll tiefen fließenden Bach. Oberhalb des Lagerplatzes gibt es auf einer Art Terrasse, die von Palmen umgeben ist, einige seichte Gruben im Wadisand, die trübes Wasser liefern. Die Terrasse zeigt durch ihre großen Erdhügel und ihren salzigen Boden, dass sie einmal bewohnt war.

Kurz nachdem wir gefrühstückt hatten, kam der Rest der Karawane aus ’Aynúnah herunter, und Hadschi Wali ritt mit allem Gehabe und der Haltung eines in mittleren Jahren stehenden Mannes aufwärts. Er »nakh’te«[49] sein Dromedar, welches er den schwachen Huwayti-Eseln vorgezogen hatte, und er trug seine bauschige Kniebundhose. Der alte Mann war in ausgezeichneter Verfassung, nachdem er von unserem Glück gehört hatte: Er fürchtete nicht länger, mit einem »geschwärzten Gesicht« nach Hause zurückzukehren. Er hatte während des gesamten Haltes Bier getrunken und erklärt, dass Wasser ihm nicht bekomme, und ein paar Flaschen pro Tag hatten offensichtlich seiner Verfassung zugesagt – er redete sogar davon, eine vierte Frau zu heiraten. Aber nachdem er zur Rechtschaffenheit und nach Zagázig zurückgekehrt war, sprach er, wie mir erzählt worden ist, nur sehr geringschätzig von dem Giaour-Getränk.

Während des Nachmittags untersuchten wir die rechte Wand, die eine Seitenansicht der Inselstadt gewährte, obwohl von ihr in nördlicher Richtung nichts außer dem Erdwall übrig geblieben war. Das hohe und hügelige Gelände, welches das Wadi begrenzt, war augenscheinlich mit außergewöhnlicher Sorgfalt behütet worden, und obwohl die Befestigungen nur noch Haufen von großen abgerundeten Kieselsteine waren, fiel es leicht, ihre Form und ihr Ausmaß zu erahnen.

Oberhalb der rohen Umwallung aus trockener Mauer, durch die wir uns dem Tal genähert hatten und die eine kleine mit roten Porphyren, Feuersteinen und eisenhaltigem Kies

---

49 »Nakh« bedeutet, das Kamel durch Ausstoßen der Laute »Ikh! Ikh«! und durch das Berühren des Halses mit dem Kamelstecken dazu zu bringen, niederzuknien. Vgl. meine »Pilgerfahrt », Kap. VIII. und XIII., Bd. I.

bedeckte Plattform umschloss, fanden sich die Ruinen einer Anzahl einzeln stehender Türme. Ein wenig darüber erhob sich eine quadratische Produktionsstätte (Masná) mit drei runden nach Norden schauenden Bastionen. Noch höher auf den östlichen Höhen erschienen zwei weitere »burdsch« (pyrgoi), und einzelne Haufen krönten die Gipfel, die den oberen Lauf des Stromes beherrschten. Die rechte Wand erklärte das Geheimnis der Scharmá-Siedlung. Offensichtlich war hier die blutrote Erde der Hismá gewaschen worden. Sie lag in Flecken auf den Hügeln und bildete einen Teil der Fiumara-Felsen, wo Sauerstoff sie wie die Tauá Brasiliens in marmorierte Massen von Rosa und Malvenfarbe verwandelt hatte.

Unser abendliches »samrah« (Geplauder) wurde von einem gewissen Hádsch Agíl bin Muhaysin belebt, der sich selbst Scheich des Masá'id-Clans nannte – was er aber nicht war. Ich mochte den schlauen jungen Mann nicht sonderlich, der sich zu sehr seiner Position rühmte. Er war habgierig wie ein Isländer und übergierig nach Bakhschisch, welches er sogar für einen Begleiter geltend machte, den er mitgebracht hatte. Eines Tages indessen kann er bei der Begleitung von Reisenden landeinwärts dort von Nutzen sein, wo die anderen Huwaytát sie nicht begleiten können. Er beschrieb auch Tabúk und El-Hidschr. Beides sind Stationen auf dem Karawanenweg von Damaskus, und beide sind von großem Interesse für mich.

Tabúk ist eine Ortschaft und eine Pilgerstation für die syrische Karawane jenseits des Hismá-Landes, das den Ma'ázah gehört und auf dem östlichen Abhang der zweiten oder binnenländischen parallelen Bergkette erbaut wurde. Es ist den Geographen durch den detaillierten Bericht von Wallin bekannt, der unter dem Namen Hadschi Wali reiste. Er platziert es in das Zentrum einer großen Ebene, der Hamádat Tabúk, inmitten der roten Erdhügel – eine reichlich mit süßem Wasser versorgte Oase in einem trockenen und durstigen Land, die sogar Gartenerzeugnisse und ein wenig Getreide, Datteln, Granatäpfel, Mandeln und selbst Weinreben wachsen lässt.

Abulfeda, der im Jahr 1331 n. Chr. starb, merkt an, dass Tabúk in der dritten Gegend gelegen ist, in der Nähe der großen Bádiyat el-Schám, der Wüste südlich und östlich des Heiligen Landes [nicht die Länder von Syrien], zwischen Syrien und El-Hedschas. Es hat eine Quelle und Palmbäume und es wurde von den Männern von El-Ayká[50] in Besitz genommen, zu denen Allah Schu'ayb[51] schickte (Koran, Sure VII, Sale, S. 116, und zweitens XI, Sale, S. 170); Letzterer indessen gehörte nicht zu ihnen, sondern zum Stamm Madyan (»Ahl Madyan«). In der Regel verbinden arabische Geographen die Namen von Tabúk und Madyan, die Stadt, indem sie Erstere nach Osten zu und Letztere nach Westen zu platzieren. Tabúk mag so verehrt werden, weil nach der Überlieferung Mohammed einen Hügel in der Nachbarschaft hinaufgestiegen und nach Norden gewandt ausgerufen haben soll: »All dies ist Schám« (Syrien), und sich südwärts wendend: »All dies ist Jemen.«

Noch interessanter ist El-Hidschr, Wohnsitz der troglodytischen Tamúd, der felsige Platz oder Petra, welches Sprenger (S. 146) mit dem Egra von Ptolemäus identifiziert und auf 26° nördlicher Breite oder 3° (180 Meilen) südlich von Tabúk ebenfalls auf der Damaskus-Medinah-Linie positioniert. Hier bestätigt ein noch den Namen Dschebel el-Nákeh (weibliches Kamel) tragender Berg das Wunder der Judäoaraber von Nabí Sálih und den Männern der Tamúd.[52] Es wird erzählt, dass der Apostel Allahs, als er den von Dämonen heimgesuchten

50 El-Ayká soll ein Holz im Land Midian sein, wo Schu'ayb oder Jethro den Midianitern weissagte. Vgl. Ayrtons Anmerkung zu Dr. Wallins Route, S. 318.

51 An beiden Stellen sagt der Koran: »Und nach Madyan schickten wir ihren Bruder Schu'ayb.«

52 Die Tamúd (Thamoudeni von Agatharchides) sind die gleichen wie die Themuditae von Plinius an der Südküste von El-Muwayláh in Nordwestarabien, welches allgemein als Thamuditis bekannt ist. Diese Namen leiten sich von der Nachkommenschaft Tamúds ab, dem Enkel Arams, und infolgedessen von den Horiten oder echten Arabern.

Engpass durchquerte, seinen Kopf verbarg, sein Gesicht verhüllte und seinen Schritt wegen der Dschinne und Ghúls, welche ihn befielen, beschleunigte und seinen Anhängern verbot, dort zum Essen oder Trinken stehen zu bleiben. Wir rationalistischen, modernen Menschen haben beschlossen, dass El-Hidschr neben Inschriften auch Statuen oder Reliefs aus heidnischen Tagen enthalten muss, aber bisher hat es noch kein Reisender betreten.

Jahre zuvor besuchte der Wiener Hofrat Alfred von Kremer, der gelehrte Autor der »Culturgeschichte des Orients unter den Chalifen« und österreichischer Bevollmächtigter in Ägypten, auf den Rat von Baron von Hammer-Purgstall hin Damaskus, mit der Absicht, El-Hidschr zu erforschen. Er scheiterte an der Schwierigkeit, einen Führer zu finden und aufgrund der für Kamele und Geleitschutz geforderten außergewöhnlich hohen Summe. Auch ich hatte mit Findi El-Fá'iz, dem Scheich der Beni Sakhr, welche die regelmäßige Karawanenverbindung nach El-Medinah unterhalten, Vereinbarungen für meinen Transport getroffen, als jener »unsägliche Türke« – der verstorbene Ali Pascha schändlichen Angedenkens – meinen Rückruf aus Syrien veranlasste.

Am Freitag, dem 13. April, kehrten wir nach El-Muwayláh zurück. Es gab einigen Ärger beim Verlassen des Wadis Tiryam: Die Huwaytát erklärten, dass sie ihre Kamele aus Furcht vor den Ma'ázah, die diese Grenzstation unsicher machten, nicht zur Verfügung stellen könnten, und die ägyptischen Offiziere wünschten die Ruinen zu vermessen, die Umgebung zu begutachten und uns zu folgen, sobald sie Zeit hätten. Wir, die Europäer, brachen um 5 Uhr morgens mit einem beduinischen Führer und sechs Soldaten auf und gingen das Wadi hinunter, um die Küstensiedlung in Augenschein zu nehmen. Den Rest ließen wir für den Fall eines Überfalls zurück. Das Gehen im lockeren Sand und über krümelnde Sabkheh (Salzboden) war kein Vergnügen. Nach eineinviertel Stunden erreichten wir die »Häuser der Nasárá«; sie waren wie die anderen Siedlungen bis auf die Grundmauern zerstört. Es war eine Streusiedlung mit geräumigen Häusern, ein Leukè-Komé, eine weiße Ortschaft oder Burg aus schneeweißen Korallen (Madrepore – Löcherkoralle), die anscheinend rundherum mit einer Mauer umgeben gewesen war. Wir hoben viele Bruchstücke von mehr oder weniger irisierendem grünblauem Glas auf, und uns wurde das Aquädukt gezeigt, dessen letzte Zisterne jetzt unter dem Sand begraben liegt. Die Tiryam-Einrichtung war eine der größten, und sie liegt einige Yards südlich von ihrem Wadi, direkt nördlich der Sandhaufen und des vorspringenden gelben Punktes, bekannt unter dem Namen Ras Wadi Tiryam. Irgendwo hier in der Nähe muss die alte Pilgerstation El-Silab gewesen sein.

Dieses Tiryam ist die dritte große Gründung, die wir zwischen El-Muwayláh und 'Aynúnah gefunden haben, auf einer Strecke von nur siebenundzwanzig direkten geographischen Meilen. In der Tat kann ich sagen, dass jede Hydreuma – wie Strabo die Wasser liefernden Wadis nennt – mehrere Metallarbeiter-Siedlungen aufwies. Wie weit diese Männer sich ostwärts in das Innere ausbreiteten, konnten wir nur vom Hörensagen schließen, aber die Distanz kann sicherlich unterhalb eines fünfzehnstündigen Marsches angesetzt werden. Es muss jedem klar sein, dass alles, was solchen Städten zu leben und zu gedeihen ermöglichte, schwerlich scheitern kann, auch die Industriellen unserer modernen Tage zu bereichern. Und hier sehen wir, gut zur Schau gestellt, das Leben des alten Midians: die »Städte« und »stattlichen Burgen« nahe des Meeres, und die Horden von Zeltbewohnern des Inneren, welche die Bene-Kedem, die östlichen Beduinen, treffen. Der einzige Unterschied ist, dass jetzt der Nomade über den Bürger die Oberhand gewonnen hat, aber Letzterer wird seinerseits wieder an die Reihe kommen.

Unsere Reitkamele fanden uns ohne Verzögerung, und wir stießen sofort auf die Hadsch-Straße, und zwar an einer Stelle, wo sich die elenden Maghribis oder nordwestlichen Afrikaner lagern. Von El-Muwayláh zum Wadi 'Aynúnah zieht sich die Küstenverbindung entlang. Daher sehen die Pilger, welche die Schießbereitschaft der Beduinen nur allzu gut kennen, zwar die »palmeta« der Wadis Tiryam und Scharmá aus der Entfernung, aber sie besuchen sie niemals.

Der Marsch nach El-Muwayláh, mit den flachen Sandbänken seewärts und den spitzen Sandsteinhügeln landeinwärts, war eintönig genug; aber wir wurden durch den Anblick der Korvette getröstet, die vor dem Fort vor Anker lag.

Das Land war eine Abfolge von Klüften und Tälern, wobei die Letzteren wie üblich alle mit Namen geehrt wurden. Endlich drangen wir auf die felsige Küste vor. Und nachdem wir an den Grabstätten Scheich Abdullahs vorbeigekommen waren, betraten wir das Fort. Wir wurden mit der Überschwänglichkeit empfangen, die unser Erfolg verdiente. Als wir unter dem kühlen Haupteingang Kaffee tranken, wurde um Proben der versprochenen Samenkorn-Perlen gebeten, aber sie hatten nicht beschafft werden können. Die einzigen »antikás« waren eine portugiesische Silbermünze mit den Burgen und ein kupfernes Stück, welches das »Siegel Salomons« mit der Inschrift »Zuriba fí Mischk« (in Damaskus geprägt) trug. Wir nahmen aber ein feines Exemplar freies Gold in einem vom Wasser gerundeten Bruchstück aus porphyritschem Grünstein mit. Örtlichen Berichten zufolge hatte es lange in der Nähe des Forts gelegen und war dort kürzlich von der kleinen Tochter des Beamten Hasan Effendi, Wakil El-Kal'áh, aufgelesen worden, der es mir schenkte. Schließlich wurde es von den Prinzessinnen in Kairo übernommen, die es einrahmten und in ihrem Museum ausstellten.

Ich war bemüht, in der gesamten von uns besuchten Region botanische Proben zu sammeln, d. h. in der nördlichen afrikanisch-arabischen Zone, die Marokko mit dem Persischen Golf verbindet und den Sinai und den Libanon einschließt. Aber diese Arbeit war nur Beiwerk, und – wie die Perser sagen: Zeit war »schmal«. Die Beduinen boten uns bereitwillig Hilfe an, nannten mir die Namen und die Eigenheiten jeder Pflanze und sagten nur selten: »Ich kenne sie nicht.« Ihr ausgezeichnetes Erinnerungsvermögen machte es ihnen möglich, sich an jeden Gegenstand zu erinnern, den wir sammelten, und sie zeigten das freundliche Interesse des Morgenländers, meiner Sammlung noch Stücke hinzuzufügen. Diese ungekünstelte und kindliche Entfaltung von Wohlwollen in kleinen Dingen, seien sie echt oder gekünstelt, ist vielleicht der große Charme orientalischen Lebens. Und es erklärt die Tatsache, dass viele alte Jungfern ihren bärenbraunen Dragoman und seine sehr großen Taschen mit besonderem Wohlgefallen betrachtet haben.

Überzeugt, dass es nützlich sein würde, jedes botanische Exemplar aus dem unbekannten Midian mit der benachbarten Flora in Verbindung zu bringen, und in der bangen Erwartung, dass die Hochländer möglicherweise mit neuen Arten aufwarten könnten, wandte ich so viel Zeit auf, wie ich für die Sammlung erübrigen konnte. Wir erstiegen die Hochländer bis zu einer Höhe von etwa 1500 Fuß, in der viele Pflanzen höchstens die kümmerliche Größe von ein oder zwei Zoll erreichten. Die *hortus siccus* (Pflanzensuche – d. Ü.) war natürlich sehr unvollkommen. Wir waren völlig unvorbereitet; wir hätten eine Presse und sogar braunes Papier benötigt; dessen Stelle wurde von Stückchen Zeitungspapier eingenommen, und vielen der von den Beduinen gebrachten Exemplaren fehlten Blume oder Frucht oder beides. Wie dem auch sei, die Ernte wurde Professor Balfour aus Edinburgh unterbreitet, nachdem sie von meinem Freund und Reisegefährten, Dr. Carlo de Marchesetti aus Triest, geordnet worden war, der mich mit einigen Manuskript-Bemerkungen beehrte.

Die Flora der von uns durchquerten Region ähnelt auffallend derjenigen des Sinai und der Wüste zwischen ihr und dem »Heiligen Land«. Sie erstreckt sich entlang der arabischen Küste bis zu ihrer südlichen Spitze. Geographisch gesprochen bildet der Nil eine Grenze zwischen den beiden Landschaften:

der syroarabischen im Osten und der libyoafrikanischen im Westen, aber die Vegetation unterwirft sich nicht diesem Gesetz. Dr. Anderson erzählt uns, dass die Vegetation von Aden genau derjenigen Arabia Petraeas gleicht, dessen Verlängerung sie augenscheinlich ist.

Charakteristisch für die Botanik dieser Wüste ist der kleine Anteil von Arten im Verhältnis zu der übermäßigen Anzahl von Gattungen und natürlichen Ordnungen. Der Autor erklärt tatsächlich, dass dies sich sogar als wahr erweist, wenn die Flora mit jener ähnlicher Gebiete und vergleichbarer Beziehungen zum Festland verglichen wird. Obwohl die Arten begrenzt sind, herrschen nur ein paar der trockeneren Formen vor. Hier spielt die Sonne den Part der Campos-Brände in Brasilien, und an beiden Orten hat die Vegetation gegen außergewöhnliche Hitze und Trockenheit zu kämpfen – Bedingungen, die das Aussterben von Leben begünstigen.

Das Laubwerk ist auf ein Minimum reduziert, und die in weniger trockenen Klimazonen von den Blättern abgegebene überflüssige Feuchtigkeit wird in fleischigen Stängeln für lang anhaltende Trockenzeiten gespeichert. Die trockene Atmosphäre reduziert die Menge an Zellgewebe, begünstigt jedoch die Produktion von Dornen. Obwohl sich in vielen Fällen keine ausgeprägte Stacheligkeit entwickelte, offenbaren sich die klimatischen Einschränkungen dennoch in starren oder verdrehten Zweigen sowie in der Härte von Stamm und Laub. Bei einigen enden die Blätter mit scharfen, nach innen gekrümmten Haken, bei anderen sind die Nebenblätter stachlig; bei manchen sind die Deckblätter dornig; bei einer Euphorbia (E. Cuneata) werden die kurzen, harten Zweige von winzigen Stacheln abgeschlossen, und ein Gras (das Aëluropus Arabicus) trägt so scharf bewehrte Blätter, dass man nicht eben bereitwillig Exemplare dieser Pflanze sammeln möchte.

Mehrere Arten sondern Gummi oder harzige Ausscheidungen ab, die ihre Stämme verkrusten und wahrscheinlich aus der Rinde herrühren, die aufreißt, wenn sie in Aden einer zu großer Hitze oder in Arabia Petraea dem Wechsel von Hitze und trockener Kälte ausgesetzt ist. Viele der Pflanzen haben graugrüne Stängel oder Blätter oder sind vollständig mit einem weißlichen Flaumhaar bedeckt. Nicht wenige sind klebrig und haften an der Hand wie Leim. Und ein großer Teil ist durch einen mehr oder weniger beißenden oder auch aromatischen Geruch gekennzeichnet – Qualitäten, welche die Vegetation der Wüste immer besessen hat.

Mit Dr. Anderson können wir die Grenzen dieser Vegetation, die insbesondere in Kontinentaleuropa unter dem allgemeinen Namen »Flora der Sahará« bekannt ist, folgendermaßen festlegen: Beginnend an ihrem Hauptverbreitungsgebiet, den regenlosen Gebieten Arabiens, erstreckt sie sich über die ganze Halbinsel, mit Ausnahme der Bergregion El-Jemens im Süden und Südwesten. Sie folgt den Küsten des »Golfes«, von wo sie nach Südpersien vordringt; sie breitet sich nach Belutschistan, Sind, dem südlichen Afghanistan und dem westlichen Pandschab aus. Ihre südliche Begrenzung liegt auf 12° nördliche Breite (Sind) und 30°–31° östlicher Länge (Afghanistan und Pandschab): Südwärts zweigt sie zu der Nerbaddá ab, verschwindet und erscheint wieder in der Form einer Oase am südlichen Punkt des Dakhan (Deccan) im Madura-Territorium. Westwärts von Arabia Petraea erstreckt sich diese »beduinische Vegetation« nach Ägypten, Nubien und teilweise nach Abessinien und dehnt sich über die afrikanische Sahará aus, wo sie bei 5° östlicher Länge den höchsten Breitengrad erreicht. Hier bedeckt sie die Wildnis zwischen 10° und 37° nördlicher Breite, wohingegen in Asien die obere oder nördliche Gabelung zu einer Zone von 7° bis 8° in der Tiefe schrumpft. Sie reicht nach Senegal und erreicht schließlich ihre westliche Begrenzung bei den Kapverdischen Inseln, und behält bis zuletzt ihren Wüstentyp bei.

Wie wir bereits erwähnt haben, bildet El-Jemen die Ausnahme. Und hier sind wir nach wie vor auf die Informationen Peter Forskåls angewiesen, jenes energischen Gelehrten der

Naturgeschichte, der im Jahr 1761 Carsten Niebuhr begleitete und am 11. Juli 1763 in Dscherim starb. Während seines kurzen Besuches in San'á und den Kaffeegebieten fand er dreißig neue Gattungen und beschrieb etwa 800 Arten – eine Anzahl, die er stark hätte vergrößern können, wäre er nicht durch die aufrechte Entschlossenheit geleitet gewesen, nur das gelten zu lassen, was sorgfältig untersucht worden war. Seetzen ist noch immer die erste Autorität für die Tíh-Wüste, die er im Jahr 1807 von Norden nach Süden durchquerte. Von allen wissenschaftlichen Reisenden des gegenwärtigen Jahrhunderts ist er in England vielleicht der unbekannteste. Obwohl durch Niebuhr inspiriert, ist sein Stil unbeholfen und schwer. Seine zahlreichen und sorgfältigen Studien wurden in einer distanzierten Form veröffentlicht, und die Gesamtausgabe erschien erst 1854. Daher überrascht es uns nicht, ein populäres Werk über Arabien zu finden, in welchem behauptet wird, dass »die Hoffnungen der wissenschaftlichen Welt durch seinen vorzeitigen Tod in 'Akabah« (angeblich durch Gift) enttäuscht wurden.

Aber Nordwestarabien ist für Reisende leichter zugänglich als El-Hedschas oder der Jemen, und jüngere Botaniker waren in der Lage, Seetzens Sammlung einiges hinzuzufügen. Von besonderem Wert für diejenigen, die die Flora Arabia Petraeas studieren möchten, sind zwei Aufsätze, die im *Journal of the Proceedings of the Linnean Society* erschienen. Einer beschäftigt sich mit der »Vegetation der westlichen und südlichen Küsten des Toten Meeres«, von B. T. Lowne, M. R. C. S. England, am 6. April 1865: Er behandelt das Ghor oder das Jordantal, den vor dem Besuch des Autors im Januar 1864 botanisch am wenigsten bekannten Teil Palästinas. Der andere, welcher noch näher herankommt, beinhaltet die »Aufzeichnungen über die Flora der Wüste von Sinai« von Richard Milne Redhead, Esq., F. L. S. und R. G. S.

Wie wir gesehen haben, stimmen alle älteren klassischen Autoren, die das nabatäische Land rund um die Mündung des

'Akabah-Golfes beschrieben haben, darin überein, dass es ein Land von üppiger grasartiger Vegetation sei. Es fällt schwer zu glauben, dass die Phantasie hierbei keine große Rolle spielte, wenn wir im Angesicht der nackten Gipfel von grob gemasertem grauem Granit stehen, vor rötlichem Syenit und Glimmererde; vor den gerundeten Köpfen harten Serpentins und homogenen roten Porphyrs, offensichtlich feuergebrannter Tonerde, vor Grünstein und Grünsteinschiefer – übrigens oftmals eine Fehlbezeichnung, da er vielfach kohlschwarz ist –, vor an der Oberfläche düsteren Quarzhügeln, die aber von glänzendem und blendendem Weiß sind, wo sie aufgebrochen werden, vor Chloritschiefern und -sanden sowie vor den unfruchtbaren und grässlichen untergeordneten Mineralien Kreide, Gips und Selenit, die keinen einzigen Grashalm tragen können.

Aber bei Bir-el-Seba (Beersheba) wächst die Fruchtbarkeit des Landes schnell und damit auch die Vielfalt der Flora, während ein Marsch nördlich davon eine gewaltige wellenförmige Ebene fetter grüner Weideflächen samt dem scharlachroten Ranunculus und der aus dem Blut von Adonis entsprungenen leuchtenden Blume enthüllt (Redhead). Möglicherweise hat sich dieses üppige Gebiet zweitausend Jahre zuvor weiter südwärts ausgedehnt. Diese großen Veränderungen zum Schlechteren hin haben auf der Sinaihalbinsel und im Negev oder dem Südlichen Land stattgefunden. Dies wissen wir aus den Expeditionen der Herren Tyrwhitt-Drake und Palmer, die unzweifelhafte Spuren reichen Weidelandes von mit Wasser versorgtem Boden und menschlicher Besiedlung fanden, wo jetzt alles eine fürchterliche Wüste ist. Überdies begünstigt die Sitte der Belieferung Ägyptens mit Holzkohle[53], wie es das

53 Wenn die Bergwerke in Betrieb genommen werden sollen, muss der erste Schritt sein, diese schädliche Form der Industrie endgültig zu verbieten. Die sinaitischen Grabungen und die riesigen Schmelzarbeiten unter den Pharaonen müssen, während bewiesen ist, dass die Halbinsel eine reichliche Vegetation und infolgedessen einen reichlicheren Niederschlag hatte, für das Land dauerhaft zerstörerisch gewesen sein.

Land Midian über viele Generationen hinweg getan hat, die Wüstenausbreitung: An vielen Stellen fanden wir nur Stümpfe und ausgerissene Zweige, wo die größten Bäume gestanden hatten.

Im Allgemeinen besitzt die midianitische Vegetation Ähnlichkeiten mit jener der Sahara und Nordafrikas, insbesondere mit dem Wüstenbewuchs Oberägyptens und Nubiens. Dr. Lowne bemerkte das Gleiche auch bei der Flora der deltaähnlichen Ebene, die sich von den Mündungen der Wadis Zuwayrah und Mahawat zum Ufer des Toten Meeres erstreckt. Er kam »durch Vergleich mit der von Major McDonald (Macdonald) vom Sinai im Kew-Herbarium zusammengestellten Sammlung, welche genau derjenigen Arabia Petraeas entspricht« zu diesem Ergebnis. Dr. de Marchesetti beobachtet, dass die »Sahará-Flora« in meiner kleinen Sammlung nicht rein ist; der gemischte Typ enthüllt einerseits die Einflüsse der Wüstensteppen und andererseits die des benachbarten Mittelmeeres, dessen Zuwanderer leicht ihren Weg in das Wadi el-'Arabah vom Toten Meer hinunter zum Golf von El-'Akabah finden würden.

Die Besonderheit des von der vizeköniglichen Expedition besuchten Teils von Midian ist die Bedeutung der Wadis: wahre Oasen, die mit ganzjährig sprudelnden Quellen ausgestattet sind. Drei von diesen, das ausgetrocknete Wadi Tiryam nicht eingeschlossen, wurden innerhalb eines Raumes von fünfunddreißig direkten geographischen Meilen gefunden, und sie pflegen einen bedeutenden Einfluss auf die zwischen ihnen liegenden unfruchtbaren Länder auszuüben.

Wie im angrenzenden Sinai ist die wesentliche Vegetation der Täler die Dattelpalme, welche aber nur eine armselige Frucht abwirft, da sie völlig vernachlässigt wird. Die Haine (Nawákhilah) haben ein malerisches Aussehen. Die unbeschnittenen Wedel bilden einen regelmäßigen Kreis um den Kopf, ganz anders als die beschnittene besenähnliche Verformung der Zivilisation. Die Daum-Bäume zeigten weder Blüte noch Früchte, sodass nicht zu bestimmen war, ob sie zu der Hyphaene Thebaica oder der H. Cristata gehörten; Letztere ist nach von Wrede in Hadramaut zu finden. Sprenger erwähnt die von Dioscorides nach Madyan platzierte Bdellium.

Diese Palmen überdachen üppige und undurchdringliche Dickichte aus Schilf (Arundo donax) und Binsen (Scirpus holoschaenus), nebst Salolas oder Saldolas, Reseda, Veronica und einer bitteren Nasturtium (N. officinale), der gewöhnlichen Wasserkresse, welche in der Nähe des Wassers auf mit einer weißen Ausblühung – anscheinend Salz und Schwefel – überkrusteten Gründen wächst. Die merkwürdige und groteske Asclepias (Calotropis procera), ein großer Strauch mit ovalen dunkelgrünen, auf der Unterseite wolligen Blättern, wurde nur im Wadi Makná gefunden und entsprang aus den Sanden jenseits der Reichweite des Bächleins. Das Gleiche war mit der Zizyphus der Fall, deren vertrocknetes und zusammengeschrumpftes Fleisch einen einzelnen runden harten Stein enthält. Herr Redhead vergleicht sie mit einer sibirischen Krabbe, und er fand die »rötliche orangenfarbige Frucht sehr wohlschmeckend im Geschmack«. Von den in der Nähe aller Wadis gelegenen Felsen sammelten wir eine feine Rumex (Vesicarius?) »mit großen membranartigen glänzenden Samenkörnern und Laub in Aussehen und Geruch wie die als Salat ausgezeichnete Oxyria« (Redhead).

Die hauptsächliche baumartige Vegetation der trockenen Wadis und der benachbarten Ebenen sind die Akazien, einige von ihnen zu kleinen Sträuchern verkümmert. Die gewöhnlichen Arten sind die Sunt oder Sont (Akazie Nilotica), Athl und Talh (A. Tortilis oder Gummifera), welche Burckhardt den »arabischen Gummibaum« nennt und welche nach Wellsted das »gumma Terrae« produziert, der Samgh oder Samur (Inga unguis) und besonders der Siyal (A. Seyal), dessen Stamm die beste Holzkohle liefert, während seine Rinde das beste Tannin abgibt. Von Letzterem wird vermutet, der Chittim-Wald der Thora (Exodus XXV) und der traditionelle »brennende Busch«

zu sein.[54] Der Baumstamm ist rötlich, die zarten Keime werden als Futter genutzt und die langen grauen Wollfäden sind in Paaren angeordnet.

Auf unserer Marschstrecke sahen wir nirgends die Butm oder Terebinthe (Pistacia terebinthus) noch die weiter nördlich so häufige stachelige Eiche (Quercus pseudococcifera) noch die Fruchtbäume und die echte Pistazie Difu (Oleander) mit ihrer schönen rosaroten Blüte. Der Athil und Tarfá (Tamarix Orientalis), die abgehärteten Gewächse, die sich von den Tropen bis nach Dovercourt in Essex erstrecken, standen hauptsächlich vereinzelt und bildeten selten Dickichte. In der Regel werden sie zurückgeschnitten, wenn sie jung sind, und das harte Holz wird für Bootsspanten, Kamelsättel und ähnliche kleine Artikel genutzt.

Wir bemerkten den wuchernden und dornigen Balanitis Aegyptiaca, den arabischen Zakkúm oder »Baum der Dschehannum«. Er trägt eine »Frucht, die in Größe, Form und Farbe an eine große unreife Pflaume erinnert, und er liefert die geraden gelben Amtsstäbe und Spazierstöcke aus ›Balsamholz‹, auf welchen die Drechsler von Jerusalem das Wort Jordan in Hebräisch hineinschneiden« (Redhead). Der Retem oder Besen (Retama oder Spartium monospermum), der vermeintliche »Wacholder« der englischen Bibelversion, war auch weitverbreitet. Kaper-Büsche (Capparis spinosa), der Asaf oder Lasaf der Araber, mit fleischigen Blättern in hellen grünen Büscheln, hängen von den Felsspalten, der Arak, eine

54 Der Koran (Kap. VII) hat nicht auf den biblischen Berichten dieses Wunders aufgebaut. Als Moses mit seiner schwangeren Frau und seiner Familie nach Ägypten zurückkam, sah er einen Busch in Flammen und ging, um eine Fackel für häusliche Zwecke zu holen. Er fand sie grün, während eine Stimme ihm zurief: »Gesegnet sei er, der im Feuer ist, und wer immer um es herum ist.« Die Griechen schildern die Jungfrau und das Kind immer im Zentrum der Flamme. Ihre Theorie ist, dass das Geheimnis durch das Wunder der Jungfräulichkeit der Mutter verkörpert wird.

weitere Capparidea, zeigt Fruchtsträuße wie Johannisbeeren, und der Salvadora (Persica) ist wie in Sind häufig.

Unter den hauptsächlich in der Sammlung dargestellten Familien erscheinen die Compositae und die Cruciferae; mehrere Arten von Crepis, Erigeron, Picridium, Senecio, und Pulicariae, mit Brassica und Makolmiae, welche beide von Kamelen gierig verschlungen werden. Die Gramineae werden von der Aristida (plumosa) und der Pennisetum (Genchroides) repräsentiert, welche sich von den Kanaren bis zum Pandschab erstrecken, und an den weniger trockenen Stellen kann man die grasbedeckten Büschel von Andropogon und Hirse-Gras (Panicum) finden. Dann folgen die Leguminosae, die Labiates, die Antirrhinidae und die Borragineae. Letztere blühen hoch oben auf den Bergen. Die ägyptischen Pflanzen, die sich ostwärts ausgedehnt haben, sind die distelartige Centaurea (Aegyptiana), die essbare Salsola (Echinus), die Malcolmia (Arenaria), die Trigonella (hamosa), die Parietaria (Alsinaefolia), die Medicago (Helix) mit ihren merkwürdigen schneckenartigen Hülsenfrüchten, die Picris (pilosa), die Croton (oblongifolium) und andere von geringerer Bedeutung.

Die Folgenden sind die Gewächse, die zur Flora Mediterranea und zu den Ebenen Palästinas gehören und ihren Weg südwärts und südwestlich bis zum Niltal gefunden haben: Das blaubeerige Nachtschattengewächs (nigrum), das Nachtschattengewächs (coagulans) mit purpurroten Blüten wie die Kartoffel und gelben Früchten, von einigen mit dem »Sodomsapfel« identifiziert, Picridium (tingitaenum), Heliotropium (luteum), Antirrhinum (Orontium), Lycium (Europaeum), Trifolium (Stellatum), Salvia (Clandestina), Asphodelus (fistulosus) und die Geranie, der Storchschnabel der Deutschen.

Auf den tiefer gelegenen Geländeabschnitte mit salzhaltigen Böden finden sich die Pflanzen, die auf den Küstendünen von Suez und Palusium gefunden werden und ein ausgedehntes Band an den Küsten Ägyptens und der Cyrenaika bilden:

Suaeda (fruticosa), Salsola (Sodae), Salicornia (fruticosa), ein herabhängender Strauch, olivgrün und rötlich, Zygophyllum (desertorum) und Scirpus (holoschaenus). Dr. de Marchesetti war sehr erfreut, alte Freunde wiederzusehen, die er in Aden und auf den Bergen an der Mündung des Bab el-Mandeb gesammelt hatte: Statice (pruinosa), roh und grobfaserig, Reseda (Amblyocarpa) – hier sehr gewöhnlich wie im Ghor und dem Aden-Krater, Zygophyllum (simplex), Fagonia (Cretica oder Sinaica, Boiss.), Cleome (drosenfolia und trinervia), Aëluropus Arabicus, der Aerua (javanica), auch häufig in Aden und Indien, die Cucumis (prophetarum) und andere. Senna (Cassia obviata) war wie in den meisten Teilen Arabiens verbreitet, und einige der besten sollen in der Nachbarschaft von El-Arisch wachsen: Eine weitere geschätzte medizinische Pflanze ist die Euphorbia. Wir vermissten den Oleander (Nerium odorum), der Lorbeer wuchs, das Biedermeiersträußchen des heiligen Josef, dessen schöne rosa Blüten der Stolz des syrischen Tales sind; den im Süden so häufigen Sabr (»Geduldspflanze«) oder die Aloe bemerkten wir nicht, und offensichtlich erstreckt sich jetzt der Bálisán oder Mekka-Balsam nicht mehr so weit nach Norden.

Kapitel XI

Die Kreuzfahrt hinunter nach Süden bis Ziba: Schwefel und Türkise, Bemerkungen zu Fischen und Muscheln

In El-Muwayláh gingen wir wieder an Bord der *Sinnár*, deren guter Kapitän uns mit einem herzlichen Willkommen empfing, und am gleichen Tag drangen wir weiter nach Süden vor, um einen »Schwefelberg« und eine Türkismine zu inspizieren, von der wir von den Beduinen und von den »Mauerspringern« gehört hatten.[55] Nachdem wir anderthalb Stunden gedampft waren, warfen wir im Scharm Dschibbah Anker, etwa acht Meilen über den Scharm Yáhárr hinaus. Von Westen genau nach Osten verlaufend, mit einem offenen Kanal von siebzehn bis fünfzehn Faden, ist es eine enge, wie gewöhnlich hammerförmige Bucht, wobei der Griff der Eingang ist. Sie fällt durch eine bemerkenswerte Höhle in den aus bröckligem Sandstein bestehenden Klippen auf. Der Sandstein bildet die südliche Meermauer.

Der dem Volk als »Tuwayyil el-Kibrít« bekannte Höcker erscheint, vom Meer aus gesehen, als eine ziemlich regelmäßige Pyramide mit einem winzigen gelben Felsen, wie eine Kerbe oder ein Gesims nahe des westlichen Gipfels: Seine Lage ist die nördliche Flanke des Wadis Madsús, der Schwesterformation zu dem im Süden befindlichen Wadi Dschibbah. Die ägyptischen Offiziere gingen an Land, und nach einem viertelstündigen Fußmarsch erreichten sie den Fuß des Hügels, woher sie Proben von den verschiedenen Höhen zurückbrachten. Sie fanden heraus, dass die vorherrschende Formation aus Kalkkarbonat bestand. Der Schwefel wurde

55 Nuttát El-Hayt, (Springer oder Erkletterer von Mauern), ist der beleidigende Begriff, der generell auf Dorfbewohner und besonders auf die Hutaym, die Huwaytát und andere nicht reinblütige Stämme angewandt wird.

offensichtlich durch Farbe und Geruch nachgewiesen, aber wir hatten weder Messruten noch Reagenzgläser bei uns, um seine Ausmaße festzustellen.

Die Einheimischen haben nicht gelernt, Schwefel zu extrahieren und importieren ihren Bedarf an Schießpulver aus Ägypten. Wie man sich vorstellen kann, hat dieses recht verfälschte Zeug wie das selbst hergestellte nur eine geringe Stärke, und kein Geschenk ist einem Beduinen willkommener als ein oder zwei Pfund guter englischer »bárút«. Erfahrungen mit Schwefel in Island haben mich gelehrt, eine Meinung über den »langen kleinen Schwefel« aufzuschieben, bis Bohrungen in zwanzig bis vierzig Fuß Tiefe vorgetrieben wurden.

Unsere Rückkehr an Bord wurde durch eine Seemanns-»Fantasia« gefeiert: ein echtes Überbleibsel von dem alten kanopischen Spaß, der einen absurden Kontrast zu dem ernsten trockenen Humor bildete, der an Deck eines englischen Kriegsschiffes herrscht. Alle handelnden Personen waren Männer aus Unterägypten. Einer von ihnen stellte ein ziemlich schönes Mädchen dar, das mit dem echten Triester Hüftschwung einherschritt und affektiert nach einer Almeh-Art tanzte: Es wartete auf den Hauptpossenreißer, Kara-gyuz, einen kleinen, untersetzten Kerl in einem unmöglichen Kostüm, inklusive des überdimensionalen Phallus. Ali, der so den Clown darstellte, hatte in dieser Eigenschaft in Alexandria gedient und seine tiefe Verbeugung mit der Bewegung der zwei Arme, die jedem stolpernden Kunststück folgten, zeugte von hoher Kultiviertheit. Er hatte sich mit seinen Zirkusbrüdern entzweit und geprügelt, und die angemessene Bestrafung sollte sein Eintritt ins Militär sein. Es wird erzählt, dass der Hauptmann ihn einmal eine Stunde lang an den Fersen aufhängte, ohne dass seine Gesundheit oder sein guter Humor dadurch den geringsten Schaden gelitten hätten.

Danach kam der Kázi mit einem gewaltigen weißen Bart, einem riesigen Turban und einem Besenstiel als Spazierstock. Natürlich verprügelte er jeden, und er küsste das schöne Mädchen mit seinen kauenden Kiefern an jeder Stelle. Der Arnaut (Albaner) – mit einem spitzen und waagerechten Schnurrbart, groß wie eine Wurst aus Bologna, einer mit Waffen vollgestopften Leibbinde, die die Kopfbedeckung des Geistlichen klein erschienen ließ, gelegentlich seinen Stock bei seinem Diener benutzend, nachdem er »Yá Velet!« ausgerufen und all seine muslimischen Brüder bei den schändlichsten Namen wie »Karátá« und »Mu'arras« genannt hatte – wurde auf einem unserer Kamelsättel sitzend von zwei Männern hereingetragen. Er wurde vom Kázi unter dem gebührenden Zeremoniell mit dem schönen Mädchen verheiratet. Beide wurden öffentlich auf die Hochzeitscouch gesetzt, und die Art des Erwachens des Bräutigams am nächsten Morgen war, gelinde gesagt, einfach umwerfend.

Vielleicht war der Zuschauer, der den Zeitvertreib am meisten genoss, der Mullá Effendi, der Aumônier oder der Geistliche der Korvette, ein humorvoller, beleibter Kairoer, der sich eine Zigarre schmecken lässt, auf dem Achterdeck-Sofa schläft, den Azán oder den Gebetsruf von der Brücke liefert und als Imám (Vorbeter) bei den raren Frommen unter den Gläubigen amtiert. Der Nächste war der ehrwürdige Hadschi Wali, der sich angewöhnt hatte, die Ankündigung der Gebetsstunde stets mit dem Spruch »Warte noch ein wenig!« zu erwidern. Ich gestehe, dass das Spiel sehr »anstößig« war und mir die Seiten vor Lachen wehtaten.

Am folgenden Tag fuhren wir in der Korvette weiter, um eine Türkisgrube zu untersuchen, über die wir viele Details von Scheich Ayd Alayán aus dem Tugaygát-Clan gehört hatten. Ich hatte auch einen hellblauen »Fayrúz« aus diesen Grabungen gesehen, der in den Schaft eines beduinischen Zündschlosses eingesetzt und so eingeschnitten war, dass er einer Schraube ähnelte. Obwohl er für etwa fünfzig Jahre dem Wetter und dem Getragenwerden ausgesetzt war, hatte er nichts von seiner Farbe verloren. In der Tat war es reines Kupfersilikat, welches nicht von Sauerstoff und anderen Säuren beeinflusst wird, wohingegen sich die Kupferkarbonate schnell zu Karbonat-Derivaten verändern und in grünen Flecken ausblühen. Dies ist fast immer der Fall, obwohl es einige bemerkenswerte Ausnahmen bei dem Ertrag der zuerst durch die Ägypter[56] und zuletzt durch den unglücklichen Major Macdonald ausgebeuteten sinaitischen Bergwerke gibt. Einst der großzügigste Mann in der britischen Armee, ruinierte sich der gastfreundliche »König des Sinai« völlig und starb verarmt in Suez. Seine ägyptischen Diener, denen er vertraute, plünderten ihn bis aufs Letzte aus, und trotz langwieriger Untersuchungen konnte ich niemals entdecken, was aus seinem großen »Fund« geworden war, einem perfekten Stein von etwa der Größe eines Hühnereies. Es gibt Religionen, die mit Türkisen besonders verbunden sind. Und ich kenne eine Dame, die ein kleines Vermögen ausgegeben hätte, um dieses Fundstück in die Hände zu bekommen.

Unter dem Schatten des gewaltigen Dschebels el-Schárr dahindampfend, der kaum seine Form änderte, als die Korvette den Kurs änderte, passierten wir die zwei als Rás Mu'arrasch und Abu Scharirah bekannten Punkte. Nachdem wir 14,3 Seemeilen von Dschibbah und 22,3 von El-Muwayláh zurückgelegt hatten, warfen wir um 9.10 Uhr vormittags Anker vor Burdsch Zibá, dem Deba Niebuhrs, welches unsere Karten als Zibber verzeichnen, wahrscheinlich nach dem Prinzip, welches »you« in »yer« konvertiert. Die Küste ist hier wegen versteinerter Korallenfelsen steil, und von ihrem Sockel erstreckt sich ein schmaler Sandstreifen zu den spitzen Riffen und scharfkantigen Simsen, auf welchen sich das Meer sogar bei ruhigem Wetter bricht: Diese Mauer erhebt sich abrupt aus großen Tiefen, und daher rührt die Brandung, die von den

56 Eine der Hieroglypheninschriften erwähnt die »Göttin Hathor (oder Athor), Herrin des Landes der Türkise«, und eine weitere im Wadi Mukattab nennt die »Göttin des Kupfers«. Die Araber werkeln noch in den alten Bergwerken herum, und in letzter Zeit wurden gute Gelegenheitskäufe in Kairo getätigt.

Einheimischen so sehr gefürchtet wird. Alle versicherten uns, dass ein Anlanden unmöglich sei.

Wir vertäuten die Korvette vorn und achtern. Die seichte Bucht ist eine »Acathartus«, eine »widerwärtige Bucht«, und der geringste Wind aus dem Südwesten macht sie gefährlich. Tatsächlich ist die Beschreibung Wellsteds fast genauso schrecklich wie diejenige von Agatharchides und seinen Kopisten Diodorus Siculus und Photius. Es gibt einen inneren Hafen mit den von Pilgern benutzten Brunnen, aber das Wasser ist für alle Schiffe außer den kleinsten einheimischen Booten zu seicht. Diese Stelle – möglicherweise der Hippos Vicus des Ptolemäus – ist jetzt, da sie etwa drei oder vier Jahre zuvor durch eine Garnison besetzt wurde, eine Niederlassung von El-Muwayláh. Die Kolonisten haben einen schönen Turm gebaut, der seine Fahne bei unserer Annäherung hisste. Und obwohl von der gleichen baulichen Art, sind die Häuser besser als jene der Mutterstadt, die entschieden bessere Tage gesehen hat.

Außerhalb der Siedlung, welche etwa 300 Seelen zählt, erheben sich die schwarzen Zelte der Nomaden, die regen Handel mit den Bürgern betreiben und Schafe, geklärte Butter, Holzkohle und Binsenmatten verkaufen. Das Meer ist ergiebig, wie wir an den Schwärmen von Möwen und Kormoranen sehen konnten. Und die Burschen, die ihren wackligen Einbaum ruderten und gelegentlich damit kenterten, brachten uns ausgezeichneten Stein-Kabeljau und noch anderen Fisch – ein saftiges Essen, das etwas an Thunfisch erinnerte. Die Körbe zeigten die malerischsten Formen und eine Bemalung in ebenso leuchtenden Farben wie die Korallen der »Gärten des Meeres«. Einige waren Monster mit unverhältnismäßig großen Köpfen und gewaltigen Schlünden, andere zeigten bloße Konturen wie Würmer, und andere wieder schienen nur aus Körper zu bestehen. Diese waren äußerst flach (Balistes und Chaetodons) und jene besaßen eher Vogelgestalten denn Fischformen. Einhörner waren reichlich vorhanden: Es gab Scorpoenas und Acanthi, bewaffnet mit fürchterlichen Nesselfäden, und die Diodone (hystrix etc.) und Tetrodone (Sceleratus etc.) stellten riesige Schwimmblasen in dorniger Panzerkleidung dar.

Alle Farben vom Pfau und dem Regenbogen fanden sich dort: Purpurrot und Orange, Meergrün, Smaragdgrün und blaues buntscheckiges Grün, Dunkelblau und bleiweißes Blau, Blutrot und Grün und Korallenrot, Zitrone und Rosa, Purpurrot mit gelben Flossen, Silberweiß und Lampenschwarz, regelmäßig gerändert, mit Streifen versehen, zebraisiert, augenfleckig, liniert, umgürtet oder mit dem reinsten Gold gepunktet. Wir schienen in der Region der Arabischen Nächte zu sein. Wir wären nicht überrascht gewesen zu hören, dass die Fische die verwandelten Bürger des Pferde-Dorfes seien: die weißen die Muslime, die roten die Weisen aus dem Morgenland, die blauen Christen und die gelben Juden. Es erschien ganz natürlich zu lesen: »Und siehe!, dort kam eine Maid mit großer Statur hervor, glattwangig, von perfekter Form, mit Augen, die mit Kuhl geschmückt waren, schön im Gesichtsausdruck und mit schweren, wulstigen Lippen. Sie trug auf ihrem Kopf ein mit blauer Seide verwebtes Kúfiyeh-Kopftuch, Ringe in ihren Ohren und Armbänder an ihren Handgelenken, und mit kostbaren Edelsteinen besetzte Ringe an ihren Fingern, und in ihrer Hand war ein Stab aus indischem Rohr: Und sie tauchte das Ende des Stabes in die Bratpfanne ein und fragte: ›O Fisch, sind die Gläubigen ihrem Schwur treu?‹«

Trotz des Khamsíns, der Hitze und grelles Licht blies, landeten die tatkräftigen ägyptischen Offiziere und spazierten über die zerklüftete Ebene nach Norden, bis sie den Dschebel Schekayk erreichten, der einen Karawanenmarsch von El-Muwayláh entfernt liegt. Aber leider verfehlten die Führer sie. Die Gebirgskette, aus der Ferne eher klein und niedrig aussehend, erwies sich als lang und breit, und von ihr brachte man außer Proben aus chloritischem Sandstein

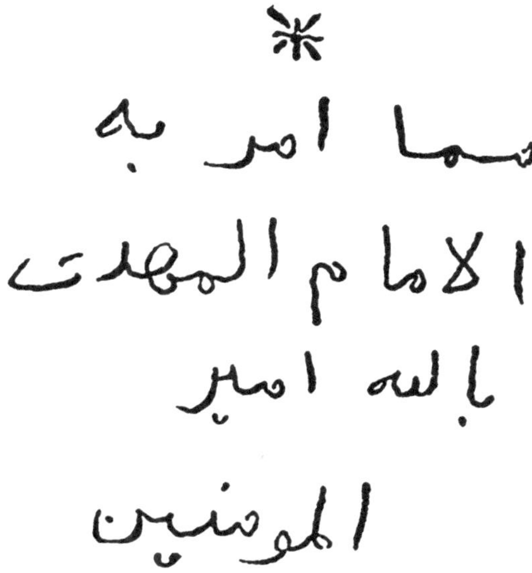

nichts mit. Währenddessen landeten wir, um die Stelle zu inspizieren und ein Bad in dem vor Haien geschützten Wasserlauf zu genießen. Er wimmelte von großen Quallen, Medusae (octostyla etc.), welche behende in alle Richtungen vor uns davonschwammen, während die Krabben eintauchten und in ihren Höhlen verschwanden. Wadi Zibá ist das übliche, anscheinend wasserlose »Tor«, welches Daum-Palmen und Dornbäume statt Dattelpalmen wachsen lässt. Und die Küstenlinie ist aus normalem Korallengestein aufgebaut, das auf hartem Konglomerat gegründet und mit Einsprengseln aus Porphyr verkleidet ist.

Wir tranken bei Mohammed El-Musulmáni Kaffee, einem koptischen Konvertiten und führenden Händler, der uns mit Schafen belieferte. Außerdem kauften wir einige in der Nachbarschaft gefundene Kuriositäten, die wohl eher das Werk eines zivilisierten *vicus* als des Wilden Mannes sind. Eine davon war ein gekürzter Kegel aus Granit, durchbohrt und poliert, der dem schwarz-weißen der Kanalinseln ähnelt und etwa wie das Ei eines Regenpfeifers aussieht. Es repräsentiert das, was Dr. Schliemann in Troja das Karussell (Spitze) oder Vulcan (Vulkan) nennt. Die andere war einer jener merkwürdigen Gegenstände, ein Münzgewicht aus grünem Glas, ähnlich demjenigen, das noch in Hebron hergestellt wird. Es trägt aber eine kufische Inschrift. Herr R. S. Poole findet, diese Glasgewichte seien in der Regel leichter. Er versichert mir, dass es sich von allen in der großen Kollektion des Britischen Museums unterscheidet, und er liest sie folgendermaßen:

Das bedeutet »Auf Befehl des Imáms (Präses – Vorbeters) El-Mahdi B'illah, Amír El-Múminín«. Mein Briefpartner hat keinen Zweifel, dass dieser El-Mahdi von den Fatimiden-Kalifen stammt. Der Stil passt zu seiner Zeit besser als zu den Abbásiden, überdies wird Letzterer El-Mahdi Mohammed betitelt.

Nachdem wir Zibá verlassen hatten und als es, wie es oft geschieht, zu spät war, hörten wir von einigen Ruinen vier Stunden nach Süden. Die Leute nennen sie Umm Ámil, und sie sollen Häuser, Brennöfen und anderes Zubehör einer industriellen Einrichtung zeigen. Der Gouverneur von El-Muwayláh hatte mit uns über sie gesprochen, aber er war bei dem Thema vage, und wir konnten kaum von ihm erfahren, ob die dreißig Meilen entfernte Stelle landeinwärts vom Fort lag oder an der Meeresküste. Umm Ámil war die südlichste der Bergbaustädte Midians, bezüglich derer wir irgendwelche Nachrichten sammeln konnten, aber das ist kein Grund, warum keine anderen existieren sollten.

Rüppell erfuhr von einem Oberhaupt der Huwaytát in El-Muwayláh, dass zwei lange Märsche in Richtung Osten zum Dschebel Maktúb (beschriebener Berg) führen, wo Ruinen mit Inschriften und Gestalten (Statuen?) reichlich vorhanden sind. Er war nicht in der Lage, die Stelle zu besuchen, aber er empfiehlt seinen Nachfolgern die Reise. Wellsted erforschte eine Ruinenstadt, die etwa vier Stunden im Inneren von

El-Widschh gelegen ist. Er kopierte eine Inschrift im »Wadi el-Máyah«, und etwa zehn Meilen vom Fort entfernt fand er die »Buyút el-Nasárá«. Diese Überreste wurden teilweise aus behauenem Stein erbaut, die Hausmauern maßen volle sechs Fuß Dicke. Die Länge wurde auf zwei Meilen geschätzt, und sie lagen in Abständen in allgemein nordöstlicher Richtung in einem felsigen Tal verstreut. Zwei Hügel ragten in die Senke hinein und ließen in der Mitte nur einen schmalen Engpass. Und auf einer der beiden Bergkuppen fanden sich Spuren kleiner Forts, wohl jenen ähnlich, die wir in Makná und Scharmá sahen.

Wieder etwa fünfundsiebzig Meilen südlich, auf 25° nördlicher Breite, nahe El-Hauará (Leukè Komé) – auch Dayr el-Ischrín genannt, weil es die zwanzigste Station auf dem Hadsch-Weg ist oder eher war – hörte er von Gebäuden und Säulen, welche zu untersuchen ihm sein kurzer Aufenthalt nicht erlaubte. Damit haben wir Hinweise auf eine frühere Zivilisation zwischen Dschebel Tayyib Ism (28° 30' nördlicher Breite) und dem der Hassáni-Insel auf 25° nördlicher Breite gegenüberliegenden El-Hauará in einer Entfernung von 155 direkten geographischen Meilen.

Wie ein italienischer Schriftsteller bemerkt, kontrastiert die am rauen Gestade des Roten Meeres herrschende bedauernswerte Sterilität stark mit dem überaus reichhaltigen Leben in seinen Gewässern. Die Letzteren sind, anders als das Land, das Bild purer Fruchtbarkeit. Die Sonne, welche die Küsten ausdörrt und versengt, besät seine Meeresböden mit üppigen und vielfarbenen Algen, begünstigt die wunderbare steinige Vegetation der Polypen und schafft eine unendliche Vielfalt von Wesen – endlose Fischschwärme, Krustentiere von tausendfachen Formen, seltsame Anneliden, elegante Stachelhäuter und Weichtiere, deren schöne Muscheln eine Freude für die Sammler sind.

Für die Ichthyologie des Roten Meeres sind wir wie gewöhnlich auf Forskål angewiesen, der 114 Arten mit mehr

Sorgfalt beschrieb, als er bei seinen Weichtieren anwandte. Er nannte 56, welche in Smyrna, in Konstantinopel und in den arabischen Gewässern beobachtet wurden, und veröffentlichte einen Fisch-Katalog Maltas, der ihm von einem gelehrten Arzt mitgeteilt worden war. Seine zahlreichsten Gattungen sind die Sciaenae oder die Maigre-Familie (25 Arten), die Chaetodone (15), der Icarus oder Papageienfisch, Novum genus (10), der Scomber (10), der Labrus (9) und der Perca (8). Es ist überflüssig zu erwähnen, dass viele von diesen von seinen Nachfolgern eingegliedert worden sind. Der nützlichste Teil für Reisende ist der Zusatz der arabischen Namen, aber leider sind die Abbildungen spärlich.

Eine wertvolle Zusammenfassung der Fische des Roten Meeres ist durch den österreichischen Arzt C. B. Klunzinger, Doktor der Medizin, publiziert worden, der vier Jahre in el-Kusayr (Cosseir) als Sanitätsoffizier stationiert war. Sein besonderes Ziel war es nicht, neue Arten zu beschreiben, von denen er vor November 1870 etwa fünfzig beobachtet hatte, sondern durch genauere Hinweise die spezifischen Unterschiede zu bestimmen, weil ihn diesbezüglich die umfangreichen Arbeiten seiner Vorgänger nicht befriedigt hatten. Für diesen Zweck hatte er lebende oder wenigstens frische Exemplare beobachtet, die 400 Arten zählten, sprich drei Viertel der in diesen Meeren bekannten Gesamtzahl. Und als er nach Europa zurückgekehrt war, half ihm bei seiner Aufgabe das Studium der verschiedenen Sammlungen in Stuttgart, Frankfurt am Main und Berlin weiter.

In seinen vorläufigen Beobachtungen legt er sorgfältig nieder, was er für die Merkmale der Arten hält. Das System, welches er anwendet, ist dasjenige von Joh. Müller, mit Veränderungen von Günther und Bleeker, und er akzeptiert die durch den Bericht des Komitees (British Association, von Strickland, *Silliman's Journal*, Juli 1869) vorgeschlagene Nomenklatur, welche Familiennamen mit *-oidei* und Unterfamilien mit *-ini* beendet. Er liefert in lateinischem Alphabet

Der Golf von El-'Akabah

die arabischen Namen von in El-Kusayr verbreiteten Fischen. Und da er keine Illustrationen gibt, bleibt zu hoffen, dass, wenn seine wertvollen Arbeiten zu einem Ende gebracht werden, er die Artikel in einer gesonderten Form mit allen Ehren, die sie verdienen, erneut drucken lassen wird.

Die Malakologie des Roten Meeres und insbesondere des Golfes von Suez ist von Signor Arturo Issel behandelt worden, der die Meerenge von Suez im Jahr 1865 besuchte und dessen interessanter Band 100 Arten als neu beschreibt. Vom Golf von El-'Akabah haben wir 120 Arten, beschrieben durch den Marquis G. M. Arconati, und der Vergleich ist interessant, weil von diesen 120 nicht weniger als 15 Gattungen nicht im Golf von Suez gefunden wurden, obwohl sie in den südlichen Meeren existieren, während nur 39 Arten in beiden verbreitet sind. Ein überraschendes Ergebnis war ebenfalls, dass, während es keine Klärung des Zusammenhangs zwischen dem Mediterraneo-Adriatischen Meer und dem Roten Meer in pleistozänen und meiozänen oder nachpleistozänen Tagen gab, die Fauna der zwei Meere mit Ausnahme der wenigen Arten, welche die

Meerenge überquerten, völlig verschieden war. Herr Fischer, einer der zwei Direktoren des *Conchological Journal*, schrieb: »Es existiert keine gemeinsame Muschel im Roten Meer und im Mittelmeer«, und er steht damit im Gegensatz zu den Meinungen von Cazalis de Fondouce, Professor de Philippi und Woodward (Handbuch). Aber nach sorgfältigerer Untersuchung gelang es Signor Issel, sieben gemeinsam in beiden Meeren lebende Arten zu entdecken. Zur gleichen Zeit bemerkte er bestimmte Unterschiede in den typischen Formen. Möglicherweise sind sie das Ergebnis von vielen Zeitaltern der Absonderung, welche zunächst entsprechende Vielfalten und später infolgedessen gleichwertige Arten hervorbrachten.

Ihm zufolge sind ein bei Port Sa'id lebendes Weichtier und sein Gegenstück in Suez die zwei aus einem einzigen Stammbaum abgeleiteten Formen – lebend oder ausgestorben. Und aus einer Art können an einer bestimmten Stelle gleichwertige Arten und Variationen hervorgehen, falls die Lokalität gewisse Veränderungen durchgemacht hat. Dagegen können geographische Arten und Variationen nur aus der Ausbreitung der gleichen Art über große Entfernungen hinweg resultieren, nämlich dort, wo die neuen Umgebungen allmählich neue Merkmale entwickeln.

Die schönen Korallenfelder des nördlichen Roten Meeres wurden von Eugen Baron Ransonnet beschrieben und in Farbe und Perspektive gezeichnet. Eine seiner Zeichnungen stellt eine aquariumartige Korallengruppe im Hafen von Tor dar. Es ist eine Oase, welche etwa einundzwanzig Objekte enthält, insbesondere die große kuppelförmige Careo phyllina, die gerundete Meandrinae, die Polypi (Alcyonia und nephthya), die rosarote Seriatopora, eine Scutella (Raghíf el-Bahr), stachelig wie der Igel, die repräsentative Madrepora (porites), ockergelb und karmesinrot oder rund und rosarot, die lederne Spongia (retifera), die fächerförmige Padina (pavonia), die Conus-Muschel (Kegelmuschel), welche den Sand durchfurcht, die regelmäßigen Globusse der Favositen, eine der Meereskakteen, die schwammähnliche Madrepora (conglomerata), die purpurrote »Orgel-Koralle« (Tubipora musica), die fächerförmige Millepora (complanata), welche die Haut verbrennt, und die blattähnliche Monticularia.

Das höhere Leben ist durch den Einsiedlerkrebs (Pagurus bernhardus), den kleinen Blennius, den Kaffee-Fisch und den Hai repräsentiert. Die andere Abbildung des Barons zeigt den Teil einer großen Korallenbank in der Nähe des Eingangs von Tor und enthält eine große und seltene Monticularia, zwei Heteroporas, welche wie ein Erika-Stiel wachsen, eine pilzförmige Alcyonium und die zweigartige Sertularia, die von der vogelähnlichen Platax sowie der violett umringten Medusa (aurita) gefressen wird. Letztere lebt auch in den Meeren Europas.

Kapitel XII

Die Kreuzfahrt nordwärts nach Makná, der Hauptstadt von Madyan

Am 15. April dampfte die *Sinnár* von Scharm Zibá los und ankerte, nachdem sie El-Muwayláh passiert hatte, für die Nacht in einem behaglichen Khor (natürlichen Hafen), einer Art von sandigem Haken auf der westlichen Flanke der kreisförmigen Senáfir-Insel. Der klobige, tief liegende, wasserlose Felsen, der etwa 150 Fuß hoch und gänzlich von den Bäumen entblößt ist, mit welchen die Menschen ihn im Altertum bewaldeten, ist die einzige Örtlichkeit, die einen ägyptischen Namen trägt. Möglicherweise stammt er von Pharao Senoferu, dem Verbesserer (»der Gutes tut«), welcher der fünfundzwanzigste (?) und letzte König der Dritten Dynastie war, der »Eroberer fremder Völker«, der Mafka-Land (Sinai der Türkise) überrannte und dessen Denkmäler noch im Wadi Magháir zu finden sind. Und dies legt den Schluss nahe, dass es sich um die Isis-Insel des Agatharchides handeln könnte.

Eine Abteilung ging zur Suche von Ruinen, Schlangen und Guano an Land, fand aber nichts Derartiges. Desgleichen zeigt Sinafir keine der riesigen und giftigen Reptilien, mit denen die Araber sie bevölkern. Unsere Abteilung brachte Exemplare von Löcherkorallen und versteinerten Korallen zurück, welche eingeschlossen in zersetztem Granit die allgemein eingedrungene Formation bilden, insbesondere die brillante rotpurpurne Tubipara (musica), welche die Araber Dam El-Ekhwán oder »das Blut der Brüder« nennen. Burckhardt hat bemerkt, dass die Koralle von El-'Akabah hauptsächlich rot ist, während im Golf von Suez die weiße vorherrscht. Es wurden auch Bruchstücke von Feuerstein und grobem Steinsalz in Stückchen aus ähnlich gefärbtem, zusammenbackendem Sandstein gefunden: Dieses Material wird auch vom sinaitischen Scharm el-Scheich geliefert, und, wie wir alsbald sehen werden, vom Wadi Makná.

Langfaserige Stachelhäuter und Einsiedlerkrabben (paguri) zeigten sich in Mengen: Jede »Blume des Meeres« schien einen Mieter zu beherbergen, und die Letztere hat reichlich Auswahl an Quartieren in den Haufen, die die Küste bedecken. Herr J. Gwyn Jeffreys, dem meine wenigen Exemplare unterbreitet wurden, erklärte die Muscheln, obwohl sie häufig vorkommen, wegen der Bewohner für interessant. Die Pflanzen erwiesen sich als jene des Festlandes. Die Fischer waren ungewöhnlich erfolgreich, und wir alle genossen den ausgezeichneten Tawín.

Am nächsten Morgen brachen wir um 5.30 Uhr mit einem *mar vecchio*, den auf- und abflauenden Stürmen, welche sich nach Süden bewegt hatten, auf. Nachdem wir anderthalb Stunden dahingedampft waren, umschifften wir die hoch aufragende und grimmige Vogelinsel Tírán, welche oben kegelförmig und unten eigenartig dreieckig ist. Wir konnten nichts von dem Naphtha hören, das, wie Wellsted behauptet, reichlich genug produziert werde, um zum »Auspichen« von Araber-Booten zu dienen. Damals befanden wir uns am gefährlichen Schelf-Sockel El-'Akabahs.

Dieser *Sinus intimus*, die östliche Gabelung des Erythräischen Meeres, ist von den früheren klassischen Geographen nur oberflächlich behandelt worden. Dr. Beke erklärt, dass in den Tagen Herodots der Golf von 'Akabah »den Ägyptern unbekannt war und erst recht den in Ägypten sesshaften Juden«. Aber wie konnten die Untertanen der Pharaonen den Ort ignoriert haben, wenn es große militärische Einrichtungen und Arbeiterkolonnen von Sklaven gab, die in den Bergwerken von Sinai innerhalb der Sichtweite seiner Gewässer arbeiteten? Agatharchides und Diodorus erwähnen beide, wie wir gesehen haben, den Laianitischen Golf und seine Siedlungen, aber sie weisen nicht auf seine Gefahren für die Navigation hin, während sie in jenen Orten der ruhigen 'Aynúnah-Bucht verweilten. Das Gleiche gilt für Strabo und Plinius. Realistische Beschreibungen liefern uns erst die späteren griechischen Historiker.

Strabo platziert Ailána ('Akabat-Aylat oder Aylá) »auf den innersten Einschnitt des Arabischen Golfes. Letztere Örtlichkeit hat zwei Gabelungen: Eine, in Richtung Arabien und Gaza, wird nach ihrer Stadt Ailanites genannt, die andere liegt in Richtung Ägypten nach Heroöpolis (die alte Stadt in der Nähe von Suez), zu welcher Pelusium die kürzeste Strecke (zwischen den zwei Meeren) ist. Gereist wird auf Kamelen durch eine Wüste und sandiges Land, »wo Schlangen in großen Mengen« zu finden sind. Er beobachtet weiter (XVII, 1, § 35), dass Unterägypten und die Länder bis zum Sirbonischen See einmal ein Meer waren und vielleicht mit dem Erythräischen Meer bei Heroöpolis und mit dem Ailanitischen Einschnitt des (Arabischen) Golfes zusammenhingen.

Diese Bemerkung ist für das neunzehnte Jahrhundert recht trefflich. Wir gehen jetzt davon aus, dass die Suez-Landenge während der anfänglichen und mittleren tertiären Periode unter Wasser stand, dass sie sich gänzlich oder teilweise während des nachfolgenden Pleistozäns erhob, als sie große baumreiche Monocotyledone hervorbrachte, von welchen viele jetzt versteinert sind, dass sie sich im Nachpleistozän wieder absenkte, und schließlich, dass sie das wurde, was sie während des verhältnismäßig jungen Zeitalters ist, als das Auftauchen der großen afrikanischen Saharà – Desor zufolge – das Ende der glazialen Epoche bewirkte.

Plinius (V, 12) erwähnt lediglich den Heroöpolitischen und den Aelanitischen Golf. Er spricht (VI, 32) von dem »inneren Einschnitt, wo die Laeanitäer wohnen, die ihn benannten, auch von Agra, ihrer königlichen Stadt und, nördlich des Golfs, von derjenigen namens Laeana oder, wie andere sagen, Aelena. Ptolemäus (V, 17, § 1) positioniert dieses Aelena Kome – hier bedeutet *castellum* so viel wie *oppidum* – auf 65° 40' östlicher Länge und auf 29° 15' nördlicher Breite. Der heilige Hieronymus (um 420 n. Chr.) fügt hinzu, dass die

Menschen des Altertums sie Ailath nannten und sie heute Aila heißt. Die Septuaginta nennt sie 'Aílad und Ailon, Procopius Ailàs, und Eusebius Êlat und Êlas. Das Hebräische würde Ailath (Elath) oder Ailoth (Eloth) sein, welches die »Palmen« oder die »Terebinthen« bedeutet – daher ihr Name für die Gabelung »Yamm Ailath«.

Bei den späteren griechischen Historikern finden wir ausgezeichnete Skizzen des Golfs. Als Procopius (er lebte um 500 n. Chr.) in seinen Persischen Kriegen Palästina beschreibt (I, 19, § 2), bespricht er folglich das Land »auf der Ostseite des Roten Meeres, welches sich vom Indus bis zur Grenze des Römischen Reiches[57] erstreckt. Auf seiner Ostküste erhebt sich die 'Ailàs genannte Stadt, wo das Meer sich zu einer sehr schmalen Meerenge verjüngt. Wenn man von dort hinausgesegelt, sind zur Rechten die Berge der Ägypter sichtbar, welche in Richtung des Südwindes verlaufen, während sich zur Linken ein weitgehend unbewohntes Land auf den Boreas zu erstreckt. Auch verliert der Navigator niemals Sichtkontakt zum Land auf jeder der beiden Seiten bis zur Iotábe genannten Insel, die von 'Ailàs nicht weniger als 1000 Stadien entfernt ist. Dort lebten die Hebräer seit grauer Vorzeit unabhängig, aber während der Herrschaft des gegenwärtigen Kaisers (Justinian) sind sie römische Untertanen geworden. Von diesem Punkt dehnt sich das Meer beträchtlich aus, und das Land zur rechten Hand kann von jenen, die sich der Insel nähern, nicht gesehen werden.[58] Seefahrer ankern immer auf der linken Seite, wenn die Nacht einbricht: Es ist unmöglich, in der Dunkelheit auf

57 Hier sehen wir wieder das Erythräische oder Rote Meer, nach alter Manier einschließlich des Persischen Golfs. Der mythische König Erythras wurde in Ogyris begraben, welches Sprenger (S. 100, 101 und 120) mit der größeren Insel Mäçyra (Másírah) identifiziert, auf unseren Karten Mosera, zwischen Ras Madrak und Ras El-Hadd gelegen.

58 Falsch. Die sinaitischen Hochländer sind im Westen immer sichtbar, sogar von der vierzig bis fünfzig Meilen von der 'Akabah-Einfahrt weiter entfernten 'Aynúnah-Bucht aus. Desgleichen sind die östlichen Bergketten sichtbar.

diesem Meer zu navigieren. Diejenigen, die es tun wollten, stießen häufig auf Untiefen. Es gibt viele Häfen, die nicht durch Menschenhand geschaffen wurden, sondern durch die Natur des Landes. Und daher können Seeleute, die Zuflucht suchen, sie ohne Schwierigkeiten finden. Im nächsten Absatz (§ 3) erwähnt Procopius, nachdem Palästina verlassen wurde, die Sarakenoi, deren König Abocaralus war, und (§ 4) die »Maddeni genannten Sarazenen«, d. h., Ma'adani, die Bergarbeiter.

Malchus[59] (Frag. Hist. IV, 113), der vom siebzehnten Regierungsjahr des Kaisers Leo (474 A. D.) spricht, sagt:

»Amorkísus, von der nokalianischen Rasse, war unter den Persern, aber da ihm dort keine Ehre zuteilwurde oder weil er aus einem anderen Grund die Gebiete unter der Herrschaft von Rom lieber mochte, verließ er Persien und befand sich im benachbarten Land Arabien. Nachdem er dieses zu seiner Operationsbasis gemacht hatte, brach er zu Raubzügen auf und führte Kriege, nicht mit irgendeinem der Römer, sondern mit den Sarakenoi, die immer zur Hand sind. Nach einer kleinen Weile, und als seine Macht angewachsen war, nahm er gewaltsam Besitz von einer den Römern gehörenden und Iotábe genannten Insel. Nachdem er die Zehntel-Eintreiber hinausgeworfen hatte, hielt er sie besetzt und, ihre Steuern empfangend, erwarb er dort keinen geringen Reichtum.«

Das Wort »El-'Akabah« klingt schrecklich in arabischen Ohren. Der Eingang ist verpestet und schmal. Die Meeresstraße, welche etwa einhundert Meilen lang ist und nur eine Breite von fünfzehn bis sechzehn Meilen aufweist, ist von hohen kahlen Bergen umgeben, die sich abrupt aus den heißen

59 Malcus oder Malchus (Malikhós), ein christlicher Rhetoriker oder Sophist, geboren in Philadelphia (Ammán) in Syrien, schrieb sieben Bücher namens »Byzantiaca«, die sich über die Jahre 474–480 v. Chr. erstrecken. Photius hat Fragmente davon bewahrt. Ich konnte lediglich das von Giuseppe Rossi übersetzte Antichi Storici Greci Minori auffinden (Bd. III, 295–300).

und sandigen Ebenen erheben und sie zu einer Windfalle machen. Das Aussehen ist das eines gewaltigen einzelnen Sees, den einheimische Boote nur selten durchpflügen. Man sieht dort kein einziges Wrack. Das Wasser ist tief, und bei achtzig und sogar zweihundert Faden ohne Grund. Es gibt viele mit Riffen versehene Buchten, aber wenige Häfen, um ein Schiff zu schützen. Die zwei Sturmwinde sind gleichermaßen Ehrfurcht gebietend.

Der »Ayli«, welchen die dorisch sprechenden Beduinen El-'Áali nennen, ist ein heftiger nordnordwestlicher Sturm. Er treibt Schiffe auf die Ostküste, während der Azyab, der südöstliche Sturm mit seinem feinen Sand, sie nach dem Westen abdrängt. Während der wütenden Stürme wird der Golf zu einem Meer von Brechern. Die Wellen, welche sich in langen parallelen Kämmen erheben, sind so tief und unglaublich, dass sie das robusteste einheimische Schiff gefährden. Wellsted bezeichnete den Golf im Januar 1833 als eine der gefährlichsten Stellen, die er je gesehen hatte. Schließlich wimmelt er von Haien, die von Dampfern aus dem Golf von Suez[60] in Unruhe versetzt worden sind: Wir sahen ihre dunklen dreieckigen Flossen in allen Richtungen – ein unheimlicher Anblick.

Die Bugház oder Kehle von El-'Akabah erhält ihre Form durch Ras Fartah und durch die Untiefen und Felsen der abseits gelegenen kegelförmigen und dreieckigen Tírán-Insel. Einschließlich dieser Untiefen trennen nur fünf Meilen Wasser die Tírán-Insel von Ras Nasráni, dem westlichen Kiefer auf dem Sinai-Ufer, welche zu einem einzigen offenen Weg mit einer Tiefe von sechzig Faden schrumpfen. Infolgedessen ist sie viel schmaler als ihre Schwesterformation »Dschobal«. Und

60 Ein Vierteljahrhundert zuvor waren die Suez-Meeresstraßen voll von Haien, welche indessen zu gut gefüttert waren, um Menschen anzugreifen. In den letzten Jahren hat sich ihre Zahl dort sehr verringert, dafür aber in Triest zugenommen – einer populären Meinung nach sei dies eine Auswirkung des Kanals. Der Letztere wird auch von einigen Marseiller Ingenieuren beschuldigt, das Niveau des Mittelmeeres um dreieinviertel Zoll abgesenkt zu haben.

es wird die Kunst des Ingenieurs erfordern, die allein ihre »Erwürgung« und die Entstehung eines dritten Mare Mortuum (Toten Meeres) verhindern kann. Ehrenberg zufolge könnte das Koralleninsekt des Erythräischen Meeres – welches im Unterschied zu dem in ruhigeren Meeren wirkende nicht zum Klippenbau befähigt ist – die bereits entstandenen Riffe vollkommen reparieren.

Als wir am Westrand der Vogelinsel entlangdampften, deren kreideartiger Gipfel sich 700 Fuß hoch erhebt und deren Flanken mit regelmäßigen parallelen Linien oder Terrassen gerippt sind, welche von Norden nach Süden verlaufen und in Zahlen von vier bis sechs variieren, fühlte sich die Luft unbeweglich an und wir alle bemerkten die außergewöhnliche Hitze. Bis 10.30 Uhr vormittags gab es keine Meeresbrise, und dieser Mangel an atmosphärischem Druck muss wie im westafrikanischen Lagos zur Bildung von Nebelschwaden und Brandung führen. Westwärts tut sich ein seltener Blick auf die sinaitische Gruppe auf, die sich fast unmittelbar hinter der niedrigen, ebenmäßigen Küste erhebt, auf die sie gegründet ist. Anders als am Golf von Suez ist sie hier aber alles andere als malerisch. Es braucht die breite sandige Ebene El-Káʾa, um den Kontrast zwischen waagerecht und senkrecht zu ergeben.

Als wir weiterfuhren, wurde die Ostküste steiler, und die Formation veränderte sich völlig. Hohe klobige Stützpfeiler und »Pferderücken« – wie sie in den nördlichen Meeren genannt werden – gräulich weiß und grässlich nackt, mit Klippen aus Gips gekrönt, hier unrein, dort kristallisiert und oft zu reinem Selenit geworden, weisen auf eine zweite Formation hin, welche gewaltsam durch die Urgesteine emporgeschleudert wurde, auf welche sie direkt gegründet ist. Stellenweise ein schwaches grünliches Gelb – lieblich für das Auge des Mineralogen – zeigt es die chloritischen Sande und Schiefer an. Das gleiche Gipsvorkommen, welches von rotem Granit mit dunklen porphyritischen Einschlüssen überlagert ist, kann an der westlichen Sinai-Küste bei Ras Dschehn oder Dschehan nördlich von Tor und südlich der Melláhah (Salinen) beobachtet werden.

Bald darauf bewiesen die großen Bergblöcke auf der Steuerbordseite oft die Unkorrektheit der Admiralitätskarten. »Dschebel Makná« ist kein einzelner Kegel, sondern eine Gruppe von Hügeln, über deren Himmelslinie fünf verschiedene Gipfel aufragen, die Gipfel der Dschibál el-Hamrá, die wir besuchen werden. Der Dschebel Tayyib Ism (»Von dem guten Namen«), den einige Kartographen fälschlich »Dschebel Taurán« nennen, grenzt wirklich tadellos an den Golf an, während die Karte den Namen auf ein abgesondertes Massiv etwa fünfundzwanzig Meilen im östlichen Inneren überträgt. Und doch ist es eine bemerkenswerte Gruppe, abgerundet und klobig wie diejenige von El-Zahd und nicht mit Zinnen wie der Sinai versehen, noch mit Felsburgen ausgestattet wie die Riesen hinter und nördlich von El-Muwayláh.

Kurz nach Mittag, als die kühlende Meeresbrise uns ein wenig erfrischt hatte, ankerte die Korvette vor Makná, einem Meeresarm, der die Mündung des Wadis aufnimmt, in welchem die alte Stadt erbaut war. Ptolemäus (VI, 7, § 27) zeigt, dass Navigatoren zu seiner Zeit abgeneigt waren, dem Meer des Elanitischen Golfes die Stirn zu bieten. Daher können wir die drei ersten Namen seiner Städte in Arabia Felix nicht anerkennen, welche wie die vierte wahrscheinlich überhaupt nicht »mittelmeerisch« waren.

Überdies betrüge die angegebene Entfernung zwischen Eléna ('Akabat-Aylá) auf seinem 29° 15' nördlichen Breitengrad und Onne ('Aynúah) auf seinem 28° 50' nördlichen Breitengrad nur fünfundzwanzig direkte geographische Meilen, die wahre Entfernung sei aber dreiundachtzig.

Über die Lage von Midian, der Hauptstadt, ist unnötig viel diskutiert worden. Josephus (Ant. II, 12) erzählt uns in einer zuvor zitierten Passage, dass »es bis zum gegenwärtigen Tag ein Dorf namens Midian südlich 'Akabahs an der Küste des Roten Meeres gibt« und dass dieses der Platz gewesen sei, zu welchem Moses floh. Eusebius (sub. voc.) und der heilige Hieronymus verlegen es nördlich des Flusses Arnon (Wadi Modschib), südlich von Areopolis oder Ar-Moab, der »Stadt von Moab«, und bestätigen, dass die Ruinen in ihrer Zeit sichtbar waren.[61]

Die mittelalterlichen arabischen Geographen haben die Frage eindeutig entschieden. Und wir können sie nicht verdächtigen, dass sie, wie in solch einem Fall üblich, den Namen der Hauptstadt auf ihren Haupthafen übertrugen. Abulfeda (Tafel IV) sagte Folgendes: »Madyan ist am Anfang der Dritten Gegend[62] und gehört zu El-Hedschas. Es ist eine zerstörte Stadt an der Küste des Roten Meeres, und sie enthält den Brunnen, wo Moses die Herden von Schu'ayb tränkte.[63] Madyan kennzeichnete in erster Linie den Stamm, zu dem Schu'ayb gehörte, und das Wort wurde alsbald auf seine Heimat ausgedehnt. Im Koran (Suren VII, 83, und XI, 85) finden wir den folgenden Hinweis: »Und er schickte zu Madyan ihren Bruder Schu'ayb.« Die Kommentatoren fügen hinzu, dass Schu'ayb trotz seiner Blindheit von Gott auserwählt war, seine Stammesangehörigen durch die Verkündigung des Wahren Glaubens zu bekehren, der Abraham enthüllt worden war. Die Midianiter verspotteten ihn indessen und wurden durch Himmelsfeuer vernichtet, während das Land durch ein Erdbeben verwüstet wurde. Jethro allein entkam, floh nach Palästina, und wurde nahe Safet begraben.

61 Daher macht die »Encyklopaedia Britannica« (siehe unter Madian) sie zu einer Stadt Arabia Petraeas in der Nähe des Arnon und bemerkt, dass der heilige Hieronymus von einem anderen Midian oder Madian spricht, dessen Volk Madianaci und Madianitaci genannt wurde, während das Land als das Madianaca Regio bekannt war.

62 Die erste Gegend (dem Äquator am nächsten) würde durch Aden charakterisiert werden, die zweite durch Mekka, und die dritte durch Damaskus. (vgl. Muhammedis Alfragani Chron. et Astronom. Elementa. M. Jacobus Christmannus, Frankfurti, 1590.)

63 »Schu'ayb«, von den Beduinen und den Bürgern Madyans zu Scha'ib verfälscht, ist mit Jethro synonym (Yetro, Arabicè Gáthar oder Ghâthar).

Abulfeda (Kap. I) erwähnt wieder Madyan-Stadt und platziert es oberhalb von Yanbú' als die erste, von dem Reisenden passierte Stadt, als er entlang des Meeres nach Süden ging. Sein Solinus oder Nachäffer, El-Sipáhi (um 1572 n. Chr.), fügt hinzu: »El-Kanún sagt, dass Tabúk in dem Barr (Inneren) gegenüber von Madyan gelegen ist: Ich sage, dass Tabúk im Osten und Madyan im Westen ist.« Er bestätigt auch:

»Madyan ist eine zerstörte Stadt an der hedschasischen Küste des Roten Meeres, wo der Golf von 'Akabah nur die Breite von einem Tagesmarsch hat, Tabúk gegenüber und etwa sechs Tagesmärsche entfernt. Es enthält außer einer Wasserquelle jenen gleichen Brunnen, aus welchem in früheren Tagen unser Herr Musá die Herden von Schu'ayb tränkte.« Ibn Sa'íd bemerkt, dass »dem Meer nahe Madyan gegenüber, ein wenig weiter nördlich, die Stadt El-Kusayr (Cosseir) auf dem westlichen (oder afrikanischen) Ufer liegt«.

In den Marásid el-Ittilá finden wir: »Die Stadt Madyan, sagen die Araber, ist die Stadt von Schu'ayb, und sie liegt Tabúk gegenüber, an der Küste des Bahr el-Kulzum (hier: der 'Akabah-Golf). Zwischen ihnen liegt eine Reise von sechs Tagen. Die Stadt ist größer als Tabúk und der Brunnen, aus welchem Moses die Herden von Schu'ayb tränkte, befindet sich darin.« Alle Araber der heutigen Zeit, die Sesshaften wie die Nomadenstämme, nennen die Ruinen unterschiedslos Madyan und Makná. Rüppell (S. 221) nimmt an, dass die Mönche, für die er ein »Kloster« findet, die Leute lehrten, dass Makná der alte Platz von Midian-Stadt war. Dies ist eine Tradition, die er noch gültig fand.

Viele moderne Geographen haben sich mächtig geirrt, indem sie das Madiáma von Ptolemäus auf 28° 15' nördlicher Breite mit seinem Modiana auf 27° 45' nördlicher Breite verwechselten. D'Anville (»Compendium«, etc., London 1810) sagt: »Die von Ptolemäus (IV, 5) Modiána genannte Position von Madian nahe des Meeres ist den Arabern als Migar-el-Schuaib oder die Höhle von Schuaib bekannt.« Mein verstorbener Freund F. Ayrton verursachte weitere Verwirrung, indem er »Mugheir-al-Scho'aeib, der Garten von Scho'aeib«, schrieb und übersetzte. Schließlich erklärt Herr Forster in einem unkorrekten und deshalb ungenannten Buch über die Geographie Arabiens (II, 116), dass »das Modíana von Ptolemäus sich selbst mit dem Madian Abú-l-Fidás und dem Midian der Heiligen Schrift an der mittleren Küste (lies: weiter südlich) des Golfs von 'Akaba identifiziert«.

Wie ich bereits erwähnt habe, ist das Magháir-Scha'íb (Schu'ayb) die zweite Rückweg-Pilgerstation auf dem Abschnitt zwischen El-Muwayláh und El-'Akabah. Von 'Aynúnah windet sich der Karawanenweg einige Meilen die Küste entlang, und dann, nachdem er plötzlich nach Nordnordosten abbiegt, zieht er sich die südlichen Flanken der großen, in den Karten Dschebel Tayyib Ism genannten Anhöhe entlang. Wenn man das Wadi Makná hinaufreist, beträgt die Entfernung sechs bis sieben langsame Stunden auf dem Kamel, etwa 17½ Meilen. Seinen Namen von den alten nabatäischen Katakomben herleitend, wird der Hügel, den der Prophet wie der Gesandte Allahs auf Dschebel el-Núr nutzte, um sich zu Gebet und Meditation zurückzuziehen, noch von den Frommen besucht.

Rüppell, der eine Abbildung der Magháyir Schu'ayb (Höhlen von Jethro) gibt, besuchte sie am 11. Juli und fand zu seiner Überraschung Wasser stellenweise einen Fuß tief und fünfzig Schritte breit. Er nennt die Stelle »Tal von Beden« (des Steinbockes). Dies ist möglicherweise eine Verfälschung des beduinischen Namens El-Bada'. Wellsted dagegen platziert Beden zweieinhalb Stunden Marsches von seinem »Mahárehi Scho'aîb« entfernt. Auf der südlichen Seite des Tales bemerkte der deutsche Reisende Ruinenhaufen und einige Säulenstümpfe: Die Katakomben, örtlich nach ihren Pylonen und Fassaden aus geglättetem Fels »Bíbán« (Tore) genannt, liegen westwärts von diesen Überresten, und sie bestanden aus in den Sandstein gehauenen quadratischen Begräbniskammern.

Die Ähnlichkeit zum Petra-Baustil deutet auf eine alte Nabatí Bergbaustadt hin: Was von ihr zu Mohammeds Zeit übrig blieb, wurde wahrscheinlich während der nachfolgenden Kriege zerstört.

Unsere nomadischen Informanten, die liebend gern an den mannigfaltigen Schönheiten des Platzes, an den Palmenhainen und an der murmelnden Quelle verweilten, sprachen von einer Moschee und von zehn bis dreizehn ruinierten, aber noch stehenden »Häusern der Nasárá«. Hier haben wir es augenscheinlich mit dem Madiáma von Ptolemäus zu tun, das wohl ein Sommersitz für die wohlhabenden Bürger war.

Wir landeten um 12.45 Uhr nachmittags im alten Hafen von Midian, wo das Wasser tief genug war, um eine Fregatte innerhalb eines Steinwurfs an die Küste zu bringen. Die der Korvette gar sehr missfallende Stelle stand nach dem Westen des Golfes, wo sie, dreizehn Meilen weit von uns entfernt, teilweisen Schutz und unsicheres Quartier am Scharm el-Dahab erhielt. Das »Goldflüsschen«, von wo übrigens feine Proben reinen Haematits entnommen wurden, leitet seinen Namen einer lokalen Legende zufolge aus dem Gold von Ophir her, das dort angelandet wurde. Sulayman bin Daud war augenscheinlich ein besserer Botaniker als Mineraloge, sonst hätte er nicht Schiffe auf eine drei Jahre dauernde Reise für ein Metall geschickt, welches vor seiner Schwelle lag – aber: »Sie wussten nicht alles unten in Judäa«.

Scharm el-Dahab[64] ist ein Haken an der Mündung des großen sinaitischen Tales, wo das Wadi Táhmeh aus dem Norden und das Wadi Nasb aus der gegenüberliegenden Richtung zusammentreffen. Folglich ist es bequem mit »Hazeroth, dessen Gold überreichlich ist« verbunden. Wellsted, der hier für mehrere Tage vor Anker lag, beschreibt diesen »einzigen gut geschützten

64 Die Sacra Bibbia di Vence nennt die Stelle Minat el-Dahab oder Hafen des Goldes (Bd. II, S. 477, 5. Auflage, von Sig. Drach, illustriert und kommentiert von Prof. Bartolomeo Catena, Mailand, Stella 1831).

Hafen im ('Akabat)Meer« als »von einem annähernd halbkreisförmigen Korallengürtel umgeben, auf den die Zeitspanne von Jahrhunderten eine dünne Sandschicht« abgelagert hat. Der Felskamm, welcher sich nur einige Zoll über den Wasserspiegel erhebt, ist bei Flut bedeckt und zeigt bei Ebbe eine unterbrochene Linie von Wirbeln, »welche den Namen Esion-geber – ›Rückgrat eines Riesen‹ abgab«. Daher verdächtigt er das Riff, die vereinigte Flotte auseinandergebrochen zu haben, zehn Schiffe liefen etwa 896 v. Chr. (zweites Buch Chron. XX, 37) von Jehoshaphat und Ahaziah aus. Aber Asiún-geber (Numeri 33–35) oder »das Schulterblatt« des Riesen, der alte Schiffbauer-Hafen, muss weiter nördlich gesucht werden, »neben Eloth (El-'Akabah) an der Küste des Roten Meeres, im Land von Edom«. Schubert würde ihn auf das Inselchen Kurayyah platzieren, einen etwa 300 Yards langen Felsen. Dekan Stanley, der »Elath« mit El-'Akabah identifiziert, meint, dass wir keine Mittel und Wege zur Festlegung der Position von Esion-geber haben. Das Letztere kann Robinsons Ayn el-Ghadyán sein, welches etwa zehn Meilen oberhalb des Wadi El-'Arabah liegt, bis wohin sich möglicherweise einmal der Golf ausdehnte.

Und jetzt sollten wir die Gegebenheiten dieses Hafenabschnitts der alten midianitischen Hauptstadt näher beschreiben, welcher einmal die Küste zwischen El-'Akabah und der Grenze von El-Hedschas beherrschte. Die Makná-Bucht öffnet sich westwärts, und sie ist von Natur aus mit zwei Korallenriffen ausgestattet: ein nördliches und ein südliches, welche zusammenlaufen und primitive Molen bilden. Diese Wellenbrecher werden von den Fluten bedeckt, die sich hier etwa sechs Fuß hoch erheben. Bei Ebbe zeigen sie Spuren einer glänzenden lauchgrünen Vegetation. Beide tragen Zeichen von Bearbeitung, und wir stimmten darin überein, dass nichts einfacher wäre, als auf diesen Fundamenten ein sicheres Dock zu bauen.

Jenseits der zwei Piers liegen die »Gärten des Meeres«, Riffe von seltsamstem Aussehen. Bei nebligem Wetter, wie es der

Azyab bringt, sehen sie wie Laken von grünspanigem Kupfer aus, und lange Linien von lieblichstem Smaragdgrün wechseln sich mit Streifen und Flecken von tiefstem Blau ab. Die »Sande« sind hauptsächlich Kies-Bruchstücke aus rötlichem Syenit, die vom Wadi ausgewaschen wurden, dessen Mündung zu dieser Jahreszeit trocken ist. Hier standen zwei Gruppen von etwa 150 Dattelwedelhütten, einige ohne und viele von ihnen mit Dach, und mit den üblichen Veranden aus gleichem Material ausgestattet. Alle sind jetzt leer und zerfetzt, weil die Stämme im Inneren sind. Wenn die heiße Jahreszeit aber fortschreitet, wird jede »in Ordnung gebracht« und von ihrer eigenen Familie von Ichthyophagi eingenommen werden.

Die »Tabernakel« aus »Cadjan«-Matten enthalten nur alte Handmühlen, Schleifsteine, primitive Feuerstellen, die Rückenschilder einer feinen Schildkröte, Haufen von Herzmuscheln und die Überreste von Hummern, welche ausgezeichnet sein sollen.

Die Baumgruppe im Norden der Fiumara gehört den Beni 'Ukbah; südwärts leben die Maknáwí. Es sind einige vierzig oder fünfzig Familien, die verarmten Nachfolger der wohlhabenden Midianiter, welche die Hälse ihrer Kamele mit Goldketten behängten und die Strecke ihrer Flucht vor den Dreihundert mit Ohrringen, Halsketten und purpurnen Gewändern bestreuten. Sie sind der ärmlichste Stamm, der uns jemals begegnet ist. Wir sahen von der Korvette aus die wenigen damals bewohnten Hütten, und alle rannten weg, als wir landeten. Alsbald kehrte eine Familie zurück und belieferte uns nach einer langen Unterhandlung mit einem Zicklein, das einzige in dem Dorf – unser trunksüchtiger Küchenjunge hatte alles Hammelfleisch an Bord gelassen.

Nichts könnte erbärmlicher sein als ihre Hütten. Und diese »midianitischen Frauen« würden sich nicht einmal entschleiern. Entlang des Strandes liegen grobe Türme aus trockenem unbehauenem Stein – augenscheinlich die modernen Repräsentanten der alten Meeressiedlung –, und an den Rändern der Wadimündung erstrecken sich Dattelpalmgruppen fast bis zur Küste, wo die Gischt über sie hereinbricht und die durchsickernden Gezeiten ein Bassin und eine feine Badestelle bilden.

Das Tor, welches sich einige Hundert Yards vor dem Meer auftut, hat Pfosten aus grauem Granit, bedeckt und übersprüht mit den härtesten Breccias und Konglomeraten; die Letzteren überdecken hier und dort Sandsteine recht junger Entstehung und chloritischem Aussehen. Die Gebirgskette ist aus den normalen tropfsteinähnlichen kalkhaltigen Karbonaten zusammengesetzt, welche hier und dort in kristallisierten Kalk sowie in Aragonit übergehen. Und die bedrohlich aussehenden, geschwärzten versteinerten Korallen haben sich wie die Granite durch die Einwirkung des Meersalzes mit Eisenoxiden vermischt, während die Kieselsteine noch vom Tau und den Regenfällen zusammengebacken sind. Die verstreut umherliegenden Bruchstücke aus Gesteins- und Metallschlacke sind, wie erwartet, an einem noch bewohnten Platz selten, und niemand konnte uns erzählen, wo die Brennöfen gestanden hatten. Die Maknáwí bewahren keine Überlieferungen der Bene-Ganbá-Ganbá-Juden, die hier in den Tagen Mohammeds etwa 600 Personen zählten und hauptsächlich vom Fischfang lebten.

Der Meeresfelsen endet im Norden mit einem riesigen, kahlen weißen Stützpfeiler, welchen der Isländer ein »Pferd« nennen würde. Von seinen blassen Schultern erheben sich die wunderschön blauen Höhen von Tayyib Ism, und nach Süden liegt der Dschebel el-Fahizat – eine Kette aus rotem syenitähnlichen Granit, dessen enorm zersetzten Hänge pickelig und warzig wie die Erdsäulen und steinüberzogenen Pyramiden des Tiroler Bozens sind. Die ganze Breite des Wadis ist von breiten Bändern grünen Porphyrs durchzogen und gemasert, welche auf die phantastischste Weise Versteck spielen. Das Tor führt zu einem dichten »Nakhil« verwahrloster Dattelbäume, die mehr als eintausend zählen müssen. Tatsächlich ist es ein langer dichter Hain, Baum erhebt sich über Baum, und vom Meer aus gesehen erweckt er die Vorstellung eines reißenden Stromes aus saftigem Pflanzenwuchs. Der Tod und das Sterben vermischen sich mit den lebenden Bäumen wie üblich, alle sind unbeschnitten, und die modernen Midianiter ignorieren sogar Palmwein.

Als wir die Zelte aufgeschlagen und die Küchen-Vorratskammer unter den Palmen eingerichtet hatten, engagierten wir Sa'd, einen alten Maknáwí, um uns die Ruinen zu zeigen. Nachdem er vollständige Unwissenheit bezüglich Moses' Brunnen erklärt hatte, führte er uns auf der linken Seite des tiefen und schattigen Wadis südlich des Tores neben einer Straße, deren regelmäßiges Zickzack die Hand des Herstellers verriet, zu einem etwa 250 Fuß hohen Bergsattel. Bedeckt mit dem gewöhnlichen Konglomerat – an der Oberfläche ausgewaschen und zu breiten und überhängenden Dachtraufen verwittert – war die Achtung gebietende Höhe mit Simsen versehen und fiel landeinwärts oder in Richtung des zu seinen Füßen liegenden Tales steil ab.

Diese Stelle wird von den Beduinen »Zitadelle« und »hohe Stadt« genannt. Die alte Stadt wurde in normalem Stil erbaut, also mit in Mörtel gebetteten rohen Steinen. Aber der feine römische Zement hatte in dieser Region des puren Gipses einem barbarischen Material Platz gemacht, das zu mehr als der Hälfte aus reinem Schlamm bestand. In der Tat war das Erscheinungsbild im Allgemeinen modern und veranlasste Rüppell zu der Vermutung, dass es sich um ein Kloster früher Christen handelte. Möglicherweise war das solide Bauwerk gepflegt und wiederhergestellt worden, als der Überrest der Siedlung zerstört wurde, und wahrscheinlich hatte sich sein Überleben bis tief in islamische Zeiten erstreckt. Es schien tatsächlich zu der Klasse von Ruinen zu gehören, die Wellsted und Miles in Husn Ghuráb oder dem Raben-Fort fanden.

Von dem Bergrücken aus konnten wir deutlich die Grundmauern – obwohl im Laufe der Zeit schon halb begraben –

der Unterstadt verfolgen, welche einen wasserlosen, sandigen, sanft abfallenden Abhang in Richtung des Haupttales einnahmen. Wir gruben ein im Fort gelegenes Grab auf und fanden Knochen, aber keine Schädel, und wir nahmen Bruchstücke einer Handmühle aus dem härtesten Basalt mit – einem Stein, der mich fortan vor ein Rätsel stellen sollte.

Nachdem wir über einen steilen Pfad zum Wadi Makná hinabgestiegen waren und die mit Simsen versehene nördliche Front umrundet hatten, durchquerten wir das Wadi von Süden nach Norden. Es ist mit Abstand das feinste, das wir bislang gesehen haben. Die Sandflächen sind mit dem Sodomsapfel bewachsen, dem gigantischen 'Uschr (Calotropis procera): Aber die medizinischen Anwendungsmöglichkeiten »des Seidenbaumes« sind hier unbekannt, und noch weniger ist die starke weiße Faser der Seidenpflanze genutzt worden, die sich in Europa mittlerweile so großer Beliebtheit erfreut. An beiden Uferwänden schützen gartenähnliche Zonen, mit Riedgras eingefriedet, die kleinen, duftenden grünen, in ganz Arabien geschätzten Limonen sowie die dornige Jujube (Brustbeere – Zizyphos vulgaris), einige Feigenbäume, Mandelbäume, Granatäpfel und »Weinreben«, welche von Rüppel zur Reifezeit gesehen wurden (am 12. Juli). Hier und dort fand sich ein Fleck Durrah (Sorghum vulgare), welcher saftig und üppig wuchs.

Die Stelle könnte man durch das Aufstauen des Bachlaufes und die Speicherung des Wassers geradezu in ein »paradeisos« verwandeln. Am hoch aufragenden rechten Ufer bildet eine zweite, parallele Quelle, die aus dem trockensten Sand hervorsprudelt, einen kleinen Bach und an einer Stelle sogar eine Reihe von vier Fuß hohen Kaskaden. Sein hell erklingendes Lied überraschte uns wirklich – wer könnte auch eine solche Musik im trockenen Arabien erwarten? Diese 'Ayn el-Tabbákhah (Quelle der Köchin), welche im Palmendickicht verschwindet, muss der größte Zauber des alten Midians gewesen sein, die nördliche Hälfte seiner Unterstadt lag unmittelbar oberhalb des Palmenhains.

Hier fanden wir wieder steinerne Grundmauern, Glas- und Töpfer-Scherben. Weiter oberhalb des Tals zeigen die Leute die Masdschid, den Betplatz von Sayyidná Músá, auf dem, wie sie sagen, früher eine Moschee stand. Die Steine von feiner weißer marmorierter Struktur tragen Zeichen von Bearbeitung, was in diesen Regionen doch bemerkenswert ist. Andere sind von rotem und verwittertem Syenit. Sie bilden mehrere formlose Haufen, aber der Grundriss könnte leicht freigelegt werden, indem man den Sand entfernt.

Ich erwähnte bereits, dass sich die Felsformationen in Midian-Land stets verändern. Charakteristisch sind hier das Kalksulfat, so fein, dass es gelegentlich weißer Alabaster wird, und ein Überfluss an Serpentin und Chlorit, welches die Sande befleckt und die Steine wie Email mit einem Überzug von blassem Grüngelb bedeckt. Uns wurde ein grobes und unreines Steinsalz gezeigt, das durch die Felsen gebildet werden soll, die das obere Tal begrenzen. Nachdem wir von einem Schwefelberg gehört hatten, der sich etwa in der Entfernung eines vierstündigen Marsches vom Meer im Südosten erhebt, entsandten wir zwei Huwayti-Burschen, um Proben zu holen: Sie fanden den Hügel nicht, und keiner von unseren Beduinen, einschließlich des Hádschis Agíl von den Masá'íd, kannte den Weg. Es gibt einen ziemlichen Mangel an Quarz, dafür einen bemerkenswerten Überfluss an Lava und Basalt, welche in verstreuten Blöcken vorkommen. Von diesen in El-Hedschas so gewöhnlichen plutonischen Formationen wird gesagt, dass sie von den hiesigen Höhen über Magháir Schu'ayb hinuntergespült werden. Wir hörten außerdem von einem Dschebel el-Harrah im östlichen Inneren jenseits der Schifah, und wo immer dieser Name auftaucht, erwartet ein erfahrener Arabienreisender Vulkanismus.

Während der Nacht vom 16. April fuhr der Wind schwere Geschütze auf und drohte das Zelt einzureißen. Der nächste Morgen ließ einen »Azyab«-Tag erkennen, kühl und ruhig, bis sich der heiße ozonbeladene Wind von Mittag an erhob, düster wie ein englischer November, und Regen versprach, der nie kam. Den Beduinen zufolge begleitet dieser Zustand der Atmosphäre den heliakalischen Sternenstand der Surayyá (Plejaden). Zur gleichen Zeit richtete ein gewaltiger Khamsín – westlicher als der Azyab – in Kairo und Suez viel Schaden an und ließ das Quecksilberthermometer auf 100 °F im kühlen Korridor von Shepheard's Hotel steigen.

Die merkwürdige Erscheinung des Khamsíns ist der aktive Teil bei der Zersetzung von Nitrit, aber sie ist bereits durch die kinetische Theorie der Gase erklärt. Der äußerst trockene und elektrisch aufgeladene Wind, ein Nichtleiter, verursacht gewaltsame molekulare Bewegungen in der oberen Atmosphäre, mit einer dementsprechenden Entwicklung von Ozon; das Letztere wird von der noch nächtlichen Kälte beschleunigt, und es finden ähnliche Erscheinungen auf dem Boden statt.

Am nächsten Morgen, während die Leutnante Amir und Hasan ihre Grundrisse vom Hafen, dem Fort und den Ruinen anfertigten, machten wir uns auf, um die Dschibál el-Hamrá, die roten Hügel, zu untersuchen, welche den Horizont im Osten abschließen. Diese gezackten Bergrücken und rötlichen Gipfel, die von dunklen Einschlüssen aus Porphyr durchschnitten werden und dem Rughaymah gegenüberliegen, hatten am vorhergehenden Abend unsere Neugier erweckt. Wir konnten das Weiße nicht verstehen und das Rote war so leuchtend, dass wir trotz des syenitischen Kieses auf dem Ufer und im Wadi eisenhaltigen Kies oder das Neu-Rot von Petra vermuteten. Unsere Route lag im Norden des eigentlichen »Wassers von Makná« oder des südlichen Bachs, 'Ayn el-Hafáyir (Grubenquelle) genannt. Wie ihr Gegenstück, die Quelle der Köchin, quillt sie aus dem Sandboden hervor. Nach Geschmack und Farbe ist sie schwefelig, ihr Wasser bekömmlich und wie üblich silbertrüb.

Der Wuchs von Sauerampfer in den fruchtbaren Ecken war bemerkenswert, aber das Wadi war hauptsächlich mit lockeren Felsblöcken und mit vorstehenden Nadeln aus nacktem und verwittertem Granit eingeengt, in den die Wasser tiefe Kanäle eingeschnitten und eingebohrt hatten. Ein Vorsprung zeigte eine Anzahl von flachen »schalenförmigen Vertiefungen«, die Löcher wie jene bilden, mit denen Ägypter ihr Lieblingsspiel El-Mankalah spielen. Hinter den Quellen ist das Tal von Vegetation entblößt und kahl bis auf ein oder zwei Dornbäume in den zurückspringenden Winkeln, die am stärksten bewässert worden sind. Wir sammelten die Pflanzen, welche allmählich verkrüppelten, als das Land anstieg, und wir fügten eine Vielfalt von Käfern, insbesondere den »Umm Ámir«, unseren Flaschen hinzu. Die Vögel waren Katás und eine kleine schwarze Art mit einem schneeweißen Schwanz, von Gestalt der Weizenähre nicht unähnlich. Die Hornisse war ungewöhnlich groß und kräftig.

Hier und dort zeigten kleine Erdhügel aus Stein den Leuten zufolge den tief eingegrabenen Bayt oder Bau der Su'bán (Coluber Guttatus, Forsk.) an, die in der Geschichte von Nabi Músá[65] so berühmte große männliche Schlange, die vielleicht ein Basilisk oder Lindwurm war. Skinke oder Sand-Eidechsen sind im Überfluss vorhanden. Und nach einer scharfen Jagd ergriffen wir das Jungtier eines Zabbs, einer etwa vier Fuß langen Echse, welche sich tief in den Boden gräbt: Sie wechselt die Farbe, aber nicht so bemerkenswert wie der »Waran« oder das echte Chamäleon.

65 Surat VII. Sale, 118: »Deshalb warf er seinen Stock herunter, und siehe da, da war er auf einmal eine leibhaftige Schlange (fa'-iza hiya Su'bán).« Al-Bayzáwi und die Kommentatoren sagen, dass diese Schlange behaart war: Als sie ihr Maul öffnete, waren die Kiefer achtzig Ellen auseinander, und wenn ihr Unterkiefer auf dem Boden war, erreichte der Oberkiefer die Palastspitze. Pharao und die ganze Versammlung waren so entsetzt, dass 25 000 Männer ihr Leben in dem Gedränge der fliehenden Menschenmenge verloren. Moses nahm auf Befehl Allahs die Schlange am Maul (Surat XXX. Sale, 236), obwohl sie Steine und Bäume verschlang, und diese irdische Familie der Großen Meeresschlange wurde erneut ein Stab. Das Wort Su'bán wird auch auf das Sternbild Draco angewandt, insbesondere auf den Alpha Draconis, welcher ca. 2790 v. Chr. der Polarstern war.

Die Makná-Fiumara entwässert den Beduinen zufolge die Gewässer von Magháir Schu'ayb, welche Rüppell weiter südlich platziert. Seine Hauptzweige, das Wadi El-Kharag und El-Mab'úg, befinden sich auf dem linken Ufer. Das Letztere enthält angeblich bitteres Wasser nahe der Mündung. Wir verließen die Makná-Fiumara, wo sie sich zwischen dem dunklen Dschebel el-Ábidín im Norden und dem rötlichen Dschibál el-Hamrá im Süden dahinschlängelt, und in der Überzeugung, dass mein alter Freund in ihrem oberen Verlauf auf das Gold gestoßen war, wandelten wir ihren Namen in »Wadi Hadschi Wali« um.

Gut zwei Stunden später, nachdem wir etwa 1500 Fuß hinaufgestiegen waren, standen wir in mittlerer Höhe auf der zerklüfteten Bergkette, die überall nicht von den üblichen Abgründen, sondern von sandigen Wasserläufen durchzogen wird, die selbst für ein Kamel leicht gangbar sind.

Das Syenit, welches sehr kleinen silbernen Glimmer enthielt, wurde wie üblich von breiten Einschlüssen aus flaschengrünem Porphyr durchzogen. Und die Entdeckung des Tages – denn fast jeder Tag brachte seine eigene hervor – war der chloritische Schiefer, das Ganggestein der brasilianischen Goldminen, insbesondere derjenigen von São João d'El-Rei. Dieser Entdeckung erwiesen wir gebührende Ehre bei einer abendlichen Bowle Punsch, welche die schwachen Köpfe taumelnd zu Bett gehen ließ.

Der 18. April – unser letzter Tag in Arabien – brach mit einem feinen Nordwestwind an, welcher etwa ähnlich wie mittwinterlicher Ostwind in unserem Kanal toste. Zu unserem Glück mochte die Korvette das Wetter nicht. Sie hatte versprochen, uns am Morgen aufzulesen – und sie schenkte uns beinahe den ganzen Tag. Wir zeichneten die Marktbuden, welche die Zelte Schems verdrängt haben, und wir wanderten über den Meeresstrand und versuchten die Meeresschlangen zu fangen, was uns allerdings nicht gelang. Herr Marie schockierte die halb verhungerten Maknáwi beträchtlich, indem er aufgrund der

Zeitknappheit rohe Meereier aß, obwohl er seine Seeigel in der Muschel gekocht oder in Omelett eingehüllt vorgezogen hätte – es gibt zwei Arten von diesen Echinidae (Stachelhäutern), welche die Araber Gunfud el-Bahr (Seeigel) nennen: eine kleine, die andere mit steinigen dreieinviertel Zoll langen Stacheln, die den aus Schokolade nachgemachten Zigarren nicht unähnlichen sehen. Letztere wird auch auf der Bourbon-Insel gefunden. Der Strand war reich an großen Muschelschalen, welche die Franzosen Bénitiers (Concha imbricata, Shaw) nennen, und ein weiteres Erzeugnis aus Makná ist der gewundene Schneckendeckel (operculum) einer großen Art von Turbo, bekannt als der Hadschar el-'Akrab, der Skorpionstein: Ich sammelte einige Hunderte davon für die Herstellung von Knöpfen.

Ermüdet von der Küste, »nahmen« wir, wie die Beduinen sagen, »den Polarstern zwischen unsere Augenbrauen« und spazierten, um die zufälligen Bodeneigenschaften bei dem großen weißen »Pferde-Pfeiler« nördlich des Zeltlagers zu studieren. Aus reinem Gips und Selenit gebildet, liegt er auf Granit auf, welcher fast zu Schiefer zersetzt ist. Einige dieser Formationen nehmen die malerischsten Formen an. Insbesondere eine glich einer vergrößerten Kopie einer indischen »Schola topi«, und die härteren, merkwürdig verwitterten Felsadern standen aufrecht wie Schornsteine. Diorit und Porphyr waren über die Ebene verstreut, und es gab das übliche Gemisch von Metallen. Wir hoben ein Bruchstück auf, das lapis-calaminaris (Zinkoxid) enthielt, und fast jeder Stein, den wir abschlugen, offenbarte Stellen oder Linien von Mineralien, und sogar der harte schwarze und poröse Basalt zeigte silberne Streifen, welche sich bei der Analyse als freies Gold erwiesen, welches Silber enthielt – in der Tat eine natürliche »Auswahl«. Wir bedauerten, dass der gefährliche Wind uns verwehrte, das Land von Ád und die im Dschebel Tayyibat Ism berichteten Bergbauruinen zu besuchen.

Sprenger platziert in den Nordosten von Madyan-Stadt – und nördlich der Sarakeni – die »Oaditae« von Agatharchides.

Er identifiziert sie mit den Beni Ád (Áditen) und nimmt wie gewisse arabische Geographen an, dass diese Rasse zwischen Syrien und dem Jemen lebte. Ihr erster König, Scheddád bin Ád, vierter in der Abstammung von Noah, errichtete den für östliche Dichter so gut verwendbaren Garten von Irem. Das Schicksal der Áditen war denen der Beni Tamúd ähnlich: Der himyaritische Prophet Húd wurde geschickt, um sie von der Abgötterei zu bekehren, und als sie es ablehnten, die Worte der Weisheit zu vernehmen, fuhr ein Simúm in ihre Nasenlöcher, drang durch ihre Körper und mumifizierte sie. Der Koran (XLVI, 20) transferierte sie zu den Ahkáf oder den Sandhaufen nahe Hadramaut – die Heimat des Todes –, wo ihr Paradies jetzt begraben ist. Vielleicht handelt es sich um eine Verwechslung mit der Nufúd oder den sandigen Gebieten der Hismá. Auch die Oaditae östlich von Madyan könnten die späteren oder jüngeren Ád gewesen sein, welche danach in Affen verwandelt wurden, und dies scheint durch ihre Verbindung mit dem Propheten Lukman, dem Weisen, einem Einheimischen aus Akabat-Aylá, angedeutet zu werden.

Um 4 Uhr nachmittags lief die Korvette beim »Goldflüsschen« ein, und wir verloren keine Zeit beim Einschiffen. Tatsächlich bot die Behändigkeit unseres Geleitschutzes, als er sich auf der Heimreise befand, einen wirklich bemerkenswerten Gegensatz zu seinen langsamen und gemessenen Bewegungen auf dem bisherigen Weg. Außer ausgefallenen, für Seine Hoheit den Vizekönig bestimmten Exemplaren, führten wir für Analysezwecke acht Kisten voll metallhaltigem Quarz, Grünstein, Porphyr, Basalt, Syenit und chloritischen Schiefer mit, dazu vierzehn Wassersäcke Granit, und andere Kiese, außerdem zwölf Körbe voll Sand für die Arbeit im Laboratorium.

Wir wurden durch den Sayyid 'Abd el-Rahím und den Führer 'Abd el-Nabi an Bord begleitet. Ersterer versprach fest, innerhalb einer angemessenen Zeit Proben der Türkise vom Dschebel Schekayk, rote Erde aus der Hismá, den »beschriebenen Stein« aus dem Wadi Scharmá und Schwefel vom Dschebel el-Kibrít in Makná an den Gouverneur von Suez zu senden. Unsere Begleiter hatten ihre Dromedare alle für den langen Marsch heimwärts bereit, und nach der üblichen Anerkennung ihrer Dienste entboten wir ihnen ein Lebewohl, und sie gingen sogleich von Bord.

Entschieden der angenehmste Teil eines köstlichen Besuchs im altem Midian waren der kurze Aufenthalt in Makná und der flüchtige Anblick der Dahi, der echten Wüste, den er uns bot. Was für ein Kontrast zu den Schrecken der zivilisierten Stadt – »die Staubwolken bei Tag und blendendes Gaslicht bei Nacht, und das Geräusch der Straßen, die wie ein böses Tier brüllen!« Wie leicht ist die ganze Macht des beduinischen Ausdrucks zu verstehen: »Gepriesen sei Allah, dass wir einmal mehr die Nufúd sehen, den weichen sauberen Sand der Wildnis, mit ihren lieblich duftenden frischen Brisen und ihrer mit Wohlgeruch erfüllten Flora, die Gewürzläden der Wüste«, ihrer herrlichen Farbenpracht und ihrer großartigen Einfachheit, die männliche und noble Rassen von Mensch und Tier zeugt! Ihre Atmosphäre ist das Gegenteil dieser hesperidischen Luft, zu welcher Homer sang:

> »Dort genießt die menschliche Gattung
> das leichteste Leben: Es gibt keinen Schnee,
> keinen beißenden Winter und keine durchnässenden Schauer,
> sondern den Zephir, der immer milde vom Meer
> auf sie weht, um die glückliche Rasse zu erfrischen«
> (Od. IV, 563).

Das Klima Midians, und vielleicht kann ich sagen der Wüste allgemein, ist hart – so heiß bei Tag, wie es bei Nacht kalt ist. Doch niemand, der ihren Charme je genossen hat, wird nicht gerne auf seine Reise mit den zärtlichsten Erinnerungen zurückschauen. Die Wüste mit ihren abrupten und erschreckenden Veränderungen von äußerster Verwüstung zu überschwänglicher Vegetation tut sich als das Land der Phantasie, der Träumerei hervor, niemals endend, sich selbst immer in Gegenwart des Unbegrenzten und der Einsamkeit erneuernd, welche die Merkmale dieser offenen Welt sind. Der geringste Zufall, die kleinste Änderung der Landschaft, gibt Anlass zu den längsten Gedankengängen, in denen die Vergangenheit, die Gegenwart und die Zukunft sich zu vermischen scheinen.

In dem bewaldeten Land der Tropen beherrscht die Natur den Menschen, sein Geist wird von den Vielfalt der Eindrücke verwirrt: Er fühlt sich als Gefangener in einem prächtigen Gefängnis. Einige von uns leiden überdies an dauerhafter Traurigkeit in den immergrünen Gebieten, solchen wie Zentralafrika, Brasilien und Westindien. Sosehr ich mich meines letzten Besuches in Bombay erfreute, als ich es mit dem ersten Dampfer verlassen konnte, war kaum eine Woche vergangen, bevor die alte Melancholie sich wieder einstellte. Aber in der Wüste meistert der Mensch die Natur. Es ist die Art von Freiheit, die Leben bedeutet, während die Vorstellung von Unermesslichkeit, von Erhabenheit, von Unendlichkeit immer anwesend und stets der erste Gedanke ist. Wo der prosaische und nüchterne Robinson fragte: »Wie kann eine Wüste schön sein?«, sang der französische Dichter Felicien David recht schön:

> »Beim Anblick der Wüste erweist sie sich als unendlich,
> und der begeisterte Geist ist vor so viel Großartigkeit
> wie der Adler, der das neue Licht fixiert,
> von der Unendlichkeit ergründet er die Tiefe«.

Adieu, Midian!

Notiz

Frau Beke, die Witwe meines alten und bedauerten Freundes, hat mir freundlicherweise erlaubt, die zwei Briefe erneut zu veröffentlichen, die von ihrem verstorbenen Ehemann an die *Times* adressiert wurden (27. Februar und 5. März 1874). Diese sind, so weit ich feststellen kann, die einzigen gedruckten Aufzeichnungen über die abenteuerliche Exkursion zum Golf von 'Akabah, welche ein aktives, nützliches und tatkräftiges Leben beendete. Es wird aus ihnen ersichtlich, dass der Reisende und sein Begleiter weder von mineralischem Reichtum noch von industriellen Einrichtungen wussten, als sie die Küsten Midians auf der Suche nach dem »wahren Sinai« untersuchten.

Brief I

Berg Sinai

An den Redakteur der »Times«

Sir,
am 28. Januar schrieb ich aus Akaba und kündete die Entdeckung von »Moses' Gebetsplatz« in Madian, auf der Ostküste des Golfes von Akaba, an, welchen ich als das »Feldlager neben dem Roten Meer« aus Numeri XXIII, 10 identifiziere. Dieser Brief wurde durch die *Erin* auf ihrer Rückreise von Akaba weitergesandt; infolge des rauen Wetters aber wurde sie aufgehalten und musste in Tor einlaufen, von wo sie hier in ein oder zwei Tagen erwartet wird.

Ich bin dankbar, berichten zu können, dass das Ziel meiner Expedition, den wahren Berg Sinai zu entdecken, erfreulicherweise erreicht worden ist – sehr viel eher, als ich erwarten konnte, wenn auch nicht immer in der Art, die ich erwartet hatte. Wie in meinem letzten Brief dargelegt, erreichten wir am 27. Januar auf dem Dampfer *Erin* Akaba.

Wir verließen Akaba unter dem persönlichen Geleitschutz von Mahommed ibn Yád, dem »Scheich El-Akabahs« und Oberhaupt des Alauwin-Beduinenstammes, dem ich einen Firman Seiner Hoheit des Khediven von Ägypten überbrachte. Wir gingen nordostwärts das Wadi-el-Ithem (dem »Etham« des Exodus) hinauf und lagerten am Abend am Fuß des Berges Bárghir, einem der Hauptmassive der Bergkette, die das Tal des Arabah im Osten begrenzen, welche auf unseren Landkarten als die Berge von Schera bezeichnet werden, aber deren korrekte Bezeichnung die »Berge von Schafeh« ist. Jene von Schera sind, wie ich gesehen habe, eine Kette, die sich aus derjenigen von Schafeh heraus in einer Richtung von Nordwest nach Südost erstreckt. Die zwei Ketten, die Tihamah-Berge und die Schifah oder Schafah, vereinigen sich hier, um die Schará zu bilden, den Mt. Seir der Hebräer.

Mein Erstaunen und meine Befriedigung kann man sich besser als beschrieben vorstellen, als ich erfuhr, dass dieser Berg Bárghir der gleiche wie ein mysteriöser Dschebel-e'-Nur oder »Berg des Lichts« ist, von dem ich andeutungsweise in Ägypten hatte sagen hören, dass er derjenige sei, auf welchem der Allmächtige zu Moses sprach und welcher, aus seiner Position und anderen Umständen heraus, ohne Zweifel der Sinai der Heiligen Schrift ist; von seinem offensichtlichen physischen Charakter her aber scheint es, dass meine Lieblingshypothese, dass der Berg Sinai ein Vulkan war, als unhaltbar aufgegeben werden muss.

Wir lagerten uns am Fuß des »Licht-Berges«, und während der folgenden Nacht erlebten wir einen sehr gewaltigen Sturm, der Donner und das Blitzen waren wirklich fürchterlich, einige der Einschläge mussten direkt über unseren Köpfen gewesen sein. Der Regen fiel während mehrerer Stunden in reißenden Strömen und drohte uns alle zusammen wegzuspülen. Ich erinnere mich nicht, jemals einen gewaltsameren Sturm in Abessinien oder anderswo miterlebt zu haben. Er brachte mich auf folgende Gedanken: Wenn die Worte der Schrift, wonach zur Zeit der Übergabe des Gesetzes auf Sinai »der Berg mit Feuer inmitten des Himmels brannte, mit Dunkelheit, Wolken und dicker Dunkelheit« (Deuteronomium IV, 11) nach anderen Texten – welche ich hier nicht anzusprechen brauche – nicht, wie es scheinen würde, als Beschreibung eines Vulkanausbruches zu verstehen sind, kann noch weniger ein bloßes, aber gewaltsames Gewitter gemeint sein, wie allgemein, aber unbesonnen angenommen wird.

Da der Kletter-Teil meiner Expedition notwendigerweise meinem jungen Begleiter Herrn Milne zufiel, bestieg er am folgenden Morgen den Berg auf Scheich Mahommeds Pferd, begleitet vom Sohn des Scheichs und einem ebenfalls berittenen Diener sowie drei Beduinen zu Fuß. Bei seiner Rückkehr kurz nach vier Uhr am Nachmittag erstattete er mir einen sehr wertvollen und interessanten Bericht, von welchem ich jetzt mit Freuden ein paar Zeilen mitteilen möchte.

Der Weg verlief zunächst auf einem engen Wadi, welches immer schmaler wurde, bis es zu einer Felsschlucht wird. Auf dem Weg passierten sie einen Stein, in den anscheinend einige Inschriften hineingehauen worden waren, die aber alle mit Ausnahme der Worte »Ya Allah« (»Ach, Gott«) in kufischen oder alten arabischen Schriftzeichen unleserlich geworden sind. Innerhalb der Felsschlucht selbst hielten sie an, um einen weiteren großen, etwa vier Fuß langen und quadratischen Stein zu inspizieren, welcher aus Granit herausgemeißelt war. Er stand ursprünglich gerade, ungefähr zwei oder drei Fuß von der Seite der Felsschlucht weg, auf einem anderen Stein, der als Sockel diente; aber er ist jetzt umgekippt und ruht zwischen seinem Sockel und der Seite der Felsschlucht. Die Beduinen kommen in die Nähe des Steines, um zu beten, und gemäß der Erklärung Scheich Mahommeds, der es von seinem Vater gehört hatte – dieser wiederum von seinem Vater und so fort –, kam auch Sidi Ali ibn 'Elim, ein bekannter mohammedanischer Heiliger, dessen Gruft und Moschee zwischen Jaffa und Haifa liegen, hierher, um seine Andachten zu verrichten.

Das, was ihn dazu veranlasste, konnte mein Informant nicht sagen – es sei denn, es wurde ihm von Allah befohlen.

Bei Erreichen der Felsschlucht mussten die Reiter ihre Pferde bei zweien der Araber zurücklassen und führten den Rest des Aufstiegs zu Fuß durch. Ein kurzes Stück Weges aufwärts kamen sie zu einer niedrigen Mauer quer durch die Felsschlucht; Letztere ist mit großen Felsblöcken gefüllt und endet oberhalb der Mauer. Auf der rechter Seite ist ein Brunnen, etwa drei Fuß im Durchmesser und etwa ebenso viel bis zur Oberfläche des Wassers, welches zwei Fuß tief sein kann. Von diesem Punkt war der Aufstieg eine »Klettertour«, das Antlitz des Felsens ist fast lotrecht.

Auf dem Kamm auf der linken Seite der Felsschlucht, ungefähr 150 Yards von der Quelle entfernt, befindet sich ein Haufen von großen gerundeten Felsblöcken aus Granit, die aus vier Steinen des gleichen Materials wie der Berg bestehen – drei aufrecht stehende, welche nach Norden ausgerichtet sind, und einer auf dem Rücken nach Süden. Auf allen sind Inschriften eingehauen, welche Herr Milne kopierte, so gut es seine kalten Finger ihm erlaubten. Die Steine, welche sehr verwittert sind, haben äußerlich eine dunkelbraune Farbe, gegen welche die Inschriften sich wegen einer etwas helleren Farbe abheben. Die Zeichen dieser »sinaitischen Inschriften« sind etwa drei viertel Zoll breit und sehr flach und nicht mehr als ein achtel Zoll tief. [Dieses sind die normalen Kennzeichen der modernen Krakeleien – R. F. B.] Die Zeichnungen auf den Steinen sind sehr primitiv und können schwerlich phonetisch sein, auch ist es nicht leicht zu sagen, was sie darzustellen beabsichtigen.

Auf dem unmittelbaren Gipfel des Berges fanden sie zahlreiche Schafsschädel und -hörner und einige Knochen. Es sei die Gewohnheit der Beduinen, hier heraufzukommen, um zu beten und ein Lamm zu opfern, das auf der Stelle gegessen wird. Aber keine der Überreste schienen sehr jung zu sein. An dieser Stelle war es angeblich, dass der Allmächtige zu Moses gesprochen haben soll.

Vor dem Erreichen des Gipfels wurde in den Bergspalten Schnee gefunden, und während Herr Milne auf dem Gipfel war, hagelte und schneite es, und es herrschte so bitterliche Kälte, dass er kaum einige Winkel mit dem Azimut-Kompass aufnehmen konnte – und selbst dieses hätte er nicht tun können, wenn seine Begleiter nicht ein Feuer angezündet hätten, an welchem er seine Finger wärmen konnte. Die Höhe der Stelle ist auf 5000 Fuß geschätzt worden, aber Genaueres wird sich herausstellen, wenn unsere Beobachtungen auf der Reise berechnet worden sind. Obwohl so weit entfernt, schien Akaba genau unter seinen Füßen zu liegen, aber in einem so verkleinerten Maßstab, dass er die Festung unter den Dattelbäumen, von denen nur die allgemeine Silhouette zu erkennen war, nicht entdecken konnte. In anderen Richtungen wurde die Landschaft von Wolkenbänken, Nebel und Regen verdeckt.

Berg Bárghir, der »Berg des Lichts«, ist einer der höchsten Gipfel der Bergkette auf der Ostseite des Wadi-el-Arabah und der Westseite des Wadi-el-Ithem, welche drohend über die Letzteren hervorragen. Ohne bei den geologischen Merkmalen des Berges zu verweilen, von welchen Herr John Milnes Bericht sehr ausführlich in meinem Buch handeln wird, soll hier nur erwähnt werden, dass er aus einer Masse von rosarotem oder rötlichem Granit besteht, welcher stellenweise, wo er verwittert ist, eine dunkelbraune Färbung annimmt, und dass der Granit von zahlreichen Einschlüssen durchzogen ist, welche allgemein von einer dunkelgrünen Farbe und offensichtlich dioritisch sind.

Auf der Seite des Berges finden sich viele große Felsblöcke. Mehrere davon sind auf ihren Unterseiten so stark zersetzt, dass sich kleine Höhlen gebildet haben. Eine von diesen maß fast zwanzig Fuß, jeder Gang, mit einer Höhe von zehn Fuß oder zwölf Fuß im Durchmesser am Eingang, neigte sich in Richtung der Hinterwand. Da die Existenz von Höhlen auf dem Berg Sinai wesentlich ist, um den Anforderungen der Texte zu entsprechen (Exodus XXXIII, 22, und erstes Buch Könige XIX, 9), ist die Tatsache, dass solche Höhlen gegenwärtig auf dem »Berg des Lichts« existieren, höchst sachdienlich und wichtig.

Nicht weniger bedeutungsvoll ist die Tatsache, dass dieser majestätische Berg aus allen Richtungen sichtbar ist und die Rundung seines Sockels in Richtung Osten und Süden Lagerungsfläche für Hunderttausende von Personen gewährte.

Es wäre fehl am Platz, hier auf die Wichtigkeit dieser Entdeckung des »Bergs des Lichts« bezüglich der Aufhellung der Heiligen Geschichte einzugehen. Seine Identifikation mit dem Berg, auf welchem das Gesetz verkündet wurde, lässt kaum einen Zweifel offen. Ich hatte mir diesen Berg als einen Vulkan vorgestellt. Ich habe meine Überzeugung öffentlich erklärt, dass so die Wahrheit sein müsse, und die Reise, von der ich jetzt zurückkomme, wurde mit dem ausdrücklichen Ziel unternommen, diese angenommene Wahrheit zu untermauern. Nun ist es meine Pflicht zuzugeben, dass diese Entdeckung – obwohl sie in strikter Übereinstimmung mit den vor vierzig Jahren in meinen *Origines Biblicae* ausgedrückten Prinzipien steht –, mir in Bezug auf den vulkanischen Charakter des Berges Sinai beweist, schwer geirrt zu haben. Ich mache dieses Eingeständnis ohne jede Einschränkung, weil es wie stets mein Wunsch ist, Beweise für die historische Wahrheit der Exodus-Erzählung der Heiligen Schrift anzuführen und die falsche Auslegung dieser Erzählung zu widerlegen, welche dazu geführt hat, ihren Wahrheitsgehalt infrage zu stellen. Ich würde ein Verräter an der guten Sache sein, die mir so sehr am Herzen liegt, wenn ich versucht hätte, meine eigenen Ansichten künstlich aufrechtzuerhalten, als festgestellt wurde, dass sie nicht durch Tatsachen gestützt wurden. »Groß ist die Wahrheit, und gewaltig über allen Dingen.«

Ich bin, Sir, Ihr sehr gehorsamer Diener,
(Unterschrift)
Charles Beke

Suez, 16. Feb. 1874

Dr. Bekes Sinai-Expedition

An den Redakteur der »Times«

Sir,
in Dr. Bekes Brief aus Suez vom 16. letzten Monats, durch welchen er seine Entdeckung des »wahren Berges Sinai«, verkündete, welchen Sie freundlicherweise in der *Times* vom 27. vorigen Monats veröffentlichten, erwähnte er, dass er am 28. Januar an Sie aus Akaba geschrieben habe, einen Brief, welcher »Moses' Gebetsplatz« in Madian an der Ostküste des Golfes von Akaba beschreibt, den er auch so glücklich gewesen war zu entdecken. Bei seiner Rückkehr nach Ägypten stellte Dr. Beke fest, dass der kleine Dampfer *Erin* nicht nach Suez zurückgekehrt war, er war durch Wetterunbilden und Mangel an Kohlen aufgehalten worden, sodass sein Brief an Sie vom 28. Januar, welchen er dem Kapitän anvertraute, mich erst jetzt erreicht hat, und ich eile, ihn an Sie zur Veröffentlichung weiterzuleiten:

»Seine Hoheit der Khedive war so freundlich, mir den ägyptischen Dampfer *Erin* für den Transport meiner selbst und meiner Begleitung an die Mündung des Golfes von Akaba zur Verfügung zu stellen. Wir verließen Suez im gleichen Fahrzeug am Morgen des 18. Januar, und kamen hier sicher am Nachmittag des gestrigen Tages, dem 27., nach einer angenehmen und von meiner Warte aus sehr interessanten und erfolgreichen Reise von zehn Tagen an.

Die Fahrt den Golf von Suez hinab verlief ohne jegliches bedeutende Ereignis, außer bei unserer Vorbeifahrt an Ras Mohammed – dem südlichsten Ausläufer der Halbinsel von Tor, dem traditionellen ›Berg Sinai‹: Wir begegneten den nördlichen Winden, welche fast konstant den Golf von Akaba hinunterwehen, welche drei Tage und mehr mit großer Gewalt tobten. Glücklicherweise beabsichtigte ich, Aiyúnah ['Aynúnah?], Burckhardts Ayoun el Kassab zu besuchen, die Hadsch-Station an der Meeresküste, ein kleines Stück östlich des Golfeinganges, das ich für das in Numeri XXXIII., 10 erwähnte ›Feldlager am Roten Meer‹ der Israeliten hielt. Wir entkamen der Gewalt des Sturmes, indem wir uns dorthin begaben, andernfalls, so fürchte ich, wäre es unserer zerbrechlichen Barke von nur vierundsechzig Tonnen schlecht ergangen.

Bei unserer Rückkehr in den Golf, als der Sturm sich noch nicht ganz gelegt hatte, ankerten wir am 24. nahe der Küste in Magna oder Madian auf 28° 23' nördlicher Breite hinter einer Landspitze und einem Riff, welches, obwohl kein geeigneter Ankerplatz für ein großes Schiff, Schutz für die kleine *Erin* bot, auch wenn wir hier einen unserer Anker verloren. In Madian mussten wir einen Tag bleiben, was uns Gelegenheit bot, ans Ufer zu gehen und den Platz zu inspizieren; er ist ein Lagergrund der Benu-Ughba-Araber, welche etwa 400 Seelen zählen. Der Scheich befand sich mit dem Hauptteil des Stammes im Inneren des Landes, nur wenige Personen waren hier geblieben, um sich um die Befruchtung ihrer zahlreichen Dattelpalmen zu kümmern. Es ist keine Übertreibung, sie auf 1000 oder mehr zu schätzen – welche nahe der Küste und entlang des Tales wachsen, das aus dem Osten kommt und in welchem es einen beständig fließenden Wasserstrom gibt. Bei den Dattelbäumen sahen wir auch mehrere Dôm-Palmen, Limonen-, Nebbuk- und Feigenbäume, und es gab sogar einige Flecken mit Gerste, welche sorgfältig von Hecken aus Palmblättern geschützt werden.

Wir waren am Rückkehrpunkt des Schiffes, als wir über die Existenz einer heiligen Stelle in der Nähe informiert wurden, wo der Prophet Moses gebetet haben soll und über welcher eine ›Moschee‹ errichtet worden war. Man bestätigte uns, dass diese Stelle eine Stunde vom Ufer entfernt liegen solle, und da es bei den vagen Entfernungsschätzungen dieser Leute möglicherweise viel weiter sein konnte und ich selbst mich nicht in der Lage fühlte, so weit zu Fuß zu laufen, gingen wir zum Mittagessen an Bord. Nach der Mahlzeit kehrte Herr Milne an die Küste zurück und begab sich mit einem Diener und einem einheimischen Führer ins Inland.

Er hielt sich ostwärts das Tal hinauf, an der Seite des Palmenhains entlang, wobei er allmählich über einen stellenweise durch das Wasser in Hügel zernagten Sandsteinhang hinaufstieg, welches während der regnerischen Jahreszeit seinen Weg hinunter zum Meer findet, und nach etwa einer halben Meile von der Küste entfernt kam er zu einem etwa drei Fuß breiten, in einem Kanal verlaufenden kleinen Strom, welchen jener in den festen Felsen eingeschnitten hat. Bei dem Punkt, wo er den Strom traf, läuft das Wasser mit einem Wasserfall oder einer Abfolge von Wasserfällen von insgesamt etwa zwölf Fuß hübsch über die sich neigende, aber unregelmäßige Oberfläche des Felsens und windet sich und verliert sich unter den Palmenbäumen. Die Oberfläche des Felsens, welche aus Sandstein besteht – stellenweise zu einem Konglomerat aus Granit, Diorit und Quarz verschmelzend, in Steinen, von welchen einige so groß wie Kokosnüsse sind, zementiert durch groben Sand – ist hier ganz glatt, sodass man auf dem nackten Fels spazieren kann; aber ein paar Hundert Yards weiter talaufwärts ist der Fels mit Sand bedeckt, welcher rasch vorzudringen scheint. Sein Vordringen auf die Dattelpflanzungen ist sogar so groß, dass die Araber Hecken rund um diese angelegt haben, um sie vor dem Sand zu schützen. Manche Hecken hat der Sand aber überwunden, und andere müssen infolgedessen weiter innen errichtet werden.

Wenn man das Ende des Palmenhaines erreicht, ist ein Grabhügel zu sehen, halb so hoch wie die Wipfel der Bäume, mit zahlreichen Blöcken aus unter dem Sand liegendem weißen Stein, und jenseits desselben hat man eine gute Sicht auf das Tal, entlang welchem sich in Gruppen wachsende Dattelpalmen zeigen. Es gibt auch ein paar Dôm-Palmen, ein besonders ins Auge fallendes Exemplar überragt die weißen Steine.

Diese Überreste, welche nicht eine Stunde oder mehr, sondern höchstens eine Meile vom Strand entfernt liegen, erwiesen sich nach Prüfung als aus Blöcken von Alabaster bestehend, welcher so weiß und rein ist, dass er auf den ersten Blick mit Marmor verwechselt werden könnte. Ferner zeigte sich, dass es sich um Kalksulfat handelte, da sie sich mit einem Messer abkratzen ließen und bei Salzsäure nicht schäumten. Die Blöcke sind jeder etwa drei Fuß lang und ein Fuß sechs Zoll im Quadrat und scheinen mit dem Werkzeug bearbeitet worden zu sein, obwohl die Ränder jetzt sehr vom Wetter abgerundet sind. Einer scheint einen Teil einer Säule zu bilden. Zusammen mit den Blöcken aus Alabaster sind einige aus gleichfalls sehr verwittertem Granit. So weit eine kurze und hastige Inspektion es erlaubt, zu einer Meinung zu gelangen, scheinen diese Steine in zwei Parallelogrammen zu liegen, angeordnet von Nord nach Süd, das eine innerhalb des anderen; das südliche Ende des inneren Parallelogramms ist halbkreisförmig, und dort scheinen sogar weiter nördlich Anzeichen einer dritten Steinreihe vorhanden zu sein. Aber es ist schwierig, aufgrund des Sandes mit Bestimmtheit zu urteilen. Er bedeckt diese Steine teilweise und droht sie bald gänzlich zu verbergen. Es gibt mehrere Grabhügel aus Sand rundherum, welche vermutlich andere Überreste enthalten können.

Diese sehr interessante Stelle, welche erfordert, eingehender untersucht zu werden, ist mir besonders wichtig, weil ich jetzt sehe, dass hier in Madian, und nicht in Ayúnah ['Aynúnah] das ›Feldlager am Roten Meer‹ der Israeliten gewesen sein muss. Seine Nähe (eine halbe Tagesreise) zu Maghara Scho'eib oder Jethros Höhle, welche ich mit dem Elim des Exodus identifiziere, und die Tatsache, dass der Strom fließenden Wassers einige seiner Quellen in oder nahe dieser Stelle haben muss, erklärt viel zufriedenstellender, warum es nicht in Exodus, XV, 27, XVI. 1 als eine abgesonderte Station erwähnt worden sein kann. Diese Erklärung ist auch einleuchtender, da ich versuchte auf Seite 38 meiner Druckschrift »Mount Sinai – a Volcano« (Der Berg Sinai – ein Vulkan) die offenbare Diskrepanz in den zwei Behauptungen der Heiligen Schrift zu erklären. Das ›Feldlager neben dem Roten Meer‹ war einfach eine Fortsetzung von demjenigen in Elim, mit seinen zwölf Wasserbrunnen und siebzig Palmbäumen, die sich beide zusammen das Tal entlang mit seinem Leben spendenden Wasser aus Maghara Scho'eib oder ›Jethros Höhle‹ bis zu diesem ›Gebetsplatz von Moses‹ in Madian ausdehnen.

Eines meiner Hauptargumente gegen die Korrektheit der üblichen Identifikation des Berges Sinai und weiterer mit dem Auszug der Israeliten verbundener Stellen gründet sich auf die Unzulänglichkeit örtlicher Überlieferungen, den Nachweis für die Echtheit solcher Identifikationen zu erbringen. Daher wäre es nun meinerseits inkonsequent, würde ich auf dem wirklichen und absoluten Wert der mit ›Jethros Grab‹, ›Moses' Gebetsplatz‹ etc. verbundenen Traditionen beharren. Nichtsdestotrotz sind diese Überlieferungen ebenso wertvoll wie jedwede andere, und ihre Existenz hier an den entfernten und fast unbekannten Ufern des Golfes von Akaba sowie derjenigen ›der Insel des Pharaos‹ – die übrigens von der Stelle aus, an der ich jetzt gerade schreibe, zu sehen sind – und ›Wadi Itum‹, dem Eingang zur Wüste von Nedschd, welches ich mit ›Etham am Rand der Wüste‹ aus Exodus XIII. 20 innerhalb einer zweistündigen Reise von dieser Stelle identifiziere – alle dienen dazu aufzuzeigen, dass es hinreichenden Grund für meine Hypothese gibt, dass der Golf von Akaba, und nicht der Golf von Suez, das Rote Meer ist, durch welches die Israeliten auf der Flucht vor dem Pharao-König von Ägypten kamen. Einige Tage mehr werden genügen, so glaube ich, um die absolute Wahrheit dieser Hypothese zu belegen.

Ich bin, Sir,
Ihr sehr gehorsamer Diener,
(Unterschrift)
Charles Beke

Akaba, 28. Januar 1874«

In Ihrer Ausgabe von heute finde ich einen Brief von Herrn F. W. Holland sowie einen von unserem Freund Major Wilson.

Obwohl er versichert, dass er bereit sei, Argumente anzuführen, um Dr. Bekes Theorie zu widerlegen, fügt der erstgenannte Gentleman sehr richtig und netterweise hinzu, dass es weder anständig noch weise wäre, dies zu versuchen, ehe er weitere Einzelheiten von Dr. Bekes Entdeckungen kennt. Major Wilson sagt auch, »ich hatte nicht beabsichtigt, eine Diskussion über das Ergebnis von Dr. Bekes Reise vor seiner Rückkehr nach England auszulösen, noch wünsche ich, es jetzt zu tun«.

Ich glaube, man wird mir die Bemerkung verzeihen, dass von den Inhalten des Briefes des Majors schwerlich behauptet werden kann, dass sie mit dieser angeblichen Absicht in Übereinstimmung stehen.

Dr. Beke wird, wie ich glaube, im Verlauf von vierzehn Tagen zu Hause eintreffen, und in der Zwischenzeit möchte ich es wagen, die Öffentlichkeit zu bitten, ihr Urteil zurückzuhalten, bis mein Mann die Beweise für seine Entdeckung des wahren Berges Sinai vorlegt, die er, wovon ich überzeugt bin, mit sich bringen wird. Ich erbitte dieses, weil ich wie Major Wilson erleichtert bin, dass mein Ehemann nicht beabsichtigt seine Entdeckung des wahren Berges Sinai in Rauch aufgehen zu lassen, sondern in Wahrhaftigkeit.

In Dr. Bekes Briefen aus Akaba an mich berichtete er mir, dass er dem »patriotischen und verpflichtenden« Geist der Halbinsel- und Orientalischen Gesellschaft für ihre Freundlichkeit bei der Beschaffung seines kleinen Dampfers *Erin* unter britischer Flagge und für jede Unterstützung bei seinen Vorbereitungen für seine Reise von Suez aus tief zu Dank verpflichtet sei.

Ich habe die Ehre, mit Dankesbezeugungen für die gütige Veröffentlichung in der Zeitung, Sir,

Ihre sehr treue,
(Unterschrift)
Emily Beke

3. März 1874

Ophir und das Land Midian

An den Redakteur der »Daily News«

Sir,
mit Hinweis auf Ihren Leitartikel in der Daily News von gestern, dem 15. Mai, erlauben Sie mir freundlicherweise, die Bitte öffentlich zu machen, was Dr. Beke im Jahr 1872 sagte, woraus zu ersehen sein wird, dass mein Ehemann die jetzt von unserem berühmten Freund Hauptmann Richard Burton gemachten Entdeckungen vorhersagte. Ich freue mich zu hören, dass Hauptmann Burtons Forschungen an den Küsten des Golfes von Akaba voraussichtlich einmal mehr öffentliches Interesse hervorrufen werden für – wie ich bekräftigen muss – Dr. Bekes und Herrn John Milnes bedeutende Entdeckungen im Golf von Akaba im Januar 1874, bei 'Aynúnah, Magna oder Midian und anderen Plätzen von Interesse, welche mit dem »Feldlager am Roten Meer der Israeliten« verbunden sind, und schließlich des »wahren Berges Sinai«. Folgendes sagte Dr. Beke im März 1872:

»Durch die Freundlichkeit Dr. Petermanns habe ich Faksimiles der von Herrn Carl Mauch veröffentlichten Zeichnungen von einigen der Verzierungen an den Ruinen von Zimbabye im südöstlichen Afrika erhalten, die, wie in der *Athenaeum* der Nummer zehn letzten Monats erwähnt ist, von ihm entdeckt wurden. Mauch identifiziert die Ruinen mit Ophir und nimmt eine tyro-israelitische Konstruktion an, da indessen, was immer wir über Ophir wissen, allein aus den hebräischen Schriften hergeleitet ist und wir nicht befugt sind, irgendwo anders als dort zu suchen, wo wir – aus einem Vergleich der verschiedenen Textstellen in jenen Schriften – Ophir durch sie lokalisieren können. Und die Erwähnung Ophirs in Verbindung mit den arabischen Ländern von Havilah und Saba sollte davon überzeugen, dass Ophir selbst gleichfalls in Arabien war. Dieses als erwiesen annehmend, sollte jetzt gezeigt werden, wie verständlich die ganze Geschichte des tyro-israelitischen Handels mit dem Land Ophir wird. Aus dem ersten Buch der Könige, Kap. IX, Vers 26–28, erfahren wir, dass König Salomon auf Betreiben und zusammen mit Hiram, dem König von Tyros, einen Seehandel eröffnete, nachdem er eine Ausgangsbasis an den Küsten des Yam-Suph (Roten Meeres) im Land Edom – das soll heißen, dem Golf von Akaba – erhalten hatte. Die praktischen Auswirkungen dieses gemeinsamen maritimen Unternehmens waren denjenigen der Portugiesen im fünfzehnten und den folgenden Jahrhunderten ähnlich. So wie diese moderne Nation einen Weg nach Indien um das Kap der Guten Hoffnung über das Meer fand und damit den Handel des Fernen Ostens von der Überlandroute durch die Levante umleitete, so eröffneten die Tyroisraeliten einen maritimen Handel über die Meerengen von Bab el-Mandeb mit den Ländern im östlichen und südlichen Arabien, mit welchen sie vorher auf dem Landweg gehandelt hatten. Sobald indessen die Flotte Ophir erreicht hatte, unternahm die Königin des angrenzenden Landes von Saba, nachdem sie vom Ruhm Salomons (erstes Buch Könige X, 1) erfahren hatte, persönlich eine Überlandreise zu seinem Hof. Sie führte nicht weniger als 120 Talente Gold mit sich – beinahe ein Drittel der Gesamtmenge (420 Talente), die die gemeinsame Flotte nach Hause gebracht hatte – ›und sehr viele Spezereien und Edelsteine. Es kam nie mehr so viel Spezerei ins Land, wie die Königin von Saba dem König Salomon‹ schenkte (erstes Buch Könige X, 10). Das erklärte Ziel des Besuches dieser Dame bei dem weisen König von Israel war, ›ihn mit Rätselfragen zu prüfen‹ (erstes Buch Könige X, 1), aber es ist nicht unmöglich, dass die Herrscherin von Saba und das Volk wie die Chinesen aus modernen Zeiten, als die Russen sie zum ersten Mal über das Meer besuchten, dieser Eröffnung eines neuen Handels in dieser Richtung abgeneigt gewesen waren und die Aufrechterhaltung der alten Überlandroute vorgezogen hätten, welche viel leichter unter einheimischer Kontrolle gehalten werden konnte, und dass sie solch einen Überfluss der reichen Produktion Indiens und Afrikas auf der alten Straße mitbrachten, um zu zeigen, wie unnötig die neue war. Sei dem, wie es wolle, die maritime Route nach Ophir und Saba währte nicht lange.

Übergeht man die Anspielungen dazu im ersten Buch der Könige XXII. 48 und im zweiten Buch der Könige XIX. 22, welche zeigen, dass sie oft unterbrochen worden sein muss, lesen wir (zweites Buch Könige XVI, 6), dass in der Herrschaftszeit von Ahaz, König von Judah (ca. 740 v. Chr.), ›Rezin, König von Syrien, Elath zurückeroberte, und die Syrer kamen nach Elath, und wohnten darin bis zu diesem Tag‹, sodass, wenn man sämtliche Umstände in Betracht zieht, die gesamte Dauer dieses Roten-Meer-Handels keine zweieinhalb Jahrhunderte überschritt. Während dieses kurzen Zeitabschnittes ist es nicht wahrscheinlich, dass die tyro-israelitischen Flotten ihre Reisen zur Ostküste Afrikas fortsetzten – auch wenn die Araber ihnen erlaubt hätten, sich in ihr Monopol einzumischen – und noch weniger, dass sie landeinwärts bis Zimbabye vorgedrungen sein sollten. Die dort entdeckten Ruinen sind deshalb gewiss nicht tyro-israelitisch. Sie können indessen von den Südarabern konstruiert worden sein, die als Vertreter der biblischen Nationen von Saba und Ophir mit der Ostküste von Afrika gehandelt haben, und dort unten bis zum heutigen Tag Siedlungen haben. Noch erfordert dies irgendeinen Grund, diesen Bauwerken ein entferntes Altertum zuzuschreiben. Die vorherrschende Vorstellung, dass alle ›zyklopischen‹ oder megalithischen Ruinen notwendigerweise aus den frühesten Zeitaltern datieren müssen, hat von Herrn James Ferguson einen schweren Schlag erhalten, der in seinem jüngsten Werk ›Rude Monuments in all Countries: Their Age and Uses‹ (›Primitive Monumente in allen Ländern: Ihr Alter und ihre Verwendungen) geltend macht, dass die Monumente in England, der Bretagne und anderswo, welche jahrhundertelang die Bewunderung von Antiquitätensammlern hervorgerufen haben, zu einem weit jüngeren Zeitalter als der römischen

Zeit gehören, genau wie er im *Athenaeum* vom 30. Juli 1870 (Nr. 2231) zeigte, dass ›die riesigen Städte von Baschan‹ – wie Dr. Porter uns glauben lassen wollte, in der Zeit des Moses von König Og bewohnt waren – ohne eine einzige Ausnahme ›während der sechs Jahrhunderte zwischen der Zeit von Christus bis zum Zeitalter von Mahomet errichtet wurden‹. ›Die Gebäude in Zimbabye sind wahrscheinlich aus dem gleichen Jahrhundert.‹«

In der Hoffnung, dass dieses von Interesse für Ihre zahlreichen Leser sein wird, danke ich Ihnen

und bin, Sir,
Ihr gehorsamer Diener
(Unterschrift)
Emily Beke

Ferndale View, Tunbridge Wells, den 17. Mai 1877

Kapitel XIII

Rückkehr nach Kairo
Das an seine Hoheit gerichtete Schreiben

Der gewaltsame Aylí-Wind vom 18. April veranlasste uns, die Nacht über unter leichtem Dampf im Zickzack zu reisen. Das sich brechende, durchwühlte Meer beruhigte und glättete sich, nachdem wir uns durch das gefährliche Tor von El-'Akabah gewunden hatten. Während wir mit einem flatternden Segel und einer folgenden Brise unter einem wolkenlosen Himmel dahinsegelten, verbrachten wir die Zeit an Bord mit Schreiben unserer Berichte, dem Aufbereiten unserer Proben und dem Behandeln des Pulvers mit Quecksilber, welches aus dem künstlichen Horizont unseres entgegenkommenden Kapitäns geborgt wurde. Am Samstag, dem 21. April, genau drei Wochen nach unserer Abreise, nahmen wir Abschied von all unseren Freunden von der *S. S. Sinnár*, einschließlich des Mullá Effendi (Schiffsgeistlicher) und des guten alten Hakímbáschi (Chirurg), der gegenüber den kleinen Krankheiten unserer Männer höchst aufmerksam gewesen war. Ich kann wirklich sagen, dass wir erfreut sein werden, sie wiederzusehen.

Wir landeten in bestem Zustand von Gesundheit und Geist in Suez, und wir wurden von den Hafenbeamten mit all ihrer früheren Höflichkeit und von unseren Freunden mit ihrer natürlichen Gastfreundschaft empfangen. Ein Telegramm wurde sofort an den Vizekönig abgesandt, welches vollständigen Erfolg verkündete und um einen Sonderzug ersuchte, der uns durch die Freundlichkeit Seiner Exzellenz Barrot Bey zur Verfügung gestellt wurde. Nichts blieb weiter zu tun, als den zwei Europäern die Löhne und den Bakhschísch zu zahlen – Marius Isnard, dem Koch, und dem Küchenjungen Antonin.

Wir brachen ohne Verzögerung auf. In Zagázig eilte trotz eines durchnässenden Regenschauers Hadschi Wali zu seinem

Heim los, nachdem er geschwind Abschied genommen hatte. Nachdem er dort angekommen war, wurde er von seinen Freunden wegen des Verrats eines solchen Geheimnisses an Franken tyrannisiert und belästigt, und er machte sich darüber lustig, uns erlaubt zu haben, alle Gewinne zu monopolisieren(!), sodass er alsbald nach Kairo hetzte – mehr verrückt als geistig gesund – und unendlich viele Unannehmlichkeiten verursachte. In Zagázig verteilte er auch unter seine Kumpane wertlose Stückchen Quarz als wertvolle Geschenke.

Der Zug war langsam und wir erreichten unseren Bestimmungsort nach etwa einem Dutzend Stunden. Die Nachrichten waren ebenfalls keine der besten. Krieg wurde erwartet, Truppen bereiteten sich auf die Abreise vor, und es gab allgemein einen aufgeregten Trubel. Herr F. Smart, der nicht in der Lage gewesen war, noch länger zu warten, war von Alexandria nach Neapel aufgebrochen. Ich wartete unterdessen auf Seine Hoheit Prinz Husayn Kamil Pascha, den jungen Finanzminister, der mir die vernünftigsten und angemessensten Fragen stellte. Er erwies sich wie sein Vater als Meister des Details und gab sich keineswegs ohne eine entsprechende Antwort zufrieden. Durch die Freundlichkeit Seiner Exzellenz Ibrahim Bey Taufík erhielt ich, ungeachtet des allgemeinen Aufruhrs und des Drängens der Generalkonsuln, eine kurze Audienz bei Seiner Hoheit.

Am nächsten Morgen dankte der Khedive mir für den Dienst, den ich Ägypten erwiesen hatte, nachdem er meine herzlichen Dankesbezeugungen für die in fürstlicher Art und Weise befohlene Exkursion entgegengenommen hatte. Er nahm meine Beteuerung an, dass das Niltal schon immer das Land meiner Vorliebe gewesen ist. Seine Hoheit inspizierte mit Neugier die Tabellen, Landkarten und Grundrisse seiner Stabsoffiziere und erfasste sofort den Vorteil der Ausbeutung der alten Bergwerke Midians mit modernen Vorrichtungen. Er zeigte auch nicht wenig Interesse an den Lagerstätten, die ich kurz umriss. Der erste Schritt würde sein, Sträflinge einzuteilen, die derzeit wenig tun, außer in der örtlichen Botany Bay, Fayzoghlú, zu sterben. Diese Männer könnten in von Pioniertruppenteilen befehligte Kompanien eingeteilt werden und eine Körperschaft ähnlich derjenigen bilden, welche sich in wirtschaftlicheren und weniger sentimentalen Tagen der englischen Kolonialgeschichte an der Goldküste und im westlichen Afrika bewährte.

In Midian würden sie ein gesundes Klima vorfinden; das Meer würde ihre Flucht auf einer Seite verhindern, die Wüste auf der anderen; sie würden bezahlt und verpflegt werden und könnten schließlich auf Begnadigung und Freiheit hoffen, der beste Anreiz des Sträflings zu guter Führung. Tatsächlich würde es an Arbeitskräften niemals mangeln. Die Beduinen sind immer bereit, wie sie am Suezkanal zeigten, für gerechten und regelmäßigen Lohn zu arbeiten. Ich schlug auch vor, dass die reicheren Erze in einem in Suez zu errichtenden großen zentralen Hüttenwerk behandelt werden sollten, wohin der Transport billig wäre und wo Brennstoff, der in Arabien so selten und teuer ist, verhältnismäßig wenig kosten würde. Meine Ideen wurden gutgeheißen, aber politische Angelegenheiten verzögerten ihre Umsetzung – ich hoffe, nur für einige Zeit.

Ich nahm außerdem die Gelegenheit wahr, Seiner Hoheit den folgenden Aufruf im Namen all jener, die in den ersten »Vizeköniglichen Expedition« gedient hatten, zu präsentieren:

Hochwürden,
ich habe die Ehre, Ihnen anzukündigen, dass ich am Donnerstag, dem 29. März 1877 in Begleitung von Herrn Charles Clarke, Direktor des Telegraphenbüros in Zagázig, und meines alten Freundes Hadschi Wali Effendi in Suez angekommen bin.

Am nächsten Morgen empfing ich den Besuch von Herrn George Marie, dem Generalstab zugeordneter Bergwerksingenieur, der mir einen Brief Seiner Hoheit, des Prinzen Husayn

Kamil Pascha, Minister der Finanzen, überreichte und mir die folgenden Offiziere des ägyptischen Generalstabes vorstellte:

Amir Effendi Ruschdi,
Hassan Effendi Haris,
Abd el-Karím Effendi Izzat.

Neben den Offizieren waren der Unteroffizier Ali und zwanzig Männer des Ingenieurkorps abkommandiert. Ich machte anschließend dem Gouverneur von Suez, Seiner Exzellenz E. Said-Bey, meine Aufwartung, um mit ihm die notwendigen Maßnahmen zu unserer Einschiffung zu ergreifen.

Am nächsten Tag (Samstag, 21. März) um sechs Uhr abends waren wir an Bord der Korvette *Sinnár* von Kapitän Ali-Bey Schukri, wo wir den Hafenkapitän Ra'íf-Bey vorfanden, der sich ganz zu unserer Verfügung stellte. Um zehn Uhr desselben Abends lief die Korvette aus, und wir waren unterwegs.

Am Montag (2. April) um 11.30 Uhr kamen wir in 'El-Muwayláh in der Tihámat Madyan an, wo wir den kommandierenden Offizier der Garnison, Yuzbaschi Abd el-Wáhid, und den Schreiber des Forts, Sayyid Abd el-Rahím, empfingen. Diese Herren beeilten sich, die 50 erforderlichen Kamele für die geplante Exkursion zu beschaffen, und unterdessen zog sich die Korvette *Sinnár* in das Scharm Yáhárr zurück, wo der Ankerplatz große Sicherheit bot.

Am 3. April ging ich in Begleitung von Herrn Marie und den Oberleutnants Hassan und Abd el-Karím und 10 Soldaten zu dem el-Khwábeh genannten Hafen am Eingang des Wadis 'Aynúnah. Unterdessen blieb Herr Clarke mit Leutnant Amir auf der Korvette, um unsere Vorbereitungen zu beschleunigen.

Am 4. April unternahmen wir eine Erkundung des Landes, wo wir eine alte metallurgische Einrichtung entdeckten; ein Aquädukt von anderthalb Meilen mit zwei Reservoiren, dem Anschein nach von römischer Bauart, und schließlich eine alte, Dár el-Hamrá genannte Stadt, wo die Arbeiter auf dem linken Ufer des Wadis gelebt haben müssten. Wir haben uns zugleich überzeugt, dass es am schmalsten Tor des Wadis früher einen Staudamm aus Stein und alle für eine Nutzung erforderlichen Konstruktionen gegeben hat.

Am 5. April besuchten wir unter Führung des genannten 'Abd el-Nabi vom Huwaytát-Stamm die Öfen, wo wir verglaste Ziegelsteine und alte Schlacken fanden, alles Fundstücke, die uns in der Überzeugung bestätigten, dass es dort, wo wir gerade waren, früher eine sehr bedeutende Einrichtung gegeben hatte. Eine in den Felsen gehauene Landstraße führte offensichtlich von der Stadt zur Fabrikanlage.

Am 6. April, während die Offiziere sich damit beschäftigten, die Umgebung aufzunehmen, besuchten wir die rechte Seite des Wadis 'Aynúnah, wo wir feststellten, dass die geologische Formation primitiv war, und überquerten enorme Porphyrgänge, die Massen aus rotem Granit durchschnitten und viel Feldspat enthielten. Wir fanden dort gleichermaßen Quarze, die offensichtlich durch die Wassermassen mitgespült worden waren. Nachdem wir einige zerbrochen hatten, überzeugten wir uns, dass sie gold- und silberhaltig sind, was sofort die Anwesenheit der metallurgischen Einrichtung im Land erklärte.

Am 7. April besuchten wir im Norden 'Aynúnahs, im Wadi Mukhassib, einen Steinbruch, der von den Vorfahren ausgebeutet worden sein muss. Am Nachmittag kamen die anderen Mitglieder der Expedition mit der Karawane an: Am Abend stellten wir fest, dass man rechts des Wadis nahe der Ortschaft früher Türkise gebrochen hatte.

Der 8. April wurde auf der Suche nach goldhaltigen Sanden und mit Vorbereitungen für die Abreise am folgenden Tag verbracht.

Am 9. April gingen wir auf den Dschebel Zahd, anders Dschebel 'Aynúnah genannt, und nach vier Stunden Fußmarsch kamen wir am Eingang einer großen, Wadi el-Morák genannten Felsschlucht an. Dort fanden wir Spuren von bedeutenden Arbeiten, das heißt von den Waschrückständen aus dem Geröll des Flusslaufes, und Ähnliches. Ein Beduine versicherte uns, dass es in zwölf Stunden Entfernung auf der anderen Seite des Berges zahlreiche Öfen gab.

Der sehr steile und sehr schwierige Eingang war aus Granit gebildet, welcher von Syenit abgelöst wird, und ein ziemlich bedeutender Wildbach fließt durch immense Felsblöcke, die manchmal vollständig die Strecke versperrten. Wir erhielten Sandproben und fanden Turmaline und Antimon.

Am 10. April transportierten wir unser Zeltlager von Morák zum vier Stunden Fußmarsch weiter im Südosten gelegenen Dschebel el-Abiad. Nachdem wir das Wadi el-Khiyam durchquert hatten, entdeckten wir den sehr schweren schwarzen Sand, der beinahe fast reines Zinnoxid enthält; dies ist dort, wo Herr Clarke einen Stein mit einer alten Inschrift entdeckte, den ich die Ehre gehabt habe, Eurer Hoheit anzuvertrauen. Der Stein wird zweifellos die Frage erhellen, welche Völkerschaft damals das Land innehatte. Am Nachmittag besuchten wir den in ungefähr 200 m Höhe über dem Niveau der Ebene gelegenen Weißen Berg, der auch Maru genannt wird. Sein Gipfel besteht fast vollständig aus Quarz; rechts und links befanden sich zahlreiche andere Bergspitzen der gleichen geologischen Formation. In der Quarzmasse und den sich über die ganze Tiefe des Berges erstreckenden Einschnitt bemerkte Herr Marie einen enormen Erzgang, welcher titanhaltiges Eisen und Silbersulfid enthielt, der ihm früher ausgebeutet worden zu sein schien. Die Dicke dieses Erzganges war ungefähr 1,50 bis 2,00 m. Gegen Abend warnte uns unser Führer, dass wir in der Nacht von einem sehr unruhigen Stamm angegriffen werden könnten, der sich die Ma'ázah nennt, auf der anderen Seite des Berges wohnt und sich bis zur Hismá oder dem Gebiet der Roten Erde ausdehnt: Diese Beduinen sind beinahe immer im Kampf mit ihren Nachbarn. Wir ergriffen glücklicherweise die erforderlichen Maßnahmen, um diesen Angriff abzuwehren, der Gott sei Dank nicht stattfand.

Am 11. April verlegten wir unser Zeltlager vom Dschebel el-Abiad an den vier Marschstunden weiter im Süden gelegenen Eingang des Wadis Scharma. Wie in 'Aynúnah fanden wir, dass es in ihm eine zahlreiche Bevölkerung von Arbeitern und Bergarbeitern gab. Eine riesige Festung, deren Grundriss von den Offizieren aufgenommen wurde, und eine alte Stadt auf einem aus den Abzweigungen des Wadis gebildeten Inselchen deuteten hinlänglich an, dass diese Ortschaft früher der Sitz einer florierenden Industrie gewesen war. Die Abzweigungen des Wadis sind Winterregenbetten aus mit Eisenkarbonat gemischtem roten Sand; sie wurden über eine beträchtliche Zeitdauer ausgebeutet.

Am 12. April verlegten wir unser Zeltlager in das Wadi Tiryam, fünf Stunden Marsch nach Süden. Dort wie in 'Aynúnah und Scharma fanden wir die Reste einer Stadt auf dem linken Ufer des Wildbaches, und auf dem rechten Ufer sehr ansehnliche Befestigungen. In der Umgebung und an zahlreichen Orten der Bachläufe aus rotem Sand, der den Beduinen zufolge ähnlich demjenigen der Hismá ist, zeigte sich eine sehr aktive Ausbeutung an.

Am 13. April besuchten wir zu Fuß den Eingang des Wadis Tiryam, wo wir die Reste einer alten, aus Korallenkalk gebauten Stadt fanden. Gegen Mittag kamen wir in El-Muwayláh an, und ohne Zeit zu verlieren, reisten wir zum Scharm Sjibbah weiter, wo sich ein Berg an der Mündung des Wadis Madsús befindet, der Schwefel enthält. Von dort nahmen wir Proben.

Am 14. April fuhr die Korvette nach Scharm Zibá, wo uns versichert wurde, dass es ein Türkis-Bergwerk gäbe, das wir aber aufgrund des fehlenden guten Willens der Einwohner nicht finden konnten.

Am 15. April fuhren wir, von Sayyid Abd el-Rahím und dem Führer 'Abd el-Nabi begleitet, mit der Korvette, um das Wadi Makná im Golf von 'Akabah zu besuchen, wo wir am folgenden Tag (16. April) um 11 Uhr mittags ankamen. In diesem Ort befand sich ehemals eine Stadt von großer Bedeutung, die Hauptstadt des ganzen Landes Midian, welche sich von 'Akabah bis an den Dschebel Hassáni ausdehnte. Die Reste eines Hafens sind noch im Meer zu sehen; eine heute zerstörte Festung herrschte über das linke Ufer des Wadis und beherrschte das ganze Tal und die Unterstadt, die sich auf zwei Seiten des Wasserstromes ausdehnte. Schlacken zeigten an, dass es dort früher eine Ausbeutung gegeben hat; aber die Einwohner konnten uns nicht den Ort zu zeigen, wo sich die Öfen befanden. In diesen Gegenden ist die geologische Formation ungeschützt an vielen Stellen, im Gegensatz dazu andererseits von Massen chloritischen Sandes bedeckt und mächtige Schichten aus Gips überlagernd, welche gleichermaßen Steinsalz enthalten.

Am 17. April, während die Korvette im Scharm Dahab Zuflucht suchte, führten wir zu Fuß eine Erkundung bis zu den Dschibál el-Hamrá genannten Bergen durch. Wir fanden immer die gleiche primitive geologische Formation, gebildet aus Porphyrgängen, die im roten Granit eingebettet sind, und wir entdeckten chloritische Quarze und die Chlorite, die denjenigen absolut ähnlich waren, die in Brasilien das Gold enthalten.

Am 18. April schließlich, als wir auf die Ankunft der Korvette warteten, hatten Herr Marie, Herr Clarke und ich die glückliche Idee, eine Erkundung in Richtung Norden durchzuführen, und dort fanden wir dem Anschein nach eine vollständige goldhaltige Formation. Auf den ersten Blick erscheint das Gold in kleinen Adern und in zahlreichen Einschlüssen in den durch die Wassermassen von der Höhe des Wadis herabtransportierten Kieseln. Das Gold ist aus basaltischem Porphyr entstanden. Es ist offensichtlich, dass diese Formation in den umliegenden Bergen existieren muss. Die Beduinen versicherten mir übrigens, dass sich an der Spitze des Wadis, an einer Magháir-Scha'íb genannten Hadsch-Station, noch Reste alter Häuser, Dattelbäume und Wassers befänden: Offensichtlich hat Hadschi Wali Effendi an diesem Ort vor 26 Jahren das

Gold gefunden. Unglücklicherweise erlaubten uns die wenige Zeit, die ich meiner Exkursion gewähren konnte, die Schwierigkeit, uns Kamele zu beschaffen sowie die Gefahren, die die Korvette in diesem wenig befahrenen und schwierigen Seegebiet zu fürchten hatte, nicht, diesen Ort zu besuchen: Im Übrigen war die Entdeckung für uns gesichert, und wir wurden gedrängt, Seine Hoheit über den vollständigen Erfolg der Expedition zu informieren. Nachdem folglich sofort die Korvette ankam, schifften wir uns ein, und wir kamen in Suez am 21. des laufenden Monats an.

Ich beende diese knappe Darstellung unserer Reise und erlaube mir, Hochwürden, Ihnen für die wirklich fürstliche Art zu danken, die durch Ihre Befehle Seine Hoheit Prinz Husayn Pascha unsere Expedition hat organisieren lassen. Wir haben bei den Beamten der ägyptischen Regierung, ihren Exzellenzen Said Bey, Gouverneur von Suez; Ra'ff Bey, Hafenkapitän; Ali Bey Schukri, Kommandant der Korvette; dem Gouverneur von El-Muwayláh und dem Schreiber des Forts, Sayyid 'Abd el-Rahím, eine vollendete Höflichkeit und einen außerordentlichen Eifer darin gefunden, die Wünsche Seiner Hoheit zu erfüllen.

Ich glaube nicht zu übertreiben, wenn ich hier erkläre, dass unsere Expedition völlig erfolgreich verlaufen ist, und ich werde mir erlauben, Seine Hoheit zu bitten, ihr gern die Wichtigkeit geben zu wollen, die sie verdient.

In 16 Tagen haben wir die Existenz von sechs großen Bergbau-Einrichtungen festgestellt:

Nakhil Tayyib Ism,
Makná,
Wadi 'Aynúnah,
Wadi Scharma,
Wadi Tiryam,
Umm Ámil.

Erstere und Letztere haben wir unglücklicherweise nicht besuchen können. Wir haben Gold, Silber, Zink, das silberhaltige Galena, Antimon und Schwefel im Porphyr und Granit gefunden, die den größten Teil dieser Berge bilden, im Quarz, der ganze Bergspitzen bildet, in den Chloriten und in der roten Erde. Persönlich haben wir die Existenz von Edelmetallen von Makná bis in El-Muwayláh festgestellt. Wir hegen keinen Zweifel daran, dass sich diese geologische Formation sogar im Norden bis 'Akabah und vielleicht bis nach Syrien ausdehnt, und im Süden bis zum Dschebel Hassáni. Was die Breite von Westen nach Osten anbelangt, bleibt sie noch zu bestimmen. Aber alle Auskünfte, die wir an den Plätzen erhalten haben, lassen darauf schließen, dass die Hismá oder rote Erde bei zwei Grad beginnt, das heißt 120 geographische Meilen von der Küste, und sich bis ins Herz Arabiens ausdehnt.[66]

Dies ist, Hochwürden, folglich ein altes Kalifornien, das wir dank Ihres Wohlwollens haben wiederaufleben lassen, und daher möchte ich es wagen, Eure Hoheit zu ersuchen, die Mitglieder der Expedition, die zu leiten ich die Ehre hatte, gern belohnen zu wollen.

Ich erbitte von Eurer Hoheit:

1. Für den Unteroffizier Ali und die 20 Männer der Eskorte eine Gratifikation.
2. Für die Offiziere, die vollständig ihre Pflicht getan haben, und insbesondere für den Lt. Hasan Effendi einen höheren Dienstgrad.
3. Für Herrn Charles Clarke, Telegraphen-Ingenieur, seit 13 Jahren im Dienst Eurer Hoheit, der mir sehr gut beistand, den Titel Bey.
4. Für meinen alten Freund Hadschi Wali aus Zagázig, der als Erster 1849 das Gold entdeckte und trotz seiner 82

66 Wie wir gesehen haben, ist dies ein vollständiger Fehler, und die Schuld liegt bei mir [R. F. B.].

Jahre tapfer die Strapazen der Reise ertragen hat, eine Leibrente, auf welcher die wohlbekannte Großzügigkeit Eurer Hoheit mich von der Pflicht enthebt, zu bestehen.

5. Was Herrn Marie betrifft, der ein bereits erfahrener Arabienreisender war und nun zum ersten Mal die Gelegenheit bekam, die Mineralien dieses Ophir-Arabiens zu begutachten, schlage ich Eurer Hoheit vor, ihn nach England und nach Frankreich zu entsenden, damit er dort das Material und das Personal rekrutieren kann; ferner, damit er eine ernsthafte Expedition in der kalten Jahreszeit durchführen und einen Ausbeutungsbeginn vorbereiten kann. Ich beglückwünsche mich, auf meiner Reise von Herrn Marie begleitet worden zu sein, der sich zum Besten der heiklen Mission erwiesen hat, die Seine Hoheit Prinz Husayn Pascha ihm wohl hat anvertrauen wollen, und dessen Beherrschung des Französischen meinem Wunsch gemäß den internationalen Charakter unserer Reise zeigt.

Eure Hoheit werden gern die Freiheit entschuldigen, die ich mir seinen Wünschen vorgreifend herausnehme, und überantwortete sie seiner aufrichtigen Veranlassung, dem Interesse, das ich immer an der fortschrittlichen Regierung Ägyptens und an dem Glück des Landes hegen werde, dessen Schicksale die Vorsehung Ihnen anvertraut hat.

Ich verbleibe
Eurer Hoheit
Ergebenster Diener,
Richard F. Burton

An Bord der *Sinnár*, den 20. April 1877

In Kairo brach unsere freundliche Gesellschaft sofort auf. Leutnant Amir wurde nach Dar-For im unmittelbaren Herzen Afrikas beordert. Leutnant Hasan schloss sich zu meinem großen Bedauern den ägyptischen Hilfstruppen an, welche

Kairo

auf den Kriegsschauplatz vorrückten. Herr Clarke, mein energischer und fähiger Wakíl (Stellvertreter), kehrte nach Zagázig zurück, von wo er darauf achtete, mich mit allen Neuigkeiten zu versorgen, und Herrn Marie wurde durch den Khediven Urlaub nach Frankreich gewährt, um seine Leber auf die Schmerzen und Strafen der nächsten Herbstkampagne vorzubereiten.

Kapitel XIV

Abreise aus Ägypten

Ich hatte vor dem Verlassen Ägyptens noch Arbeit zu erledigen. Die Literaturstadt der Araber *par excellence* erschien mir der geeignetste Platz für die Erforschung des Ursprungs dieses mysteriösen, in Syrien als El-Muhaddschir bekannten Alphabets, die baumförmigen, sich verzweigenden, genauer: die »Palm-Runen« der isländischen Edda. In letzter Zeit hat sie durch ihre offensichtliche Verbindung mit den Ogham, Ogam oder Ogmic und mit noch älteren Schriftzeichen größeres Interesse gewonnen. Trotz der Neuheit des Themas aber muss ich die Veröffentlichung verschieben, da meine Forschungen noch nicht weit genug gediehen sind, um an die Öffentlichkeit zu treten.

Nachdem meine letzten Aufwartungen bei Seiner Hoheit gemacht waren, verließ ich am 27. April Kairo. Nach dem Khamsín der Hauptstadt, dessen blendendes Licht und reflektierende Hitze schnell die liebliche *perron* (Empfangshalle) von Shepheard's Hotel in eine Arabia Deserta verwandelt hatten, genoss ich die kühlen etesischen Stürme vor Alexandria sehr. Am 2. Mai freute sich das Ägyptische Institut, mir seine ehrende Mitgliedschaft zu verleihen, und am selben Tag hielt ich einen kurzen Vortrag, welcher ordnungsgemäß im *Phare d'Alexandrie* berichtet wurde (dem 4. Mai):

»Die Reise in das Land Midian war unter einem weiteren Gesichtspunkt gleichfalls von großem Interesse.

Hauptmann Burton hat die Ruinen der Hauptstadt der Midianiter, Makná, wiederfinden können, die die Araber noch heute Madian nennen. Er berichtete von einer midianitischen Inschrift, von der er dem Institut eine Fotografie anbot.

Wir können Herrn Hauptmann Burton nicht in allen geographischen und geologischen Details folgen, auf die er eingegangen ist, aber wir können ankündigen, dass er sich vornimmt, sehr bald seine Studien wieder aufzunehmen, deren Früchte bereits so reichlich gewesen sind, und dass er sich der Lösung der bedeutenden Fragen zuwenden wird, welche sich durch seine Reise für die Archäologie und die biblische Topographie ergeben. Zudem wird Hauptmann Burton alles prüfen, was die Ausbeutung der von ihm entdeckten Bergwerke betrifft.«

In der angloägyptischen Kolonie von Ramleh, die eines Tages ein Vorort der Neuen Stadt werden wird, verbrachte ich eine Woche bei meinem Freund Herrn Charles (alias Charley) Grace, dessen vertraulicher Rufname das volle Ausmaß seiner wohlverdienten Popularität zeigt. Falls ich während dieser angenehmen Zeit irgendwelche böse Heiterkeiten bezüglich des Sandhaufens von »Rumlay« und der Eispflanzen, der zerbrochenen Flaschen und der zerdrückten Konservendosen versuchte, welche ihr normales Wachstum darzustellen scheinen, ergreife ich diese Gelegenheit, um meine Reue auszudrücken und für die Zukunft mehr Ehrerbietung zu geloben.

Das Außenamt Ihrer Majestät hatte mir freundlicherweise Urlaub bis Ende Mai gewährt, aber am 24. April wurde der russisch-türkische Krieg erklärt, und »Konsuln, auf Ihre Posten!« lautete der Tagesbefehl. Deshalb widerstand ich der Versuchung, die große Rundreise über Jaffa, Beirut und Konstantinopel anzutreten und schiffte mich am 6. Mai an Bord der *Flora* des Österreichischen Lloyds unter Kapitän Pietro Radaglia ein.

Das Schiff war nicht erste Klasse. Es war klein und langsam, seine Maschinen waren nicht gereinigt worden. Seine Erste-Klasse-Passagiere zählten dreißig Personen bei vierundzwanzig Kojen, während den Fahrgästen seiner zweiten und sogar seiner dritten Klasse erlaubt wurde, das Achterdeck vollzustopfen, welches immer zu spät gewaschen wurde und schmutzige Hände bei den Damen verursachte. Es ist unglaublich, wie wenig Gutes durch große Postsubventionen für die Öffentlichkeit getan wird. Der letzte, in einer verhältnismäßig toten Jahreszeit entsandte Dampfer war groß und geräumig genug, sechzig Fahrgäste unterzubringen: Die *Flora* und die *Vesta*, welche ihr folgte, waren unbehaglich überfüllt, außerdem mussten etwa ein Dutzend Fahrgäste abgewiesen werden. In der Tat: Ohne die außerordentliche Höflichkeit und Liebenswürdigkeit des Kapitäns, der Offiziere und der Besatzung des Österreichischen Lloyds würden die Beschwerden so zahlreich sein wie die Passagiere wenig.

Unter dem Häuflein, welches nach Norden fuhr, war Seine Exzellenz Sefer Pascha (Graf Kossielsky), der für den Sommer zu seinem Schloss Bertholdstein, nahe des steiermärkischen Graz, zurückkehrte. Er brachte ein groteskes Wesen mit sich, das beim Dinka-Stamm gefangen und durch die Soldaten unter Oberst Gordon (Pascha), dem kürzlich ernannten Generalgouverneur der Provinzen des äquatorialen Sudan und seiner Dependenzen, freigelassen worden war. Über die Nationalität dieses komischen Kauzes gibt es viele Zweifel. Herr Gessi erklärte, dass das Individuum einen Zwerg sei und zum Schilluk-Stamm am Sobat-Fluss gehöre, dass er ihn zusammen mit seinem Vater und seiner Familie seit zwei Jahren gekannt habe und dass er in die Hände eines österreichischen Marine-Kapitäns überging, der ihn sofort zu einem »Áká« erklärt habe. Die ersten nach Europa gebrachten »Pygmäen« waren, wie erinnerlich sein wird, die zwei Burschen aus dem Land Muná des Königs der Monbuttoo (Monbútú), die Khartúm in den zu dem verstorbenen Herrn Miani gehörenden Booten erreichten. Dies war der einzige Erfolg, der je dem armen alten venezianischen Reisenden gewährt war, und es war ihm nicht einmal vergönnt, sich seiner Früchte zu erfreuen. Er starb wie Dr. Livingstone an

Strapazen und Erschöpfung, gepflegt von seinen zwei Zwergnegern und einem negroiden Diener, der danach die Zwerge nach Italien begleitete.

Ich konnte mir ein Lachen nicht verkneifen, als der Pygmäe, Monsieur Rustam, so nach dem Riesen-Helden Persiens benannt, an Bord der *Flora* kam. Sein riesiger kleiner Kopf war in einen neuen und mit langen Quasten versehenen Tarbúsch gekleidet, während ein kleiner Herrenmantel, ein in Alexandria hergestellter europäischer Überzieher, seinen untersetzten, quadratischen fetten Körper umhüllte, und wie ein Sack auf seine Fersen fiel. Eine Knickerbocker-Hose, deren Bünde fast den Boden berührten, und Pariser Schnürstiefel mit elastischen Bändern vervollständigten die geschmacklose, unpassende Kleidung. Er brütete das Bild pompöser Würde aus, ein Yard und ein Stückchen hoch, und beanspruchte vor dem Bootsführer den Ehrenplatz in des Hafenkapitäns eigener Barkasse. Seine dünnen Beine, wie die einer Ente viel zu kurz für den Rumpf, erreichten nicht den Boden. Es war in der Tat Cowpers Bild:

> »Der rutschige Sitz verrät den rutschenden Teil,
> der ihn niederdrückte, und die Füße hingen baumelnd hinunter«.

Längsseits kommend, stieg er die Kajütentreppe mithilfe eines mit Quasten geschmückten und silberbesetzten Spazierstockes hoch, stolzierte direkt auf das Achterdeck, wählte bedächtig den bequemsten Lehnstuhl, völlig unbekümmert um seinen Besitzer, setzte sich mit Gehabe nieder und schaute sich um, als ob er der Monarch all jener gewesen wäre, die er musterte. Und doch war dieser Kerl nur sieben Monate zuvor in den Wildnissen Afrikas gefangen worden, bevor wir die Ehre hatten, ihn zu treffen. Ein flüchtiger Blick auf M. Rustam ließ vermuten, dass er ein zwergenhafter Eunuchen-Stummer war, irgendeinem mächtigen Harem zugeteilt und wie Skye- und Dachshunde seiner außergewöhnlichen

Hässlichkeit wegen hoch geschätzt. Wir hatten die Baronin de Z… an Bord, eine herrliche Blondine, ein Engel mit einer »Idioten-Pony-Frisur«, eine

»Tochter der Götter,
Göttlich hoch gewachsen,
und am göttlichsten
schön«.

Sie sprach gerade mit mir, als sie einen Blick der Kreatur erhaschte, und er bezauberte sie so, dass sie ausrief: »Aber ich würde ihn nie freiwillig küssen!«

Bald darauf erzählte mir Sefer Pascha, dass dieser Bewohner von Liliput-Land durch Ihre Kaiserliche Majestät, die Kaiserin von Österreich, nach Wien zur Betrachtung geschickt worden war. Ich begann dann mein Studium Monsieur Rustams oder, wie er sich in seiner eigenen Sprache nannte, von »Borch«. Er hatte genügend Arabisch gelernt, um selbst verstanden zu werden, und in wenig mehr als einem halben Jahr hatte er einige italienische und einige deutsche Wörter aufgeschnappt. Unglücklicherweise war er so steif und stolz, wie er schnell, aufmerksam und intelligent war, und er lehnte es kategorisch ab, gemessen zu werden oder sogar seine Zähne zu zeigen. Doch ließ er sich herab, an Bord mit den Affen zu spielen; und die erste Sache, die er in Triest zu tun beabsichtigte, war hinauszugehen und die Stadt zu inspizieren.

Die mir von seinem vorläufigen Besitzer gegebene Fotografie ist gut und zeigt eine bestimmte Ähnlichkeit zu »Khayrullah«, dem jüngeren der Miani-Pygmäen. Leider präsentiert es das volle Gesicht statt des sehr bemerkenswerten Profils. Der Liliputaner misst in der Höhe vierzig Zoll und zwei Linien, kaum mehr als der berühmte polnische Zwerg Graf Borowlaski, der mit einer »perfekten Symmetrie der Form, großen Talenten und vornehmen Manieren« beschrieben wird. M. Rustams Alter scheint (1877) ungefähr zwölf oder dreizehn zu sein. Es gibt kaum Anzeichen von Missbildung bei dem Männchen, obwohl seine verkümmerten Beine, sein großer Kopf und der stämmige Körper die Vorstellung eines abgeschnittenen Mannes nahe legen und seine große Körperbreite uns an den Begriff »Taschenherkules« erinnert. Die Haut ist wie dunkle und glänzende Schokolade oder gründlich gerösteter Kaffee, sehr verschieden zu dem schmutzigen Gelb der Obongos von Du Chaillu, die im jungfräulichen Wald wohnen: Er scheint zu dem Volk der sonnigen Ebenen zu gehören. Sein Kopf, an den Schädelseiten eher abgerundet, wird mit einem ungewöhnlich herausragenden Hinterkopf – offensichtlich eine rassische Charakteristik – unterstützt, und seine hohe, sich wölbende Braue gibt ihm einen eigentümlich nachdenklichen Blick. Das Haar, kurz und steif gelockt, erhebt sich wie Pfefferkörner von der Kopfhaut, und seine Farbe ist rötlich braun, als ob sonnengebleicht. Es gibt bis jetzt noch keine Anzeichen von Bart oder Schnurrbart: Dies wiederum charakterisiert offensichtlich die Áká-Rasse. Die Nase hat buchstäblich keinen Nasenrücken, die Nasenwurzel ist auf gleicher Höhe mit den Wangen, und die Nasenspitze, mit breiten Nasenlöchern, erhebt sich plötzlich aus einer ausdruckslosen Fläche: Die Erscheinung erinnert unwiderstehlich an einen spaltennasigen Mopshund. Das untere Gesicht ist oval, und die Backenknochen, obwohl etwas vorstehend, sind nicht so hoch entwickelt wie bei der afrikanischen Rasse allgemein. Die Augen sind teilweise von den dicken Augenlidern verschlossen und das »Weiße« der Augen (Augäpfel) ist, wie gewöhnlich, ein stumpfes Braun. Der flüchtige Blick ist scharfsinnig und intelligent, welchem völlig die »unzähmbare Wildheit« der Obongo fehlt. Die Ohren haben sehr kleine Läppchen, und die Letzteren sind nicht für Ringe durchstochen worden. Die Mundregion bildet eine Schnauze, die Lippen sind ein wenig aufgeworfen, die obere ist bemerkenswert kurz. Der Kiefer ist orthognathisch (rechtwinklig – d. Ü.), ohne die von Schweinfurth notierten

Erhöhungen und Vertiefungen, und das Kinn weicht nicht so sehr zurück, wie es bei Negern und Negroiden üblich ist. Das Profil, mit seiner überhängenden Stirn, seiner trilobaten (dreigliedrigen – d. Ü.), höchsten Nasenspitze und seiner vorstehenden Mundregion, gleicht trotz der kurzen Oberlippe einem Pavian und ist ebenfalls für die Áká charakteristisch. Der Körper ist augenscheinlich steatopygid; zur gleichen Zeit gibt es keine S-Form, kein unangemessenes Hervorragen des Bauches. Die Hände sind »dicklich«; die Finger ähneln einem kleinen Bündel von Bananen; die obere Haut ist schuppig wie diejenige eines schwarzen Truthahnes, und die Handflächen sind bemerkenswert gelb. Die Füße sind verhältnismäßig breit und flach. Schließlich ist die Stimme weich und angenehm, wie ich es bei mehreren der Negerstämme, insbesondere der Somali, bemerkt habe. Kurz, nachdem man einmal den kleinen Mann gesehen hat, würde es unmöglich sein, ihn zu vergessen oder die stark ausgeprägte und eigentümliche Art zu verkennen, zu der er gehört.

Außer dem Studieren des Pygmäen gab es an Bord der *Flora* wenig zu tun. Ein unruhiges Meer schickte alle Fahrgäste in ihre Kojen, und ein dicker Nebel verbarg uns jeden schönen Anblick. Trotz der späten Stunde landeten wir im unglücklichen Korfu und fanden die israelitischen Geschäftsinhaber, welche derart übertriebene Preise für Spitzenstoffe, Waffen, Schmuck und anderen Nippes verlangten, dass ein Ankauf außer Frage stand. Zuletzt, als der Bora oder Nordoststurm einzusetzen drohte, landeten wir am Samstag, dem 12. Mai, zwei Monate und zehn Tage nach meiner Abreise, in Triest. Und wieder war ich, bei erstaunlich guter Gesundheit und gutem Geist, einmal mehr sozusagen zu Hause.

Diese Seiten haben aus einem von mir eifersüchtig gehüteten Geheimnis öffentliches Eigentum gemacht, das während der letzten dreiundzwanzig Jahre nicht völlig mein eigenes war. Meine Erkundung der midianitischen Küstenländer im April 1877 hat nicht nur das durch die höchsten Autoritäten bestrittene Vorhandensein von Gold auf der Arabischen Halbinsel bewiesen: Es hat eine weitere reiche metallhaltige Region der Welt bekannt gemacht. Durch Entdeckung ausgedehnter Eisenvorkommen in mannigfaltigen Formen hat es den merkwürdigen Irrtum der alten und klassischen Geographen aufgezeigt, und es hat auf bemerkenswerte Weise die Liste von Metallen bestätigt, »das Gold und das Silber, das Messing (Kupfer), das Eisen, das Zinn, und das Blei«, die von den Midianitern ausgebeutet wurden (Numeri XXXI, 22); zu ihnen sind Zink, Antimon und Wolfram oder Tungsten mit anderen von geringerer Wichtigkeit hinzuzufügen.

Die vizekönigliche Expedition war – es ist wahr – durch die fortgeschrittene Jahreszeit an der Ausführung der Entdeckung gehindert: von der Verfolgung der Täler zu ihren Wasserscheiden, und von der Festlegung der Oberfläche und der Begrenzungen des neuen-alten Ophir. Diese Lagerstätten, welche zum Erschließen eines unbearbeiteten Kaliforniens führen können, müssen einer »ernsthaften Erforschung« unterzogen werden, zu welcher Seine Hoheit der Vizekönig mich freundlich eingeladen hat, die Führung zu übernehmen.

Das einst wohlhabende und geschäftstüchtige Land Midian, jetzt »Not leidend an dem, wovon es einmal voll war«, ist eine verwüstete Nation geworden. Die Städte und beträchtlichen Burgen der Meeresküste sind Schutthaufen, fast dem Boden gleichgemacht. »Die Wüste hat ihr Recht wiedererlangt; die aufdringliche Hand der Kultivierung ist vertrieben worden; die Rasse, die hier wohnte, ist zugrunde gegangen, und ihre Werke blicken jetzt einsam und schweigend weit über die gewaltige Wüste.« Das früher an Oasen, wenn nicht gar an lachendem Feld und Weideboden so reiche Innere ist zu einer heulenden Wildnis abgeholzt worden, und das Gebiet von etwa dreitausend Quadratmeilen, welches einunddreißig Jahrhunderte zuvor 135 000 Schwertkämpfer aufs Schlachtfeld schicken konnte, ist bis auf ein paar Hundert einer ägyptisch-beduinischen Mischbevölkerung verlassen, halb Bauern, halb Nomaden, deren einzige Ziele im Leben sind, zu plündern, zu verstümmeln und einander zu ermorden.

Aber Zerstörung ist auch nichts anderes als eine Phase von Fortpflanzung; und der Mensch kann wieder aufbauen, was der Mensch ruiniert hat. Das Winterklima von Midian ist bewundernswert, und sogar eine Bevölkerung europäischer Bergarbeiter könnte in ihr von Oktober bis Mai arbeiten. Die Sommer, obwohl heiß, sind nicht ungesund, und die hohen und malerischen Gebirgszüge, die die Küste säumen, sind fertige Sanatorien. Jedes Tal mit seiner beständig fließenden Quelle, welche diese Regensammler aus den Wolken ziehen, ist zur Kultivierung von erneut lächelnden Gärten, Obstplantagen und üppigen Feldern geeignet.

Auf einer Küstenlinie, welche auf der Karte nur achtzehn (direkte geographische) Meilen an Ausdehnung zeigte, fand die Expedition drei große Bergwerkseinrichtungen, die Wadis Tiryam, Scharmá, und Aynúnah, wo ich Grund zu der Annahme habe, dass die Edelmetalle bis zum siebten Jahrhundert unserer Ära und vielleicht viel länger bearbeitet wurden. Wenn die Völker des Altertums mit ihren unvollkommenen technologischen Vorrichtungen diese Stellen ausbeuten konnten, so können wir zeitgenössischen Menschen hoffen, sie in Quellen von Reichtum zu verwandeln, während das Binnenland alsbald eine völlige Veränderung im Zustand von Nordwestarabien verursachen wird. Unter der fortschrittlichen und zivilisierenden Herrschaft Ägyptens, von welcher jetzt gesagt werden kann, dass sie in die Gemeinschaft europäischer Nationen eingetreten sei, wird Midian aus seiner langen und tödlichen Lethargie erwachen; seine Gerippe vergangenen Ruhmes werden sich wieder beleben, und es wird sich eines froheren und kräftigeren Lebens erfreuen, als irgendein Midianiter es bisher erfahren hat.

Ich beendete meine sechzehn Tage in dem alten Land, dessen Neuigkeiten so überraschend sind, mit der Überzeugung, dass Voltaire dieses eine Mal im Irrtum war, als er schrieb:

»Wir leben nie, wir warten auf das Leben«.

Anhang

Liste der Vorräte für eine Wüsten-Exkursion von sechs bis zehn Personen, welche sechzehn Tage dauert, und eine Kreuzfahrt von fünf Tagen

Material:

Stühle (wacklig), Tisch, Servietten: wurden nach der Expedition zurückgegeben
15 (20)[67] Kästen Wein, Tischwein (genießbar)
1 Kasten Wein, gemischt (Favel für Madeira, und nicht trinkbar)
5 Kästen Kognak (besonders schlecht)
5 (12) Flaschen Wermut
15 Kilogramm gemahlener Kaffee
2½ Kilogramm Tee
5 (2) Kilogramm Schokolade
100 Fleischdosen aller Sorten
2 Ballen Reis
5 Schafe, mit Futter für 10 (3) Tage
30 Hühner, mit Futter für (3) Tage
400 Eier (hätten eingefettet sein sollen)
50 Kilogramm Zucker
15 (20) Kisten Butter. 10 Okes (jede 3 lbs. 3 oz.) gewöhnliche Butter
10 Büchsen gezuckerte Milch
15 Kilogramm Käse
10 Kilogramm italienische Teigwaren (Fadennudeln, etc.)

67 Die in Klammern gesetzten Zahlen sind die Anzahl, welche hätten mitgenommen werden sollen.

24 Kilogramm Brot
2 Doppelzentner Holzkohle (nach Newcastle transportierte Kohlen!)
1 Sack Kartoffeln
20 (10) Kilogramm Bohnen und Gartenbohnen (sehr nützlich)
45 (60) Kilogramm Zwiebeln
50 Kilogramm Mehl
150 (172) Kilogramm Kekse
10 Kilogramm Kautabak (nützlich als Geschenk, und von den Arabern geraucht, welche niemals kauen)
25 Kilogramm Salz
2 Kilogramm Natron (als Geschenk an die Araber geplant. Unsinn!)
20 Pakete Kerzen
3 Dutzend Packungen Streichhölzer
5 (10) Okes türkischen Tabak
10 (20) Packungen Zenobia-Zigarren (geraucht durch Freunde)
1 Packung Zigarettenpapier (alles erschöpft, viel verschwendet)
48 (100) Flaschen Soda
24 Flaschen mit Kohlensäure versetzte Limonade (Übelkeit verursachend)
6 (12) Flaschen Sirup
6 (12) Flaschen Öl
4 (6) Flaschen Essig
4 (12) Kästen Bier
20 Gläser Essiggurken
10 Okes gewöhnliche Seife (viel verschwendet)
1 Kiste getrocknete Dessertfrüchte (Rosinen sehr gut gegen Durst)
200 (400) Orangen und Limonen
10 Töpfe Senf
200 Gramm Chininsulphat

12 Sonnenschirme (grob hergestellt und sehr nützlich)
Darüber hinaus führten wir einige Seidenstoffe, welche einer guten Hausfrau genügt hätten, Phenol (Karbolsäure), gut für Blutergüsse (blaue Flecken), Toilettenessig, völlig nutzlos, und andere Kinkerlitzchen mit, welche weggegeben wurden.

Die Gesamtausgaben für diese Einkäufe betrugen etwa 2500 Francs (= 100 Pfund). Madame Chiaramonti beanspruchte auch fünfzig Francs für verlorene Wischtücher (Servietten) und andere Schäden. Die zwei französischen Diener erhielten jeder 150 Francs, mit fünfundzwanzig Francs an Bakhschísch.

Editorische Notiz

Selten hat eine derart kurze Reise ein solch großes Echo erfahren wie die, über die Burton in seinem Werk »Die Goldminen von Midian« berichtet. Burtons Bücher über Midian sollten zusammen mit den Werken seiner Vorgänger Rüppell und Wallin mehr als einhundert Jahre lang die einzige exakte Beschreibung einer Region darstellen, die mit der vorsichtigen Öffnung Saudi-Arabiens für den Tourismus nun langsam zugänglich wird.

Burtons erste Ausgabe der »Goldminen« erschien 1878 in einer Auflage von eintausend Exemplaren. Noch im gleichen Jahr wurde eine zweite Auflage gleicher Höhe gedruckt. Da die Fahnenauszüge nicht von Richard Burton selbst durchgesehen wurden, haben sich eine Reihe von Druckfehlern eingeschlichen. Zu Vergleichszwecken wurde daher für die vorliegende Ausgabe auch »The Gold-Mines of Midian and the Ruined Midianite Cities« (1878) in der Ausgabe von Falcon-Oleander (1979), herausgegeben von Philip Ward, herangezogen, ebenso die 1995 bei Dover Publications in New York erschiene Ausgabe.

Um einen allzu wissenschaftlichen Charakter des Buches zu vermeiden und es einer großen Leserschaft zugänglich zu machen, mussten viele der gelehrten Fußnoten Burtons gestrichen werden. Übernommen wurden nur Fußnoten, die der Erläuterung eines Begriffes oder Sachverhaltes dienen. Hingegen wurde auf alle Fußnoten mit nur bibliographischen Angaben oder Textverweisen verzichtet. Der von Burton aufgeführte umfangreiche Anhang zu Pflanzen, Insekten und Reptilien wurde gleichfalls nicht übernommen.

Die Faszination des Buches geht sicher zum einen von der Anziehungskraft der Goldsuche selbst aus, zum anderen von der Verbindung lebendiger Naturschilderung und präziser, eingehender wissenschaftlicher Erörterung aller untersuchten Forschungsgegenstände. Viele englischsprachige Ausgaben der drei Midian-Bücher Burtons sind hierfür Nachweis genug. Nun endlich erscheint auch eine deutsche Ausgabe.

Ziel des Übersetzers war es dabei, den Originaltext so ursprünglich wie möglich zu erhalten. Deshalb wurden auch bei den arabischen Namen nur behutsam Veränderungen vorgenommen. Das englische *sh* wurde beispielsweise zu *sch*; das *j* zu *dsch*; Konsonantendopplungen in Wörtern wie Hadsch (eigentlich. Hadschdsch) erscheinen nicht im Schriftbild.

Hinweise zur Aussprache arabischer Namen

‘	Umschriftzeichen für den arabischen Konsonanten ‘Ain, bedeutet gepresster Stimmeinsatz bzw. -absatz; meist als kurzes, knarrendes *a* wiedergegeben
’	ungepresster Stimmabsatz wie z. B. bei Taif – eigentlich korrekt Ta’if – Ta-if ausgesprochen
dh	stimmhafter Lispellaut wie im englischen Wort »this«
dsch	Verschlusslaut mit folgendem Reibelaut (Affrikate) wie im englischen Namen »John«
gh	am Zäpfchen gebildetes, ungerolltes *r*
h	in den meisten Fällen ein gepresstes, deutlich hörbares *ch* – ach-Laut wie ich Bach, Fach usw.
q	am Zäpfchen gebildeter *k*-Laut, in arabischen Dialekten häufig als *g* ausgesprochen – dieser arabische Konsonant hat keine Lautähnlichkeit mit dem deutschen *q*
r	deutlich hörbares, gerolltes Zungen-*r*
z	stimmhaftes *s*

Weiterführende Literatur

Empfehlungen für Leser, die mehr über Richard Francis Burton wissen wollen

Burton, Richard Francis: Personal Narrative to El Medinah and El Meccah, London 1855.

Burton, Richard Francis: Persönlicher Bericht einer Pilgerfahrt nach Mekka und Medina 1853, Lenningen 2005 (Edition Erdmann).

Burtons persönlicher, lebendig und mit Liebe zum Detail geschriebener Erlebnisbericht über seine Reise nach Mekka und Medina. Gelehrte Fußnoten, gute Karten und Skizzen der muslimischen Heiligtümer vermitteln ein umfangreiches Wissen über Mekka und Medina.

Burton, Richard Francis: The Lake Regions of Central Africa, 2 Bände, London 1860.

Das Buch beschreibt ausführlich Burtons gemeinsame Suche mit Speke nach den Nilquellen, die später Anlass zu endlosem Streit zwischen den beiden gestandenen Afrika-Forschern wurden.

Burton, Richard Francis: The Land of Midian Revisited, London 1879.

Dieses Werk beschäftigt sich ausführlich mit drei Reisen – nach Nord-, Zentral- und Südmidian. Es enthält wie gewohnt detailreiche Informationen und ist mit Zeichnungen, Inschriften und einer genauen Karte illustriert.

Rüppell, Wilhelm Peter Simon Eduard: Reisen in Nubien, Kordofan und dem Peträischen Arabien, Frankfurt/M. 1829.

Eduard Rüppell war der erste europäische Reisende in Midian. Lesenswert sind unter anderem seine Schilderungen der Fischernomaden am Roten Meer.

Doughty, Charles Montague: In Arabiens Wüsten. Ein Christ entdeckt den Vorderen Orient. Herausgeben und eingeleitet von Uwe Pfullmann, Berlin 1996.

Doughtys Reisebericht ist ein Meisterwerk. Was Richard Burton zu sehen hoffte, erreichte Charles Doughty als erster Europäer – die Grabnekropole von Madain Salih, eine archäologische Sehenswürdigkeit ersten Ranges. Charles Doughty entdeckte sie im November 1876 – nur wenige Monate vor den midianitischen Reisen Richard Burtons.

Philby, Harry: The Land of Midian, London 1957.

Harry Philby, der sich nach seinem Übertritt zum Islam Abdullah Philby nannte, besuchte während seines vierzigjährigen Aufenthalts in Saudi-Arabien jeden Winkel der Arabischen Halbinsel. Er gilt zu Recht als einer der bedeutendsten Arabien-Reisenden. Wie in allen seinen Büchern schrieb Philby auch über Midian ausführlich in seinem trockenen, etwas zähen Stil.

Lovell, Mary S.: A Rage to Live. A Biography of Richard and Isabel Burton, New York – London 1998.

Die erst kürzlich erschienene, jüngste Burton-Biographie ist mit viel Einfühlungsvermögen geschrieben. Etwas zu kurz kommen die midianitischen Reisen Richard Burtons.

Rice, Edward: Captain Sir Richard Francis Burton. A Biography, Da Capo Press 2001.

Die 1990 erstmals erschienene Biographie von Edward Rice ist sicher eine der besten Burton-Biographien überhaupt. Breiten Raum nehmen die Reisen Burtons ein, wobei der Autor auch entsprechende Hintergrundinformationen liefert.

Glossar

Andropogon: Bartgras, Gattung aus der Familie der Gramineen.

Almeh: (arab.) Auch Alme, die in den Künsten »Gelehrte« (Pl. Awalim), Name der umherziehenden Tänzerinnen und Sängerinnen in Ägypten und Indien. Sie bilden eine eigene Zunft, werden häufig bei Festlichkeiten zur Unterhaltung der Gäste gemietet und haben auch Zutritt zu den Harems.

Beau Nash: Der schöne Nash, gemeint ist eigentlich der 1567 geborene Thomas Nash, ein englischer Dichter, der am St. John's College in Cambridge studierte. Er führte in London ein freizügiges Dichterleben und war für seine beißende Satire berühmt. Er starb 1600 oder 1601 in London.

Bourbon-Insel: Die französische Réunion-Insel liegt im Indischen Ozean vor der Küste Madagaskars. Sie wurde nach dem Ende der Bourbonen-Herrschaft in Réunion umbenannt.

Buffon, George Louis Leclerc, Graf von: Französischer Naturforscher, geb. 1707, gest. 1788, war unter anderem auch der Autor der »Naturgeschichte der Tiere«, worauf sich Burton bezieht.

Cavendish, Sir Thomas: Ein englischer Seefahrer, der aus eigenen Mitteln 1586 drei Schiffe ausrüstete, die Südspitze des amerikanischen Kontinents umsegelte und längs der chilenischen und peruanischen Küste mehr als zwanzig spanische Schiffe kaperte. Nach vollbrachter Weltumsegelung kehrte er am 9. September 1588 in den Hafen von Plymouth zurück. Doch schon nach wenigen Jahren hatte er seinen immensen Reichtum verschwendet.

C. E.: Civil Engineer, Zivilingenieur.

Eolithe: (griech.) Aus voreiszeitlichen Schichten stammende Gesteine.

Ephemera: (griech.) Tagebücher, Tageblätter, Schriften, worin Tagesbegebenheiten chronologisch aufgezeichnet werden, mitunter auch auf Zeitungen und andere periodisch erscheinende Blätter angewandt.

Esc.: (engl.) Esquire, Schildträger; in England Titel des Knappen, zu dessen Führung auch die nicht zu Rittern geschlagenen Inhaber von Rittergütern, die jüngeren Söhne des hohen Adels, die ältesten Söhne von Baronets und Knights berechtigt sind. Der Titel wurde später auch von Staatsbeamten und höheren Offizieren geführt.

Fahrenheit: Fahrenheit teilte seine Thermometerskala zwischen Gefrier- und Siedepunkt des Wassers auf Normalhöhe in 180 Teile oder Grade. 0 Grad entspricht also 32 Grad Fahrenheit.

Fiumara: Wasserarmer, in der trockenen Jahreszeit verschwindender Fluss; speziell der südliche Mündungsarm des Tiber führt diesen Namen. Auch kleiner Küstenfluss, der im Karstgebirge nördlich von Fiume entspringt, als Reka oder Recina an der Westgrenze des kroatisch-slawonischen Komitats Modrus-Fiume nach Süden fließt und bei Fiume als Fiumara in den Quarnero mündet.

F. L. S.: Fellow of the Linnæan Society.

Gabbro: Ein massiges, kristallines Gestein von meist grobkörniger, selten flaseriger (Flasergabbro) Struktur. Es besteht aus einem basischen Kalknatronfeldspat (Labardor bis Anorthit) und Diallag, zu denen als weiterer Anteil häufig noch Olivin (Olivingabbro) kommt.

Galena: Stadt im amerikanischen Bundesstaat Illinois, am Galena-Fluss, der acht Kilometer unterhalb der Stadt in den Mississippi mündet. Galena ist Zentrum zahlreicher Blei- und Kupfergruben, die aber zum Zeitpunkt von Burtons Reise bereits weitgehend erschöpft waren.

Genethliaci: Astrologie; auch Bezeichnung für Sterndeuter im alten Rom.

Geoponici: lat. Scriptores rei rustica, Gesamtbezeichnung der alten Schriftsteller, welche über Landwirtschaft geschrieben haben. Die Griechen haben frühzeitig dem Land- und Gartenbau wissenschaftliches Interesse zugewendet, und schon zu Sokrates' Zeit existierten Schriften über Landwirtschaft (Geoponica). Die einzige Schrift dieser Art, die sich vollständig erhalten hat, ist Xenophons »Oikonokos«. Bei den Römern herrschte von jeher ein ganz besonderes Interesse an der Landwirtschaft, und sie suchten neben den eigenen Erfahrungen auch die fremder Völker für sich nutzbar zu machen. So ließ der römische

Senat das landwirtschaftliche Werk des Karthagers Mago nach der Zerstörung Karthagos ins Lateinische übersetzen.

Georgica: Ein Lehrbuch des römischen Schriftstellers und Dichters Vergil, geboren am 15. Oktober 70 v. Chr. in Andes bei Mantua. Er starb am 21. September 19 n. Chr. in Brundisium. Seine »Georgica«, ein didaktisches Gedicht in vier Büchern, behandelt Ackerbau, Baum-, Vieh- und Bienenzucht.

Grain: Britisches Handelsgewicht = 0,0648 Gramm.

Hoy: Eine der neunundsechzig Orkneyinseln, südwestlich von der Hauptinsel der Orkneys gelegen.

Hundsstern: lat. canicula, engl. canicule. Gemeint ist Sirius, der hellste Stern im Sternbild des Großen Hundes. Mit dem Frühaufgang des Sirius sind die sogenannten Hundstage verbunden; die Zeit zwischen dem 23. Juli und dem 23. August, welche im Mittelmeerraum als die heißesten Tage des Jahres gelten.

Hyalin: glasig. Die protogenen Gesteine zerfallen in die kristallinischen d. h. aus lauter kristallinisch entwickelten Mineralien gebildeten Gesteine, unter welchen einfache, gleichartige, aus nur einer, und zusammengesetzte, aus mehreren Mineralarten bestehende unterschieden werden, in die porphyrischen, neben kristallinen Mineralien auch amorphe Substanzen (Glasbasis) in der sogenannten Grundmasse enthaltene Gesteine und in die amorphen Gesteine, welche wesentlich aus einem amorphen Körper bestehen und entweder aus wässerigen Lösungen (z. B. Kieselsinter) oder aus Schmelzflüssen entstanden sind (Hyalin-amorph, glasartig, glasig, z. B. die Glaslaven).

Ilmenit: Titaneisenerz.

Iserin: Titaneisenerz.

Johnny Raw: Dumm, ungebildet, ungeschickt, unerfahren.

Kantar: Kintal, ital. Cantaro. Das türkische Zentnergewicht von verschiedener Größe, je nach Ort und Ware; in Istanbul betrug der Kantar 100 Ratl = 56 kg, seit 1874 betrug der Kantar gesetzlich 100 kg; in Ägypten hatte das Kantar 36 bis 100 Oken zu 1,235 kg. Man kann daher ein Gewicht um die 50–60 kg annehmen.

Klafter: Entspricht dem englischen fathom = 6 Fuß = 1,829 m.

Linien: Der zehnte oder zwölfte Teil eines Zolls, Ende des 19. Jahrhunderts in den meisten Staaten bereits abgeschafft.

Manx: Bewohner der Insel Man sowie die alte keltische Sprache derselben.

Meile: 1 Meile = 1760 Yards = 1,609 km.

M. R. C. S.: Member Royal College of Surgeons.

Okes: Eigentlich Oka, zu Burtons Zeit in den Balkanstaaten viel gebrauchtes Flüssigkeitsmaß = 1,2813 Liter. Das Ölmaß in Griechenland hatte 2½ Gewichtsokalen = 3, 2 kg. Die bis 1874 gesetzliche türkische Gewichtseinheit Oka wog 1281 Gramm.

Ophiolithisch: Aus Gabbro oder Serptentinfels.

Orthomagmatisch: (griech.) Magmatische eisenhaltige Oxid-Vorkommen.

Pavonine: Vermutlich abgeleitet vom italienischen Pavonazetto (Pfauenmarmor), einem weißen Marmor mit dunkelvioletten Adern und Flecken.

Petrosilex: (griech.-lat.) Alter Name für besonders harte Mineralien und Gesteine.

Piaster: ital. Piastra, Metallplatte; Bezeichnung zweier Geldsorten: des spanischen und lateinamerikanischen Peso und des türkischen und ägyptischen Gersch (Pl. Gurusch). 50 Gurusch hatten im Osmanischen Reich den Wert von 9,22 Reichsmark.

Rigole: (frz.) Rinne, Furche; die tiefe Bearbeitung des Bodens zur Vertiefung der Ackerkrume.

R. I. P.: Royal Indian Post; Königliche Indische Post.

Rhyolit: quarzführender Trachyt. Trachyte sind Ergussgesteine aus der Granit- und Syenitgruppe, wobei gewöhnlich eine feinkörnige bis dichte Grundmasse Einschlüsse von Feldspat, Hornblende, Augit, Glimmer und mitunter auch Quarz umschließt. Die Grundmasse selbst hat eine poröse, raue Beschaffenheit.

Scheelit: Auch als Tungstein und Schwerstein bezeichnet, ein Mineral aus der Ordnung der Wolframiate. Es kristallisiert tetragonal und findet sich in knospenförmigen Gruppen und Drusen im Grundgestein eingewachsen. Scheelit besteht aus wolframsaurem Kalk und Wolframsäure, enthält aber auch Kieselsäure und Eisenoxid sowie zuweilen Kupfer und Fluor. Fundorte in Deutschland sind z. B. Zinnwald, Ehrenfriedersdorf und Harzgerode.

Serpentine: Ophit (Ophiolith), nach der schlangenhautartigen Färbung einzelner Varietäten so bezeichnetes Mineral aus der Ordnung der Silikate.

Sub. voc.: (lat.) Sub voce, unter dem und dem Wort.

Steatopygid: (griech.) Übermäßige Fettanhäufung am Gesäß bei verschiedenen Menschenrassen, namentlich den weiblichen Hottentotten, soll auch bei den urzeitlichen Bewohnern Frankreichs eigentümlich gewesen sein, wie Felsbildzeichnungen erkennen lassen.

Styrax: Auch Storax, Judenweihrauch, ein Balsam, welcher aus der Rinde des Amberbaumes in Karien und Lydien durch Behandeln mit warmem Wasser und Abpressen gewonnen wurde. Er ist zäh, dickflüssig, schwerer als Wasser, grau, etwas grünbräunlich und trocknet nicht an der Luft. Styrax löst sich in Alkohol und Äther. Er wurde als Grundstoff für die Parfümerie und als Mittel gegen die Krätze benutzt.

Rappen: Schweizerische Münze, zuerst in Freiburg und Basel geprägt, mit einem Rabenkopf; zu Burtons Zeit entsprach der Rappen einer Centime = einem Hundertstel Franc.

R. G. S.: Royal Geographical Society.

Rial: Auch Riyal oder Real, ein in den muslimischen Ländern im 18. und 19. Jahrhundert allgemein angewandter Begriff für die größeren europäischen Silbermünzen, insbesondere für den Mariatheresientaler. Der Mariatheresientaler, mitunter auch als spanischer Dollar bezeichnet, hatte einen Wert von 4,20 Reichsmark.

Tannin: (lat.) Gerbsäuren.

Telluride: Chemisch einfache Gesteine, welche gewöhnlich mit Metallen verbunden sind, wie z. B. mit Gold als Schrifttellur, mit Silber als Weißtellur, mit Wismut und Schwefel als Tetradymit und mit Blei, Antimon und Schwefel als Blättererz. Einige dieser Mineralien werden verhüttet, um Gold oder Silber zu gewinnen.

Thersites: In den griechischen Mythen der hässlichste im vor Troja lagernden griechischen Heer, ein boshafter und schmähsüchtiger Schreihals. Thersites soll von Odysseus wegen Lästerung des Agamemnon öffentlich gezüchtigt worden sein. In der Sage wurde er später von Achilleus getötet.

Villeggiatura: (ital.) Erholungsaufenthalt auf einem Landsitz, Sommerfrische.

Wegstunde: Etwa 4 km, der zu Fuß in einer Stunde zurückgelegte Weg.

Yard: 1 Yard = 3 Fuß = 91,44 cm; grob gerundet entspricht das Yard also einem Meter.

Zichorie: Die Zichorie gehört zur Unterfamilie der kompositen, kahlen oder spärlich behaarten Kräuter mit grob gezahnten Blättern. Die Zichorie ist in Ostindien, Griechenland und der Levante heimisch und wird häufig in Gärten kultiviert. Die Zichorie wurde auch in Deutschland als Kaffeesurrogat angebaut.

Bibliografische Information der Deutschen Nationalbibliothek
Die Deutsche Nationalbibliothek verzeichnet diese Publikation in der Deutschen Nationalbibliografie; detaillierte bibliografische Daten sind im Internet über http://dnb.d-nb.de abrufbar.

Cover & Umschlag: Anja Carrà, Weimar, Karina Bertagnolli, Wiesbaden
Bildnachweis: Oase Al Ula, Saudi Arabia © AdobeStock - hyserb
Gesamtherstellung: CPI books GmbH, Leck – Germany

ISBN: 978-3-7374-0062-6

Mehr über Ideen, Autoren und Programm des Verlags finden Sie auf www.verlagshausroemerweg.de und in Ihrer Buchhandlung.